纪念马克思诞辰200周年理论研讨会论文集

广东省习近平新时代中国特色社会主义思想研究中心　编

1818-2018

SPM
南方出版传媒
广东人民出版社
·广州·

图书在版编目（CIP）数据

纪念马克思诞辰200周年理论研讨会论文集／广东省习近平新时代中国特色社会主义思研究中心编．—广州：广东人民出版社，2018.12（2023.1重印）

ISBN 978－7－218－13305－8

Ⅰ．①纪…　Ⅱ．①广…　Ⅲ．①马克思主义—学术会议—文集　Ⅳ．①A81－53

中国版本图书馆CIP数据核字（2018）第295756号

纪念马克思诞辰200周年理论研讨会论文集

广东省习近平新时代中国特色

社会主义思想研究中心　　编

出 版 人：肖风华

责任编辑：卢雪华　伍茗欣

装帧设计：闰江文化

责任技编：吴彦斌　周星奎

出版发行：广东人民出版社

地　　址：广州市大沙头四马路10号（邮政编码：510199）

电　　话：（020）85716809（总编室）

传　　真：（020）83289585

网　　址：http://www.gdpph.com

印　　刷：北京一鑫印务有限责任公司

开　　本：787mm×1092mm　1/16

印　　张：17.25　　**字　数**：350千

版　　次：2018年12月第1版

印　　次：2023年1月第2次印刷

定　　价：60.00元

如发现印装质量问题，影响阅读，请与出版社（020－85716849）联系调换。

出版说明

中共广东省委宣传部、广东省习近平新时代中国特色社会主义思想研究中心于2018年5月17日在广州联合举办广东社科界纪念马克思诞辰200周年理论研讨会。会议共收到200余篇论文，现精选其中27篇文章编辑出版，以飨读者。

2018年11月

目　录

第一部分　马克思主义基本原理和经典著作

第二部分　马克思主义中国化

第三部分　新思想引领新时代

第四部分　马克思主义的当代价值

第一部分

马克思主义基本原理和经典著作

马克思“人的世界”思想及其现实价值

李　辉

马克思在《1844年经济学哲学手稿》中指出：“工人生产的财富越多，他的产品力量和数量越大，他就越贫穷。工人创造的商品越多，他就越变成廉价的商品。物的世界的增值同人的世界的贬值成正比。劳动不仅生产商品，它还生产作为商品的劳动自身和工人，而且是按它一般生产商品的比例生产的。”① 这里，马克思提出“物的世界”和“人的世界”两个概念，提出在资本主义社会里“两个世界”的实然关系，揭示了共产主义社会“两个世界”的应然关系。由此，马克思为世人展开了这样一幅图景：人成为人是人类的价值追求，人是现实的人，在现实的世界里，人的本质力量外化出物的世界，然而，现实的物的世界却异化了人，导致人的世界被贬值，实现人的世界的同步增值，需要从改造世界出发，构建自由人联合体。

一、“人的世界”是马克思提出问题的切入点之一

在马克思的视域里，“人的世界”是一个系统性的概念，是历史与现实相统一的概念。从历史角度而言，人的世界经历了神的世界、物的世界统摄后被神化和物化的过程。从现实角度而言，人在解构神的世界的过程中被资本的力量固化在有限的需要和无限的资本扩张中，商品拜物教、货币拜物教和资本拜物教以世俗神的力量统摄着人，人的解放和人类的解放同时摆在了无产阶级面前。其中，对德国古典哲学的批判揭开了对人的世界的分析路径。德国古典哲学从两个角度延续了对神的世界的认识，一是黑格尔的绝对精神，一是费尔巴哈的抽象的人的本质论。

① 《马克思恩格斯全集》第42卷，人民出版社1979年版，第90页。

黑格尔的辩证法提出了思维的基本规律，起到了思想解放作用。但是，黑格尔的绝对精神运演到人类社会后终结在普鲁士政府，又复归到保守性。费尔巴哈以唯物论奠定了自己在哲学史中的地位，但是却把爱、情感等作为人的本质，对抽象的人的崇拜，成为新宗教的核心。

第一，立足于人的世界，批判神的世界。在《〈黑格尔法哲学批判〉导言》中，马克思分析了人和宗教的关系，提出了人就是人的世界的观点。“人创造了宗教，而不是宗教创造人。就是说，宗教是还没有获得自身或已经再度丧失自身的人的自我意识和自我感觉。但是，人不是抽象的蛰居于世界之外的存在物。人就是人的世界，就是国家、社会。这个国家、这个社会产生了宗教，一种颠倒的世界意识，因为它们就是颠倒的世界。宗教是这个世界的总理论，是它的包罗万象的纲要，它的具有通俗形式的逻辑，它的唯灵论的荣誉问题，它的狂热，它的道德约束，它的庄严补充，它借以求得慰藉和辩护的总根据。宗教是人的本质在幻想中的实现，因为人的本质不具有真正的现实性。因此，反宗教的斗争间接地就是反对以宗教为精神抚慰的那个世界的斗争。”① 马克思把人就是人的世界界定为国家和社会，改变了用神的世界解释人的世界的传统。在对宗教批判的同时，马克思超越了宗教，将批判的矛头直指现实世界。在《论犹太人问题》中，马克思进一步指出：“我们不把世俗问题化为神学问题。我们要把神学问题化为世俗问题。相当长的时期以来，人们一直用迷信来说明历史，而我们现在是用历史来说明迷信。在我们看来，政治解放对宗教的关系问题已经成了政治解放和人类解放的关系问题。”② 可见，通过批判神的世界，马克思提出了人的世界及其构成。人的世界不是宗教世界的一部分，也不是宗教世界的被统治物，人的世界就是以人为主体的世界，是人本身。

第二，物质利益是现实的人的世界的核心问题。马克思在《〈政治经济学批判〉序言》中坦言自己对物质利益问题关注的历程。“1842—1843 年间，我作为《莱茵报》的编辑，第一次遇到要对所谓物质利益发

---

① 《马克思恩格斯文集》第 1 卷，人民出版社 2009 年版，第 3 页。
② 《马克思恩格斯文集》第 1 卷，人民出版社 2009 年版，第 27 页。

表意见的难事。"① "对所谓物质利益发表意见的难事"促使马克思去研究经济问题，考察资本、土地所有制、雇佣劳动、国家、对外贸易、世界市场，最后写成了历史巨著《资本论》。物质利益问题成为马克思批判资本主义社会的切入点，也成为理解人的世界的现实切入点。"我所得到的、并且一经得到就用于指导我的研究工作的总的结果，可以简要地表述如下：人们在自己生活的社会生产中发生一定的、必然的、不以他们的意志为转移的关系，即同他们的物质生产力的一定发展阶段相适合的生产关系。这些生产关系的总和构成社会的经济结构，即有法律的和政治的上层建筑竖立其上并有一定的社会意识形式与之相适应的现实基础。物质生活的生产方式制约着整个社会生活、政治生活和精神生活的过程。不是人们的意识决定人们的存在，相反，是人们的社会存在决定人们的意识。"② 从这个进路出发，马克思理清了黑格尔理论的完美同普鲁士政府现实丑陋的矛盾带来的思维困惑。当时，呈现在青年时代马克思面前的世界是两个图景，一是黑格尔以绝对精神为核心构建的整个世界运行的完美的理论图式，一是马克思所见到的书报检查令和林木盗窃法案展现的残酷的现实图景。黑格尔绝对精神推演出的完美的普鲁士政府并没有给现实的德国人以人的尊严。"我们判断一个人不能以他对自己的看法为根据，同样，我们判断这样一个变革时代也不能以它的意识为根据；相反，这个意识必须从物质生活的矛盾中，从社会生产力和生产关系之间的现存冲突中去解释。"③ 由此，奠定了马克思关于认识人的世界及其矛盾的唯物论基础。

第三，物的世界的增值同人的世界的贬值成正比是马克思批判资本主义社会的现实切入点。物是指人的主观之外的客观存在，物化是指人的思想观念显现在物质层面。在人类思想史上，对物的关注由来已久。哲学对本体论的讨论聚焦的即是物的世界从何而来的问题。"'物'的关注视角通过马克思发生了重要的转变：也就是从康德、费希特以来一直

① 《马克思恩格斯选集》第2卷，人民出版社2012年版，第1页。
② 《马克思恩格斯选集》第2卷，人民出版社2012年版，第2页。
③ 《马克思恩格斯选集》第2卷，人民出版社2012年版，第3页。

重视的主体性转向社会性。哲学思考的关键也由此从主体性的自我心灵内在结构转向使主体成为可能的身体基础和社会基础的结构奥秘。”（刘森林）所谓社会性转向，主要表现为一方面马克思将否定了康德的自在之物和黑格尔的绝对精神外化之物，奠定了物的世界的唯物论基础；另一方面，马克思继承了黑格尔的辩证法思想，将物的世界作为人的主观对象化的人化存在，“整个所谓世界历史不外是人通过人的劳动而诞生的过程，是自然界对人来说的生成过程”。[①] 马克思肯定了资本主义社会在社会生产力方面对人类的贡献，“资产阶级在它的不到一百年的阶级统治中所创造的生产力，比过去一切世代创造的全部生产力还要多，还要大”[②]。然而，“工人越是通过自己的劳动占有外部世界、感性自然界，他就越是在两个方面失去生活资料：第一，感性的外部世界越来越不成为属于他的劳动的对象，不成为他的劳动的生活资料；第二，这个外部世界越来越不给他提供直接意义的生活资料，即劳动者的肉体生存所需的资料”[③]。如何解释这个矛盾，成为马克思和恩格斯毕生聚焦的大课题。

二、向人的本质力量的复归是马克思建构人的世界的思维前提

在马克思之前，对于人的本质的认识一直是人类思想史的主话题之一。亚里士多德的政治本质论、爱尔维修的自私本质论、亚当·斯密的经济人假设等从不同角度做出了回答。马克思从现实的人和现实的关系出发将人的本质的分析作为构建人的世界的前提。

第一，从人的需要出发，揭示人的世界的应然和实然。马克思认为，需要是人的本性。人的需要不同于动物的自然本能，是建立在人的主体性基础上的。动物和自然是同一的，人则要通过主观能动性才能在自然面前确证自己的本质力量。马克思把人的需要区分为生存、发展和享受

① 《马克思恩格斯全集》第 42 卷，人民出版社 1979 年版，第 131 页。
② 《马克思恩格斯文集》第 2 卷，人民出版社 2009 年版，第 36 页。
③ 《马克思恩格斯全集》第 42 卷，人民出版社 1979 年版，第 92 页。

三种类型。生存是发展的基础，享受是发展的目标。三种类型的提出，突破了关于人的需要仅仅是自然性或者是社会性争论的局限性，将人的需要纳入人类文明发展的长时段进行分析，为基于需要理论批判资本主义社会的基本矛盾奠定了基础。此外，马克思把人的发展历史分为三个阶段，即人的依赖关系、以物的依赖性为基础的人的独立性、建立在人的全面发展和他们的共同社会能力成为他们的社会财富的自由个性的全面发展。三个阶段决定了人的需要的历史性。第一阶段是人的生产能力只是在狭窄范围内和孤立地点进行，人对人的关系既是社会关系的基本要求，也是这个历史时期人的需要呈现出的基本特征。个体生存、发展和享受受制于道德关系、政治关系得以保障。第二阶段是第一阶段的发展和进步，物的世界的丰富性是重要标志。在人和人的关系基础上，增加了人对物的关系。物的关系增强了人的独立性，即个人价值指向。同时物的关系也带来了人对物的依赖，人被物化、异化了。生存、发展和享受需要的关系发生了变化。正如他所说："忧心忡忡的穷人甚至对最美丽的景色都没有什么感觉；贩卖矿物的商人只看到矿物的商业价值，而看不到矿物的美和特性；他没有矿物学的感觉。"① 矿物之所以在工人和商人眼中没有了美的感觉是因为人的需要深深地打上了社会的烙印，被资本主义生产方式所异化。

第二，从作为第一需要的劳动和劳动异化的矛盾出发，揭示了人片面占有人的本质的根源。马克思认为活动、实践是人的本性。恩格斯进一步把劳动作为人区别于动物的标志。"动物仅仅利用外部自然界，简单地通过自身的存在在自然中引起变化；而人则通过他所作出的改变来使自然界为自己的目的服务，来支配自然界。这便是人同其他动物的最终的本质的差别，而造成这一差别的又是劳动。"② 劳动是在一定的生产方式下进行的。社会生产力发展的不同阶段和不同的生产关系产生了不同的劳动方式。同时，不同的劳动方式体现了人的实践属性的历史性和社会性。马克思的劳动异化思想集中分析了这一特性。马克思提出，在资

① 《马克思恩格斯全集》第42卷，人民出版社1979年版，第126页。

② 《马克思恩格斯选集》第3卷，人民出版社2012年版，第997－998页。

本主义社会，工人的劳动同劳动产品、劳动过程、劳动者本身和类本质相异化。结果，“工人在他的产品中的外化，不仅意味着他的劳动成为对象，成为外部的存在，而且意味着他的劳动作为一种异己的东西不依赖于他而在他之外存在，并成为同他对立的独立力量：意味着他给予对象的生命作为敌对的和异己的东西同他相对抗”①。劳动对于人来说，是内在的属于人，是人和动物区别的主要标志；但是，对工人来说，劳动却是外在的，不属于他的本质的东西。属于人的劳动和人本身分离是因为劳动转化为劳动力，被资本家所购买，进入资本主义生产过程，不是属于自己作为人的劳动，成为否定的、不幸的，被折磨、被遭摧残的因素。“因此，工人只有在劳动之外才感到自在，而在劳动中则感到不自在，他在不劳动时觉得舒畅，而在劳动时就觉得不舒畅。因此，他的劳动不是自愿的劳动，而是被迫的强制劳动。”② 导致从作为第一需要的劳动被异化为外在的异己力量的根源是私有制。“私有制使我们变得如此愚蠢而片面，以致一个对象，只有当它为我们拥有的时候，也就是说，当它对我们说来作为资本而存在，或者它被我们直接占有，被我们吃、喝、穿、住等等的时候，总之，在它被我们使用的时候，才是我们的，尽管私有制本身也把占有的这一切直接实现仅仅看作生活手段，而它们作为手段为之服务的那种生活是私有制的生活——劳动和资本化。”③ 因而，只有对私有财产的扬弃，通过人并且为了人而对人的本质的真正占有，人才能复归为人。

第三，立足于现实性，从社会关系的总和界定人的本质，揭示在资本主义社会，人的关系简单化的根源。针对费尔巴哈把宗教的本质归结于人的本质，马克思在《关于费尔巴哈的提纲》中明确提出：“人的本质并不是单个人所固有的抽象物，在其现实性上，它是一切社会关系的总和。”④ 马克思把“现实性”和“一切社会关系的总和”作为批判费尔

① 《马克思恩格斯全集》第42卷，人民出版社1979年版，第91－92页。
② 《马克思恩格斯全集》第42卷，人民出版社1979年版，第93－94页。
③ 《马克思恩格斯全集》第42卷，人民出版社1979年版，第124页。
④ 《马克思恩格斯文集》第1卷，人民出版社2009年版，第501页。

巴哈人的本质观的结论。现实性是针对旧唯物主义从客体的或直观的形式去理解人，而不是把人当作感性的实践主体的缺陷而言的。现实性在人的存在方式上表现为有生命的个体存在，“任何人类历史的第一个前提无疑是有生命的个人的存在。因此第一个需要确定的具体事实就是这些个人的肉体组织，以及受肉体组织制约的他们与自然界的关系”①。马克思的分析并没有止于此，而是进一步分析现实的人是如何存在的。结论就是人是一切社会关系的总和。“以一定的方式进行生产活动的一定的个人，发生一定的社会关系和政治关系。经验的观察在任何情况下都应当根据经验来揭示社会结构和政治结构同生产的联系，而不应当带有任何神秘和思辨的色彩。社会结构和国家经常是从一定个人的生活过程中产生的。但这里所说的个人不是他们自己或别人想像中的那种个人，而是现实中的个人，也就是说，这些个人是从事活动的，进行物质生产的，因而是在一定的物质的、不受他们任意支配的界限、前提和条件下能动地表现自己的。”② 社会关系总和并不是马克思分析人的本质的终极结论，而是对资本主义社会批判的过程。马克思认为，人的需要的丰富性必然导致人的社会关系的丰富性。因为人是社会关系的总和，社会关系是人存在的基础。但是，在资本主义社会里，人与人的关系被简单化了，变成了金钱关系。“我们的时代，资产阶级时代，却有一个特点：它使阶级对立简单化了。整个社会日益分裂为两大敌对的阵营，分裂为两大相互直接对立的阶级：资产阶级和无产阶级。”③ “资产阶级在它已经取得了统治的地方把一切封建的、宗法的和田园诗般的关系都破坏了。它无情地斩断了把人们束缚于天然尊长的形形色色的封建羁绊，它使人和人之间除了赤裸裸的利害关系，除了冷酷无情的‘现金交易’，就再也没有任何别的联系了。”④ 社会关系的简单化聚焦到阶级关系，变革阶级关系是变革社会的关键。人的世界的理论分析给出了现实的结论。

① 《马克思恩格斯全集》第3卷，人民出版社1960年版，第23页。
② 《马克思恩格斯全集》第3卷，人民出版社1960年版，第28－29页。
③ 《马克思恩格斯选集》第1卷，人民出版社2012年版，第401页。
④ 《马克思恩格斯选集》第1卷，人民出版社2012年版，第402－403页。

三、物的世界与人的世界的辩证是马克思关于人的世界思想的核心

第一，物的世界是人的本质力量外化的产物。人作为有意识的生命活动的存在关键是能把人的意识对象化为物，创造对象世界。“动物只生产自身，而人再生产整个自然界；动物的产品直接同它的肉体相联系，而人则自由地对待自己的产品。动物只是按照它所属的那个种的尺度和需要来建造，而人却懂得按照任何一个种的尺度来进行生产，并且懂得怎样处处都把内在的尺度运用到对象上去；因此，人也按照美的规律来建造。”① 在马克思的视野中，物的世界同人的世界是辩证统一的，人因为具有主观能动性，可以认识和改造世界，使自然界成为人化自然，实现主体的客体化。正是在这个意义上，他把工业看成人的本质力量的公开的展示，“工业的历史和工业的已经产生的对象性的存在，是一本打开了的关于人的本质力量的书”。② 将人对以物的依赖性作为人的独立性的基础，并共同作为人的发展的第三个阶段即自由个性发展的条件。

第二，劳动物化是物的世界可能的前提。在《资本论》中，马克思以商品为切入点，分析了劳动力成为商品是资本主义生产方式可能的前提。“在劳动过程中，人的活动借助劳动资料使劳动对象发生预定的变化。过程消失在产品中。它的产品是使用价值，是经过形式变化而适合人的需要的自然物质。劳动与劳动对象结合在一起。劳动物化了，而对象被加工了。在劳动者方面曾以动的形式表现出来的东西，现在在产品方面作为静的属性，以存在的形式表现出来。劳动者纺纱，产品就是纺成品。”③ 劳动物化主要表现在：首先，劳动能够成为劳动力，具备同生产过程相结合的能力才可能进行交换。“在交换价值上，人的社会关系转

① 《马克思恩格斯全集》第 42 卷，人民出版社 1979 年版，第 97 页。
② 《马克思恩格斯全集》第 42 卷，人民出版社 1979 年版，第 127 页。
③ 《马克思恩格斯全集》第 23 卷，人民出版社 1972 年版，第 205 页。

化为物的社会关系；人的能力转化为物的能力。”① 其次，劳动凝固在商品中，才具有价值。“然而，只把构成麻布价值的劳动的特殊性质表现出来，是不够的。处于流动状态的人类劳动力或人类劳动形成价值，但本身不是价值。它在凝固的状态中，在物化的形式上才成为价值。要使麻布的价值表现为人类劳动的凝结，就必须使它表现为一种‘对象性’，这种对象性与麻布本身的物体不同，同时又是麻布与其他商品所共有的。”② 再次，劳动力成为商品，进入资本运行系统之中，物的世界增值才有可能。“当资本家把货币变成商品，使商品充当新产品的物质形成要素或劳动过程的因素时，当他把活的劳动力同这些商品的死的物质合并在一起时，他就把价值，把过去的、物化的、死的劳动变为资本，变为自行增殖的价值，变为一个有灵性的怪物，它用‘好像害了相思病’的劲头开始去‘劳动’。”③

第三，物的人格化产生了人格的物化。人与物的关系、人的世界与物的世界的关系形成了物的人格化和人格的物化两种极端现象。其中，物的人格化是人格的物化的基础，人格的物化成为资本主义社会发展的心理基础。在《詹姆斯·穆勒〈政治经济学原理〉一书摘要》中，马克思分析了信贷的本质，指出表示信任的人，像夏洛克一样，认为“诚实的”人就是“有支付能力的”人。“在信贷关系中，不是货币被人取消，而是人本身变成货币，或者是货币和人并为一体。人的个性本身、人的道德本身既成了买卖的物品，又成了货币存在于其中的物质。构成货币灵魂的物质、躯体的，是我自己的个人存在、我的肉体和血液、我的社会美德和声誉，而不是货币、纸币。信贷不再把货币价值放在货币中，而把它放在人的肉体和人的心灵中。”④ 也就是说，作为商品交换的一般等价物的货币之所以能够具有信任力是人格被物化了。“在不论对材料的性质即私有财产的特殊物质还是对私有者的个性都完全无关紧要的货币

① 《马克思恩格斯全集》第46卷上，人民出版社1979年版，第103－104页。

② 《马克思恩格斯全集》第23卷，人民出版社1972年版，第65页。

③ 《马克思恩格斯全集》第23卷，人民出版社1972年版，第221页。

④ 《马克思恩格斯全集》第42卷，人民出版社1979年版，第23页。

中，表现出异化的物对人的全面统治。”① 在《1844 年经济学哲学手稿》中，马克思集中分析了货币对人格的影响。“货币，因为具有购买一切东西、占有一切对象的特性，所以是最突出的对象。货币的这种特性的普遍性是货币的本质的万能；所以它被当成万能之物。货币是需要和对象之间、人的生活和生活资料之间的牵线人。但是在我和我的生活之间充当媒介的那个东西，也在我和他人为我的存在之间充当媒介。对我说来他人就是这个意思。”② “谁能买到勇气，谁就是勇敢的，即使他是胆小鬼。因为货币所交换的不是特定的性质，不是特定的事物或特定的人的本质力量，而是人的、自然的整个对象世界，所以，从货币持有者的观点看来，货币能把任何特性和任何对象同其他任何即使与它相矛盾的特性或对象相交换，货币能使冰炭化为胶漆，能迫使仇敌互相亲吻。”③ 在《资本论》中，马克思指出，“我把这叫做拜物教。劳动产品一旦作为商品来生产，就带上拜物教性质，因此拜物教是同商品生产分不开的。”④ “商品内在的使用价值和价值的对立，私人劳动同时必须表现为直接社会劳动的对立，特殊的具体的劳动同时只是当作抽象的一般的劳动的对立，物的人格化和人格的物化的对立，——这种内在的矛盾在商品形态变化的对立中取得了发展的运动形式。”⑤ 人格的物化一方面表现为资本家成为人格化的资本，具有历史价值，受人尊重；另一方面表现为其他人成为人格化的工资，甚至医生、律师、教士、诗人和学者这些一向向来受人尊崇和令人敬畏的职业变成了它出钱招雇的雇佣劳动者，失去了神圣的职业光环。

四、自由人联合体是“人的世界”的发展目标

从现实的人出发，通过对神学批判，马克思继续回应人和神的关系，将人的存在从天国还原到地上；通过对黑格尔法哲学的批判，马克思将

① 《马克思恩格斯全集》第 42 卷，人民出版社 1979 年版，第 29 页。
② 《马克思恩格斯全集》第 42 卷，人民出版社 1979 年版，第 150 页。
③ 《马克思恩格斯全集》第 42 卷，人民出版社 1979 年版，第 155 页。
④ 《马克思恩格斯全集》第 23 卷，人民出版社 1972 年版，第 89 页。
⑤ 《马克思恩格斯全集》第 23 卷，人民出版社 1972 年版，第 133 页。

人的存在从普鲁士这个被预设为完美的国家中剥离出来，确定了人作为社会关系存在的基本观点，深入到物质利益领域讨论人本身；通过对资本的批判，马克思将物的依赖关系作为人的发展的一个阶段，从主体性增强和依附性加大两个视角，探讨了资本主义社会基本矛盾，揭示了无产阶级作为人的存在的困境和出路。最后，提出了自由人联合体的社会发展目标，指明了人的世界应该具有的价值内涵。

第一，自由人联合体是人类追寻的理想世界。“代替那存在着阶级和阶级对立的资产阶级旧社会的，将是这样一个联合体，在那里，每个人的自由发展是一切人的自由发展的条件。”① “自由人的联合体”是马克思、恩格斯在解构资本主义社会过程中对未来社会的理想建构。纵观历史，自由是资产阶级反抗封建专制的思想武器，是从神权和王权的统治下解放出来获得商品生产和交换的生产、贸易自由和政治自由。然而，资产阶级为无产者提供了出卖劳动力自由的同时也给无产者带来了新的枷锁，自由反而成为不自由。因而，自由不是一部分人的自由，而是每个人的自由。只有建立在每个人自由发展基础上的自由才是真实的自由人联合体，即“以每个人的全面而自由的发展为基本原则的社会”②。

历史发展到马克思生活的时代，人因为神和资本的双重预制，自由和对自由的认识依然是一个社会难题。黑格尔的绝对精神的运行赋予了精神自由，却没有还原人的自由；资产阶级国民经济学家们赋予了人以经济功利自由，却没有还原无产者作为完整人的自由。社会契约论建立起资本利益获得者的联合体，却将这个联合体建成统治无产者的力量。“德国哲学从天国降到人间；和它完全相反，这里我们是从人间升到天国。这就是说，我们不是从人们所说的、所设想的、所想象的东西出发，也不是从口头说的、思考出来的、设想出来的、想象出来的人出发，去理解有血有肉的人。我们的出发点是从事实际活动的人，而且从他们的现实生活过程中还可以描绘出这一生活过程在意识形态上的反射和反响

① 《马克思恩格斯文集》第2卷，人民出版社2009年版，第53页。
② 《马克思恩格斯全集》第23卷，人民出版社1972年版，第649页。

的发展。"[1] 从现实的人这个前提出发，马克思揭示了资本主义社会对现实的人的自由的剥夺。"人——这就是私有制的基本前提——进行生产只是为了占有。生产的目的就是占有。生产不仅有这样一种功利的目的，而且有一种自私自利的目的；人进行生产只是为了自己占有；他生产的物品是他直接的、自私自利的需要的物化。"[2] 人的自由被局限在通过自己的对象性关系占有对象，人的片面发展成为人的生存方式。因此，改变这一状况，"人以一种全面的方式，也就是说，作为一个完整的人，占有自己的全面的本质"[3]。

第二，剥夺剥夺者是建立自由人联合体的主要路径。获得自由，是建立自由人联合体的必然选择。从人的世界出发，批判神的世界和物的世界，进而实现现实的人对现实的人的世界的构建，基本路径是重构现实的社会关系。这是马克思发现人类社会发展规律后的必然结论。"随着大工业的发展，资产阶级赖以生产和占有产品的基础本身也就从它的脚下被挖掉了。它首先生产的是它自身的掘墓人。资产阶级的灭亡与无产阶级的胜利是同样不可避免的。"[4] "两个必然"的结论建立在人类社会的基本矛盾和资本主义社会主要矛盾基础上。不过，"两个必然"不是自发进行的，"无论哪一个社会形态，在它们所能容纳的全部生产力发挥出来以前，是决不会灭亡的；而新的更高的生产关系，在它存在的物质条件在旧社会的胎胞里成熟以前，是决不会出现的"[5]。从"两个必然"到"两个决不会"，只有变革现实的社会关系，剥夺剥夺者。"共产主义是私有财产即人的自我异化的积极的扬弃，因而是通过人并且为了人而对人的本质的真正占有；因此，它是人向自身、向社会的（即人的）人的复归，这种复归是完全的、自觉的而且保存了以往发展的全部财富的。这种共产主义，作为完成了的自然主义，等于人道主义，而作为完成了的人道主义，等于自然主义，它是人和自然界之间、人和人之间的矛盾

---

① 《马克思恩格斯文集》第1卷，人民出版社2009年版，第525页。

② 《马克思恩格斯全集》第42卷，人民出版社1979年版，第33页。

③ 《马克思恩格斯全集》第42卷，人民出版社1979年版，第123页。

④ 《马克思恩格斯选集》第1卷，人民出版社2012年版，第412－413页。

⑤ 《马克思恩格斯全集》第13卷，人民出版社1962年版，第9页。

的真正解决，是存在和本质、对象化和自我确证、自由和必然、个体和类之间的斗争的真正解决。它是历史之谜的解答，而且知道自己就是这种解答。”①

第三，充裕的物质生活和闲暇时间是构建自由人联合体的必要条件。马克思在《哥达纲领批判》中指出：“在共产主义社会高级阶段，在迫使个人奴隶般地服从分工的情形已经消失，从而脑力劳动和体力劳动的对立也随之消失之后；在劳动已经不仅仅是谋生的手段，而且本身成了生活的第一需要之后；在随着个人的全面发展，他们的生产力也增长起来，而集体财富的一切源泉都充分涌流之后，——只有在那个时候，才能完全超出资产阶级权利的狭隘眼界，社会才能在自己的旗帜上写上：各尽所能，按需分配！”② 1887年6月，恩格斯在《对英国北方社会主义联盟纲领的修正》一文中指出：“我们的目的是要建立社会主义制度，这种制度将给所有的人提供健康而有益的工作，给所有的人提供充裕的物质生活和闲暇时间，给所有的人提供真正的充分的自由。”③ 自由人联合体的实现是有条件的。这些条件主要有：充裕的物质财富、充裕的闲暇时间和完善的制度保障等。资本主义社会创造的物的世界为充裕的物质财富提供了基础，但是，物质的世界异化了工人的劳动，导致财富积聚在少数资本拥有者手里，工人成为机器的一部分，被剥夺了占有全面本质的可能。通过剥夺剥夺者，无产阶级上升为统治阶级，充裕的物质财富属于无产阶级的财富。这是第一个条件。此外，改变传统的自发的分工对人的愿望的固化，是实现人的自由的另一个条件。自发分工将猎人、渔夫、牧人甚至批判者固定在生存状态，“只要他不想失去生活资料，他就始终应该是这样的人。而在共产主义社会里，任何人都没有特定的活动范围，每个人都可以在任何部门内发展，社会调节着整个生产，因而使我有可能随我自己的心愿今天干这事，明天干那事，上午打猎，下午捕鱼，傍晚从事畜牧，

① 《马克思恩格斯全集》第42卷，人民出版社1979年版，第120页。

② 《马克思恩格斯文集》第3卷，人民出版社2009年版，第435－436页。

③ 《马克思恩格斯全集》第21卷，人民出版社1965年版，第570页。

晚饭后从事批判，但并不因此就使我成为一个猎人、渔夫、牧人或批判者”①。

五、马克思“人的世界”思想的时代价值

马克思“人的世界”思想在解构资本主义社会的同时，也为建构一个新世界提供了理论指导。在建设中国特色社会主义的新时代，是理解以人民为中心的发展思想的重要理论基础。

第一，发展为了人。恩格斯把唯物史观称为“关于现实的人及其历史发展的科学”②，明确了马克思主义的人本主旨，也明确了社会主义社会的价值指向。改革开放40年，中国共产党人确立了发展才是硬道理的战略思维，探索出一条有中国特色的社会主义发展道路。在短短的几十年时间创造了举世瞩目的经济奇迹，稳居世界第二经济体高位。在这个进程中，中国特色社会主义一直实践着为了人民，服务人民的价值主旨。针对在生产力落后国家建设社会主义的历史难题，提出了以经济建设的为中心的发展战略，基本解决了占世界人口四分之一国家的温饱问题。针对改革开放进程中效率和公平的关系问题，提出了科学发展观和五大发展理念，回答了什么是发展和如何发展的问题。在此基础上，形成了新时代以人民为中心的发展思想，回应了如何避免物的世界增值过程中人的世界贬值的困境；回应了发展过程中，避免财富集中到少数人手里的公平问题，从为了人，到现实化到人民。将马克思主义人的世界理论具体到中国现实。

第二，从不充分不平衡发展到全面发展是新时代中国人的发展的价值追寻。马克思把个性自由的全面发展作为自由人联合体的人的发展目标，将社会进步与人的发展统一起来。人是环境的产物，环境决定了人。改革开放以来，中国社会经济发展的不充分不平衡影响到人的发展不充分不平衡。不平衡主要表现在物质文明与精神文明发展的不平衡，经济建设与道德建设的不平衡，改革开放时间差异带来的空间发展的不平衡

① 《马克思恩格斯全集》第3卷，人民出版社1960年版，第37页。

② 《马克思恩格斯全集》第21卷，人民出版社1965年版，第334页。

等。物质文明与精神文明建设的不平衡是贯穿其中的主线。从邓小平提出两个文明建设一起抓，两手都要硬，到习近平提出物质文明与精神文明协调发展，该问题一直受到党和政府的高度重视。物质文明与精神文明的关系决定了物质生活与精神生活、物质力量与精神力量等关系，决定了经济建设与道德建设的关系。不充分主要表现在人的发展要素的不充分、人的发展的阶段衔接不充分、满足人的发展的条件不充分、人的发展的时间空间不充分等方面。人的素质中德智体美等要素中，智力要素得到普遍重视，其他要素发展不够充分；在德这个要素中，私德传统根深蒂固，大德和公德发展不够充分；在精神动力中，对即时满足的自发追求膨胀而对理想信念的追求不够充分。如何推动人的全面发展，特别是精神文明、精神生活和精神动力的发展成为新时代人的发展的现实任务。

第三，人的自由的实现是一个历史过程。马克思主义的自由观是建立在对客观规律认识和把握基础上的科学自由观，是建立在人类历史自然进程基础上的历史自由观，而不是绝对的意志自由。社会发展的阶段性决定了人的自由实现的可能。新时代明确了我国社会发展阶段的新的历史方位，我国社会主要矛盾已经转化为人民日益增长的美好生活需要和不平衡不充分的发展之间的矛盾。我国社会主要矛盾的变化，没有改变我们对我国社会主义所处历史阶段的判断，我国仍处于并将长期处于社会主义初级阶段的基本国情没有变，我国是世界最大发展中国家的国际地位没有变。全面建设小康社会、全面深化改革、全面依法治国、全面从严治党任务依然艰巨，经济建设、政治建设、文化建设、社会建设、生态文明建设还在路上。中国特色社会主义建设进程为人的自由的实现提供了客观保障，人对自由的追求反过来促进社会进步。这个过程的辩证展开是人的自由发展的现实进程和历史进程的统一。

（作者系中山大学马克思主义学院院长、教授、博士生导师）

劳动与自由：马克思的实现自由路径

解丽霞　梁曙光

自由作为人类的恒久渴求，成为哲学家共同的致思趋向，马克思同样如此。马克思哲学始终以实现人的自由解放为根本追求和最终归宿。马克思的历史唯物主义“从直接生活的物质生产出发来考察现实的生产过程，并把与该生产方式相联系的、它所产生的交往形式即各个不同阶段上的市民社会，理解为整个历史的基础；然后必须在国家生活的范围内描述市民社会的活动，同时从市民社会出发来阐明各种不同的理论产物和意识形式，如宗教、哲学、道德等等，并在这个基础上追溯它们产生的过程”①。通过对市民社会的政治经济学研究，马克思发现造成不自由的现实根源，也即资本主义社会的罪恶根源在于资本主义物质生产关系。只有通过消灭异化劳动、实现自由劳动，为真正自由的实现奠定前提条件；通过扬弃私有财产权、建立自由人的联合的社会关系，为真正自由的实现提供现实保障；最后通过将社会必要劳动时间压缩到最低限度，从而最大程度地占有自由时间，才能实现真正的自由。马克思展望真正自由实现的地方，“在这个必然王国的彼岸，作为目的本身的人类能力的发展，真正的自由王国，就开始了。但是，这个自由王国只有建立在必然王国的基础上，才能繁荣起来。工作日的缩短是根本条件”②。马克思的“自由王国”成为人类真正自由解放实现的最强召唤。

一、实现自由劳动：自由的现实前提

马克思认为劳动是人的类生活的本质属性，也是人类历史的第一个

① 《马克思恩格斯选集》第1卷，人民出版社1995年版，第92页。

② 《资本论》第3卷，人民出版社2004年版，第929页。

前提，为了创造历史首先必须要能够生存，而要满足生存所需的物质生活资料就必须要从事物质生产活动，“第一个历史活动就是生产满足这些需要的资料，即生产物质生活本身”①。在这一前提基础上，自由地占有自我劳动的成果成为实现自由的首要前提。马克思的劳动概念带有明显的黑格尔的思想痕迹，但又与黑格尔截然不同，在黑格尔看来，“人通过流汗和劳动而获得满足需要的手段”②，而马克思劳动概念的创新之处在于，他将劳动看作人的本质，劳动本身就是目的，是人自由改造世界的实践活动，而不是像黑格尔那样将劳动理解为满足肉体生存的手段。作为人的类本质，人类劳动是有意识的自觉行为，动物的活动与其自身的生命是直接统一的，动物的活动只是出于生命的本能，并非有意识的自觉行为，动物不能把自己与这种无意识的生命活动区分开来。与此相反，人的活动是“自由自觉的活动”，而正是这种有意识的“自由自觉的活动”使得人与动物区分开来，正是这一区别使马克思认为“人才是类存在物”，才可能在行动上是自由的。因此，作为人的类本质存在的劳动，不仅使人摆脱了自然必然性的束缚，而且其劳动内容、劳动方式和由此形成的劳动关系决定了人实际生活的状态和性质，也即决定了人是否自由存在的根据。他实际是一种什么样的生存样态，是自由或者不自由，都与他的生产活动相一致，“既和他们生产什么一致，又和他们怎样生产一致”③。马克思正是发现了自由与劳动的关联性，才创造性地找到了自由的现实性根基。

虽然黑格尔将劳动看作维持人的生存和获取财富的手段，并赋予劳动以积极意义，但他也发觉了劳动的消极一面，他曾经抱怨资本主义生产关系下的劳动变得越发冷漠无情，在这种资本逻辑下的劳动关系中，最大的消极性在于劳动者生存处境的恶化，原来处于积极创造地位的劳动者可以凭借自身的自主意志进行生产活动，然而资本主义大生产却扼

① 《马克思恩格斯文集》第1卷，人民出版社2009年版，第531页。

② ［德］黑格尔：《法哲学原理》，范扬、张企泰译，商务印书馆1961年版，第209页。

③ 《马克思恩格斯文集》第1卷，人民出版社2009年版，第520页。

杀了劳动者的这种自主性和创造性，使得劳动者的自我意志和自主精神在具体的生产活动中越来越迟钝，除了消极性维持生计之外，劳动本身的创造性光芒逐渐暗淡，劳动者便成了“会说话的工具”。尤其是劳动分工的出现，使得劳动者只能专注于某一方面或某一程序的工作，生产效率的提升并未改善劳动者不自由的状态，反而严重阻碍了劳动者全面发展的可能性，这种为了维持生存的片面性劳动使得劳动者无暇他顾，越来越受制于分工的限制成为不自主的人，他们的创造性也就逐渐衰落了，最终，“劳动分工越广泛，就变得越缺乏精神，越机械，越加贬低人的地位”[①]。黑格尔的这一发现不可谓不深刻，对后来包括马克思在内的很多思想家产生了重要影响，但是遗憾的是，黑格尔虽然发现了劳动尤其是分工下的劳动所具有的消极片面性，但对于是什么原因造成了这一现象的发生却并未深入探讨，仅仅是将劳动的这种消极片面性与劳动者的现实生存需要连接在一起，“黑格尔未能解决异化的问题，因为他不考虑生产的一定方式，从而满足于完全一般地谈论通常的‘需要’”[②]。马克思正是在黑格尔停止思考的地方发出了自己的思想光辉，马克思没有局限于劳动与需要之间的简单关系，而是进行深入的探索，最终发现造成劳动消极片面性的深层原因不是别的，正是资本主义生产关系本身，资本主义生产关系导致了劳动的异化，马克思由此提出了异化劳动的概念。

马克思首先批判了以劳动为基本原则的古典政治经济学，古典政治经济学只关注处于劳动状态中的工人，从不考虑不劳动时的工人，没有把工人当作一个完整的人来对待，只关注作为利润生产者的工人，而忽视了劳动之外的工人的生存状况，马克思尖锐地批判古典政治经济学对工人的这种残酷状况，只是把活生生的工人看成“会劳动的动物”，把具有丰富情感和精神需要的工人，看成是像动物一样只有“肉体需要的

---

① 转引自张世英：《论黑格尔的精神哲学》，上海人民出版社 1986 年版，第 152 页。

② ［德］洛维特：《从黑格尔到尼采》，李秋零译，生活 · 读书 · 新知三联书店 2006 年版，第 374 页。

牲畜"①。古典政治经济学把工人仅仅当作没有任何财产、为了满足生存需要而片面劳动的人，它只注重工人在增加财富上的意义，"表面上承认人、人的独立、自主活动"②，而实质上，它所关注的是"无条件的赢利和生产的有用性，它的德性就是苦行主义的劳动"③。这种"苦行主义的劳动"其实质就是异化的劳动。接着，马克思分析了将人的全面生产转变成片面性劳动的根源——分工。"当分工一出现之后，任何人都有自己一定的特殊的活动范围，这个范围是强加于他的，他不能超出这个范围：他是一个猎人、渔夫或牧人，或者是一个批判的批判者，只要他不想失去生活资料，他就始终应该是这样的人。"④ 劳动作为人的类本质，是人内在的本源性的存在方式，也是超越外在约束实现自由的前提条件，然而资本主义生产方式通过分工将全面性劳动变成片面性劳动，最终使劳动变成了异己的、外在的约束力量。原本以劳动为乐的劳动者，转而对劳动产生了恐惧；原本属于劳动者本质属性的劳动，成为劳动者最想摆脱的枷锁；原本劳动者是通过劳动来实现自我，如今劳动反而成了劳动者对自我的否定的东西。这一切变化说明分工劳动已经使得劳动者与自身的类本质相异化，劳动不再是自我实现的来源，也不再是幸福生活的指南，转而变成了使自我"肉体受折磨""精神遭摧残"的异己性力量，这种异化劳动所导致的结果就是将属人的类本质剥离，使得原本以寻求自由为目的的劳动降格为维持肉体生存需要的手段，"异化劳动把自主活动，自由活动贬低为手段，也就把人的类生活变成维持人的肉体生存的手段"⑤。

如何消灭异化劳动，在马克思看来就是实现自由劳动。消灭异化劳动并非要消灭物质性生存，而是在物质生产劳动的前提下，通过联合起来的人使得这种劳动摆脱资本的控制，使它不再成为手段而是目的本身，

---

① 《马克思恩格斯全集》第3卷，人民出版社2002年版，第233页。

② 《马克思恩格斯全集》第3卷，人民出版社2002年版，第290页。

③ ［德］洛维特：《从黑格尔到尼采》，李秋零译，生活·读书·新知三联书店2006年版，第373页。

④ 《马克思恩格斯文集》第1卷，人民出版社2009年版，第537页。

⑤ 《马克思恩格斯全集》第3卷，人民出版社2002年版，第274页。

由此将物质生产劳动转变成自由劳动。在马克思看来，在物质生产劳动基础上的自由劳动的实现，是自由王国实现的必要前提，自由王国只能存在于物质生产领域的彼岸。物质生产劳动为人的基本生存提供了必需条件，但为了谋生而进行的物质生产劳动并非真正的自由，只有实现自由劳动才能为自由创造前提，这种自由劳动的实现必须首先打破资本的控制，摆脱资本逻辑下的生产关系。强调自由劳动对实现自由的重要性，并非是简单地拒斥物质生产劳动，物质生产劳动的存在同样具有历史性，且为自由劳动的实现奠定了基础，是实现自由劳动的准备阶段，正如马克思所说的，“在这个必然王国的彼岸，作为目的本身的人类能力的发挥，真正的自由王国，就开始了。但是，这个自由王国只有建立在必然王国的基础上，才能繁荣起来”①。

马克思对异化劳动的扬弃，为自由王国的实现奠定了现实基础，也为个人的自由的实现提供了现实条件，而这种现实可能性无论在康德还是黑格尔的理论中都是缺席的，也正是这种现实基础使得马克思的理论焕发出蓬勃的生命力和强烈的吸引力，正如罗尔斯从政治哲学史的角度考察马克思时所言：“对于马克思来说，共产主义的另一个吸引人的特征在于，如果我们愿意的话，我们每一个人都可以实现我们的各种能力，并且可以全面地参与到人类的活动中去。我们全都可以成为——如果我们想要的话——多才多艺的个体，展现人类所有的潜能。这是克服劳动分工的部分含义。”② 马克思通过对劳动的分析，揭示了资本主义生产方式的局限，通过对异化劳动的扬弃和对自由劳动的赞扬，为人类解放和自由王国奠定了现实性根基，“把超越了现实中的外在强制性的、全面而自由的劳动规定为人的本真意义的存在方式，是马克思关于人的存在问题的重大哲学创见，它不仅是马克思表征人类解放和共产主义理想不可

① 《资本论》第 3 卷，人民出版社 2004 年版，第 928 – 929 页。

② ［美］罗尔斯：《政治哲学史讲义》，杨通进等译，中国社会科学出版社 2011 年版，第 383 页。

缺少的概念，而且构成了马克思对资本主义异化批判的基本理论前提"①。马克思这种革命性的理论发现，为探索人类自由的实现注入了新的可能性，使得自由不再是空无内容的主观想象，而对资本主义生产关系中的劳动分工的揭示，使得资本主义社会本质暴露无遗，为马克思展开资本主义整体批判拉开了帷幕，由此可见，马克思从本体论的视角，将劳动作为人生存的第一个前提，作为人区别于动物的类生活的本质规定，通过扬弃资本主义生产方式导致的异化劳动，从而实现自由劳动。实现自由劳动也就成为自由实现的前提条件。

二、扬弃私有财产权：自由的现实保障

对社会关系的深入考察是马克思探索自由实现可能性的重要维度。与以往许多思想家从"抽象的个人"出发谈论自由不同，马克思的立足点是"具体的个人"。从"抽象的个人"来谈论自由是以往许多思想家的惯用方式，这种方式的缺陷在于忽视了现实中人的存在样态，以"抽象的个人"为基点建构起来的自由理论也难以逃脱缺乏现实性根基的"抽象化"窠臼，只有从现实社会关系中的"具体的个人"出发，才能找到通往自由的可能进路。"具体的个人"通过现实生活中的生存实践活动，从而构成的现存的社会关系，成为人实现自由的保障，由此马克思认为人的自然生命并非人的本质体现，决定人的本质的是人所处的社会关系，也就是说社会生命构成了人的本质特征，人的本质就体现为是一切社会关系的总和。因此，一种符合人的本质属性的公正社会关系是保障个人自由实现的重要力量。

马克思通过对人类社会关系的考察，提出了与人的自由状况相对应的社会关系的三个阶段："人的依赖关系为基础的人与人的关系"阶段、"以物的依赖性为基础的人的独立性"阶段、"全面自由个性阶段"。具体说来，三个阶段对应于人类历史发展的不同时期，也对应于不同时期

---

① 张盾：《哲学经济学视域中的劳动论题——关于马克思与黑格尔理论传承关系的微观研究》，《南京大学学报（哲学·人文科学·社会科学版）》2006年第5期，第5－12页。

人的自由的状况。马克思认为，“人的依赖关系为基础的人与人的关系”阶段是完全自发的阶段，在这种人的依赖关系中，人的个人发展受制于自然的因素，因此生产只能在相对狭窄的领域内进行。而到了“以物的依赖性为基础的人的独立性”阶段，随着生产力的提高，基本的物质性需求满足之后，劳动活动打破了原有的限制，在相当广泛的范围内建立起普遍的供需关系和交换网络，这一阶段虽然相对于前一阶段来说人的独立性逐渐增强，但这种独立性并非绝对的，而是受制于商品这一“无形之手”的掌控。最后，“建立在个人全面发展和他们共同的、社会的生产能力成为从属于他们的社会财富这一基础上的自由个性，是第三阶段”①。

具体说来，在第一个阶段中，“人的依赖关系为基础的人与人的关系”阶段属于前现代社会。在前现代社会，个人并未摆脱社会共同体的束缚，突出“表现为不独立，从属于一个较大的整体”②，个人在共同体中充当一定的工具性角色，个人的个性无从发展，因此也就不可能有真正的自由，个人不过是充当着社会整体网络中的一个工具性环节。第二个阶段是马克思必须认真考察的，这一阶段的本质特征就是“以物的依赖性为基础的人的独立性”，也即现代资本主义社会关系阶段。这一阶段虽然摆脱了前现代社会共同体对个人压制的状况，使得个人打破原有的社会有机体的束缚，在个体和人身方面达到某种程度的自由和独立，相对于前一阶段而言，确实是不小的进步，但这种独立和自由都是不彻底的，并非真正自由的实现，只是形式上的自由。这种被资产阶级标榜和呼喊的状态看似自由，实质上并未真正摆脱对外在事物的依赖，而这种依赖关系之所以隐蔽不易察觉，是因为相对于第一阶段人与人的直接依赖关系而言，这一阶段的依赖关系增加了“物”这一中介环节。正是这一中介环节的出现，不仅使得人的依赖关系变得隐蔽，而且由于商品在全球市场的扩张性，还使得被资本运行逻辑笼罩的几乎整个人类之间都处在这种依赖关系之中，依赖的范围逐渐在全球扩展，“毫不相干的个人

---

①《马克思恩格斯全集》第30卷，人民出版社1995年版，第107－108页。

②《马克思恩格斯全集》第30卷，人民出版社1995年版，第25页。

之间的相互的和全面的依赖，构成他们的社会关系”①。

在现代资本主义社会关系中，这种间接的相互依赖关系全面地表现为对交换环节的依赖和作为中介的交换价值上，这种“中介的交换价值”的现实表现就是货币资本。正如西美尔在货币哲学研究中所指出的，美德已经被金钱所取代，成为现代文明中通约一切的唯一中介，以往追求多样化的时代从未像生活在现代的人们那样，齐一性将生存目标指向同一个东西，在现代人的生命中，货币成为通约一切的中介物，赚取更多的金钱则成为现代人普遍的追求，而这种追求并非简单地为了生存需要，很多人已经将其与更高层次的幸福、自由等精神价值划上连接符，并直言不讳地认为“生活中的所有幸福和所有最终满足，都与拥有一定数量的金钱紧密联系在一起”②，似乎一旦脱离了货币这一中介，人的幸福和理想，甚至人的存在也就失去了意义。其实，在西美尔之前，货币的这种魔力已经被马克思敏锐地捕捉到了，马克思尖锐地指出货币资本在资本主义社会关系之所以产生对人的压制，是因为它遵循的是物的逻辑，“活动和产品的普遍交换已成为每一个人的生存条件，这种普遍交换，他们的相互关系，表现为对他们本身来说是异己的、独立的东西，表现为一种物”③。所谓物的逻辑，是指货币是一种独立于人自身的存在，且这种存在往往与人自身的存在相抵触，是异己性存在，但这种物的逻辑并未因其排斥人的异己本性而遭到拒斥，反而随着商品交换的大潮成了每个人生存的必需活动和普遍行为。在资本主义社会的经济关系中，资本家正是通过作为“看不见的手”的货币资本的中介实现了对无产阶级的间接性压制和支配。而工人阶级虽然在资本主义社会关系中虽然摆脱了对他人直接的人身依附，拥有了人身自由和个体独立，但为了生存又不得不依附于资本，通过出卖自己的劳动能力这种“价值的活的源泉”④ 来维持生存，结果是工人生产的产品越多他就越穷，而资本家

---

① 《马克思恩格斯全集》第30卷，人民出版社1995年版，第106页。

② ［德］西美尔：《现代文化中的金钱》，载刘小枫编，顾仁明译：《金钱、性别、现代生活风格》，学林出版社2000年版，第10页。

③ 《马克思恩格斯全集》第30卷，人民出版社1995年版，第107页。

④ 《马克思恩格斯全集》第30卷，人民出版社1995年版，第253页。

则越来越富，正是在这种社会关系中，“个人之间表面上的平等和自由就消失了”①。

在马克思看来，要想扬弃资本，摆脱资本对人的束缚和支配，必须首先扬弃资本主义私有财产权。财产权是自由主义的根基，洛克认为生命、财产、自由是个人不可侵犯的基本权利，没有财产权个人自由也就无法保障，私有财产神圣不可侵犯，并认为国家存在的意义就在于“为了尽可能地保护这个社会的所有成员的财产”②。洛克私有财产神圣不可侵犯的观点最早遭到了卢梭的激烈抨击，卢梭通过对“人类社会不平的起源和基础”的考察，得出正是资本主义私有财产权导致了现代人的不平等和不自由。黑格尔同样“对私有财产神圣不可侵犯这一西方主流政治信条进行了猛烈的批判，提出了‘一个快要饿死的人有绝对的权利侵犯另一个人的所有权’的命题”③。马克思承继了这一批判思路，但与卢梭和黑格尔不同，马克思对待私有财产权不是简单的否定态度，而是一种扬弃性批判，“这种否定不是重新建立私有制，而是在资本主义时代的成就的基础上，也就是说，在协作和对土地及靠劳动本身生产的生产资料的共同占有的基础上，重新建立个人所有制”④。这种在“生产资料的共同占有的基础上，重新建立个人所有制”所形成的社会关系就是马克思所说的第三个阶段——全面自由个性阶段。

在这一阶段，社会关系不再是原子式的个人的间接支配关系，而是以“自由的个人”为主体的交互性社会关系，在其中，“每一个人都承认另一个人的自由并且都是为了提高另一个人的自由而行动的。因此，不存在一个个人或一群个人对另一个个人或另一群个人的支配”⑤。这就

---

① 《马克思恩格斯全集》第30卷，人民出版社1995年版，第202页。

② ［英］洛克：《政府论》（下篇），叶启芳、瞿菊农译，商务印书馆1964年版，第53页。

③ 张盾，刘聪：《论黑格尔对财产权的批判及其对马克思的影响——黑格尔〈法哲学〉的“秘传教诲”》，《江海学刊》2010年第6期，第42－47页。

④ 《资本论》第1卷，人民出版社2004年版，第874页。

⑤ ［美］卡罗尔·C. 古尔德：《马克思的社会本体论：马克思社会实在理论中的个性和共同体》，王虎学译，北京师范大学出版社2009年版，第143页。

是“自由人的联合体”，也是马克思所期望的共产主义社会，“共产主义是私有财产即人的自我异化的积极扬弃，因而是通过人并且为了人而对人的本质的真正占有：因此，它是人向自身、向社会的即合乎人性的人的复归，这种复归是完全的、自觉的和在以往发展的全部财富的范围内生成的。这种共产主义，作为完成了的自然主义，等于人道主义，而作为完成了的人道主义，等于自然主义，它是人和自然界之间，人和人之间的矛盾的真正解决。是存在和本质、对象化和自我确证、自然和必然、个体和类之间的斗争的真正解决。”① 由此可见，扬弃资本主义私有财产权，是实现自由的现实保障。

三、占有自由时间：自由的实现途径

实现自由劳动使个人获得了区别于动物的类生活的本质属性，扬弃资本主义私有财产权使个人摆脱了以资本为中介对人的间接依赖关系，而要想实现真正的自由，在马克思看来现实途径就是占有自由时间，“人的自由等于他拥有自由时间”②，正如施密特所揭示的，“马克思把人的自由问题还原为自由时间问题”③。马克思将自由建立在时间（历史）的基础上，并指出将时间引入现实世界的中介是劳动，“对马克思来说，引入时间的这种构造性活动就是劳动，即处于世界之中的主体的现实性的或实践的活动”④。这就克服了康德对时间理解的先验形式问题，从而在实践活动的基础上为时间确立了本体论意义，也奠定了历史唯物主义的基础。在马克思看来“劳动是活的”，它不仅创造了物质本身，而且使得物本身的易逝性和暂时性通过活的时间得到保存，“劳动是活的、造形的火；是物的易逝性，物的暂时性，这种易逝性和暂时性表现为这些物

---

① 《马克思恩格斯全集》第3卷，人民出版社2002年版，第297页。

② ［俄］梅茹耶夫：《我理解的马克思》，林艳梅、张静译，人民出版社2013年版，第106页。

③ ［德］施密特：《马克思的自然概念》，吴仲昉译，商务印书馆1988年版，第153页。

④ ［美］卡罗尔·C. 古尔德：《马克思的社会本体论：马克思社会实在理论中的个性和共同体》，王虎学译，北京师范大学出版社2009年版，第20页。

通过活的时间而被赋予形式”①。正是劳动这个中介，时间才能得到现实性的理解，也正是在劳动之中，人的自由时间的获得也才具有了现实可能性。

马克思对时间的划分是理解马克思自由思想的关键环节，在马克思的理论中，时间被分解为生理时间、劳动时间以及自由时间三部分，其中劳动时间又包含了工人的必要劳动时间和工人的剩余劳动时间。在对劳动时间的考察中，马克思发现劳动时间作为价值尺度是在“物的依赖性”阶段才得以确立的，在“人的依赖关系为基础的人与人的关系”阶段，劳动时间并不具有价值尺度的作业，劳动时间的增加除了满足统治者基于宗法关系的物质需要外，主要还是为了满足劳动者自身的生存需要。只有到了资本主义阶段，在商品交换过程中，凝结在商品中的具体劳动被抽象为无差别的一般劳动，而衡量这种一般劳动的尺度才转化为时间，“时间就是金钱”也就成了资本主义生产的“金科玉律”。

获得自由时间的前提是剩余劳动，必要劳动并不产生自由时间，只有剩余劳动才有创造自由时间的可能，“这种剩余劳动一方面是社会的自由时间的基础，从而另一方面是整个社会发展和全部文化的物质基础”②。这意味着自由时间不能从基于生存需要而进行的必要劳动中产生，只能在社会存在剩余劳动的条件下产生。而在资本主义生产方式下，资本的运作逻辑恰恰是靠无限地占有工人的剩余劳动获得存在，资本的本性就在于要想实现自身的增值，就要不断地创造更多的剩余价值，而创造剩余价值的方式，就在于通过生产资料的所有权，对工人“吮吸尽可能多的剩余劳动”③来实现。资本的贪婪就在于它除了要占有必要劳动时间，还要占有工人的剩余劳动时间，将“可以自由支配的时间变为剩余劳动”，使“个人的全部时间都成为劳动时间”④，从而将工人的自由时间挤压殆尽，因此，马克思批判资本的吸血鬼本性，将资本称为

---

① 《马克思恩格斯全集》第30卷，人民出版社1995年版，第329页。
② 《马克思恩格斯全集》第32卷，人民出版社1998年版，第220－221页。
③ 《资本论》第1卷，人民出版社2004年版，第269页。
④ 《马克思恩格斯全集》第31卷，人民出版社1998年版，第103－104页。

"死劳动"，"资本是死劳动，它像吸血鬼一样，只有吮吸活劳动才有生命，吮吸的活劳动越多，它的生命就越旺盛"①。之所以称之为"死劳动"是因为相对于工人的"活劳动"而言，资本本身并没有直接创造价值，只是通过不断地占有工人的"活劳动"，才使得自己呈现出不断增值的"活"的状态，并且"吮吸的活劳动越多，它的生命就越旺盛"②。正是资本的这种本性，使得在资本主义生产方式下生存的无产阶级永远处于不自由的压迫之中。

在马克思看来，自由时间对人的存在和发展的意义十分重大，没有自由时间，人的存在的意义以及发展的前景都将失去光彩，而所谓的自由时间无非是供个人"自由发展的时间"，是一种使个人"得到充分发展的时间"。自由时间不仅是人类最根本的存在方式，也是人类发展的空间，更为关键的是，一旦丧失了自由时间，人的类本质也就不复存在，人也就很难称得上是人。马克思将资本主义社会中为资本家服务而丧失自由时间的人称为"为别人生产财富的机器"，"一个人如果没有自己处置的自由时间，一生中除睡眠饮食等纯生理上必需的间断以外，都是替资本家服务，那么，他就还不如一头役畜。他不过是一架为别人生产财富的机器，身体垮了，心智也变得如野兽一般"③。之所以如此，是因为由于过度依赖于资本家，除了基本的生理上的需要之外，其他所有的时间都花费在为资本家服务上，从而没有为自己留下可供自我发展的自由时间。如何解决自由时间与劳动时间的对立关系？马克思认为只有在"全面自由个性阶段"也即共产主义社会才能真正得到解决，共产主义社会的劳动是一种满足自我生存需要、发展自我特长、展现自我才华的自由自在的活动，它摆脱了外在的强制和束缚。共产主义社会作为自由王国的最终社会形式，其实现并非摆脱了现实性因素，而恰恰是在它生长出来的地方，也即"存在于真正物质生产领域的彼岸"④，这意味着自

① 《资本论》第1卷，人民出版社2004年版，第269页。
② 《资本论》第1卷，人民出版社2004年版，第269页。
③ 《马克思恩格斯选集》第2卷，人民出版社2012年版，第61页。
④ 《资本论》第3卷，人民出版社2004年版，第928页。

由王国的建立依赖于物质生产活动，共产主义社会也不是凭空出现的新的文明样态，而是在现有社会关系基础上重新开出的新的文明形式，共产主义的实现不只是简单地依赖于资本主义社会的发展，更关键的在于对资本主义生产方式的积极性扬弃，自由王国的理想只有在这种情况下才能成为现实，而这一人类社会发展的未来样态，“只有建立在必然王国的基础上，才能繁荣起来”①。

只有在自由王国之中，人的个性才能获得真正的全面而自由的发展，人类劳动的目的也不再是被迫地从事剩余劳动的生产，而是将社会必要劳动时间压缩到最低的限度，从而为个人的发展和创造提供充足的时间，在其中“个性得到自由发展，因此，并不是为了获得剩余劳动而缩减必要劳动时间，而是直接把社会必要劳动缩减到最低限度，那时，与此相适应，由于给所有的人腾出了时间和创造手段，个人会在艺术、科学等方面得到发展”②，这时，衡量财富的标准早已摆脱劳动时间的限制，而是直接以可供自由支配的时间为依据，“财富的尺度决不再是劳动时间，而是可以自由支配的时间”③。由此可见，在共产主义社会之中，生产不再是人们从事生产的最终目的，而是成为实现人的自由的手段，人成为生产的目的本身，这时，人就获得了真正的自由。

（解丽霞系华南理工大学马克思主义学院院长、教授，梁曙光系华南理工大学马克思主义学院博士研究生）

① 《资本论》第3卷，人民出版社2004年版，第929页。
② 《马克思恩格斯全集》第31卷，人民出版社1998年版，第101页。
③ 《马克思恩格斯全集》第31卷，人民出版社1998年版，第104页。

价值虚无主义批判的先导

——重读《共产党宣言》

刘尚明

根据海德格尔的考察，1799年雅可比在哲学上首次使用“虚无主义”这个术语。19世纪马克思的同时代人使用它而流行开来，屠格涅夫在《父与子》（1861）中用来标明主人公巴扎罗夫的激进思想，陀思妥耶夫斯基在《地下室手记》（1864）和《罪与罚》（1866—1867）中更加详细地阐明了此思想，尼采在《权力意志》（1885—1888）一书中，尤其在第一篇“欧洲的虚无主义”中，深刻地探讨了虚无主义的根源及意义。伯曼指出，尼采注意到了现代的政治和经济就其本身来说具有深刻的虚无主义色彩，但是尼采没有揭示出两者之间的联系。就此而言，伯曼认为：“对于现代资产阶级的虚无主义力量，马克思的理解要比尼采深刻得多。”① 马克思揭示了文化和艺术的“现代主义”与经济和政治的“现代化”的关系。如果说虚无主义是现代主义文化的灵魂，那么，在马克思看来，它是资本主义经济与社会的现代化所带来的创造、更新和破坏、摧毁之间的冲突在观念上的反映。

早于屠格涅夫，马克思在1848年2月发表的《共产党宣言》中就对现代资产阶级的虚无主义力量进行了公开的批判。不同于尼采等人从精神文化角度来批判虚无主义，马克思则从社会经济生活运行的角度来揭示资本逻辑中蕴含着的虚无主义的本质及根源，并予以克服。在《共产党宣言》中马克思除了论述资产阶级与无产阶级的发展及阶级斗争这一主题之外，还隐含着对价值虚无主义批判这一主题。马克思批判了资产

① ［美］马歇尔·伯曼：《一切坚固的东西都烟消云散了——现代性体验》，徐大建、张辑译，商务印书馆2003年版，第144页。

阶级摧毁、否定和破坏性的虚无主义带来了人的价值与意义的贬抑和崇高价值的贬损，并深刻地指出其深层根源在于资本主义私有制和资本的逻辑，而遏制它的力量则是具有辩证法精神的共产主义革命。本文将主要依据《共产党宣言》来论述马克思对价值虚无主义的批判。

一、虚无主义与价值虚无主义

如果说“人应当如何生活”是“理想”，那么“人事实上如何生活”则是“现实”。价值虚无主义割裂了“理想”和“现实”的关系。它要么用现实生活的“事实”淹没了现实生活的“应当”，要么只有“应当”要求而无视“现实”状况。只片面强调“事实”而没有“应当”的是现实主义，只片面主张“应当”而没有“现实”的则是理想主义。价值虚无主义否定终极价值，并进而忽视或否定“人应当如何生活”的理想。格里芬指出：“虚无主义否定任何终极价值或意义，并因而否定关于我们应如何生活的客观准则。”[①] 马克思在《共产党宣言》中延续了他在《1844 年经济学哲学手稿》中价值批判的立场，即“人应当如何生活”的理想与“人事实上如何生活”的现实进行比照，并坚持两者的统一。在马克思看来，人应当自由、自觉、自主的生活，而事实却并非如此，人实际上是压迫的、被动的、奴役般的生活。在《共产党宣言》中，马克思进一步把“人应当如何生活”的理想的实现奠基在历史唯物主义之上，并在此基础上对“人事实上如何生活”的现实进行更加科学尖锐的批判，批判资本主义社会把一切价值转化为交换价值。

第一，虚无主义即摧毁。马克思在《共产党宣言》中批判了资产阶级的具有摧毁、否定、破坏性的虚无主义思想。这种虚无主义的思想的经典表述就是“一切坚固的东西都烟消云散了”。正如伯曼所言：“晚近的一代人会用‘虚无主义’予以命名的那些无法无天、无法衡量、爆炸

---

① ［美］大卫·雷·格里芬编：《后现代精神》，王成兵译，中央编译出版社 2005 年版，第 8 页。

性的冲动。”[①] 在马克思看来，现代资产阶级是一些技艺高超的虚无主义者，是最具破坏性的统治阶级。资产阶级使自己的创造异化了，即创造性带来了破坏性。一方面，资产阶级具有创造性。资产阶级创立了城市，开辟了世界市场，发展了工业、商业、航海业、交通运输业，创造了“完全不同于埃及金字塔、罗马水道和哥特式教堂的奇迹；它完成了完全不同于民族大迁徙和十字军征讨的远征”[②]。资产阶级创造了生产力。“资产阶级在它的不到一百年的阶级统治中所创造的生产力，比过去一切世代创造的全部生产力还要多，还要大。自然力的征服，机器的采用，……过去哪一个世纪料想到在社会劳动里蕴藏有这样的生产力呢?”[③] 一句话，资产阶级“按照自己的面貌为自己创造出一个世界”[④]。另一方面，资产阶级具有破坏性。资产阶级炸毁了封建的所有制关系，摧毁了一切封建的或行会的工业经营方式；消灭了古老的民族工业，瓦解了传统的手工作坊和工场手工业，代之以机器大工业；物质和精神的生产和消费都成了世界性的了。“资产阶级在它已经取得了统治的地方把一切封建的、宗法的和田园诗般的关系都破坏了。”[⑤] 而资产阶级摧毁一切东西的武器是生产力的发展及低廉的商品。“它的商品的低廉价格，是它用来摧毁一切万里长城、征服野蛮人最顽强的仇外心理的重炮。”[⑥] 资产阶级使世界一切民族甚至最野蛮的民族都卷入资本主义的文明之中，使农民的民族从属于资产阶级的民族，使没有被文明化的国家从属于文明的国家，使乡村从属于城市，使东方从属于西方。

可是，创造异化的问题在资本主义社会内部解决不了。资本主义周期性爆发的经济危机就是例证。资本主义创造了巨大的生产力，生活资料太多，工业和商业太发达以至于资本主义的生产关系容纳不了

① ［美］马歇尔·伯曼：《一切坚固的东西都烟消云散了——现代性体验》，徐大建、张辑译，商务印书馆2003年版，第129页。

② 《马克思恩格斯文集》第2卷，人民出版社2009年版，第34页。

③ 《马克思恩格斯文集》第2卷，人民出版社2009年版，第36页。

④ 《马克思恩格斯文集》第2卷，人民出版社2009年版，第36页。

⑤ 《马克思恩格斯文集》第2卷，人民出版社2009年版，第33－34页。

⑥ 《马克思恩格斯文集》第2卷，人民出版社2009年版，第35页。

它本身创造的财富，为了维护资本主义的利润，在商业危机期间，已经造成的生产力及已经制成的部分产品被毁灭掉了。马克思深刻地指出："社会突然发现自己回到了一时的野蛮状态；仿佛是一次饥荒、一场普遍的毁灭性战争，使社会失去了全部生活资料；仿佛是工业和商业全被毁灭了。"① 资产阶级不断开拓新市场，彻底地利用旧市场试图摆脱这种危机，但是在马克思看来，这不是根本的解决办法，因为经济危机总是周期地爆发，积累起来的生产力总是不断地被消灭。解决的根本办法只能是共产主义革命，变革资本主义的生产关系，以适应生产力的发展。

现代生活逃脱不了一切坚固的东西都烟消云散的命运。一切东西在资本主义经济面前，不管是物质的还是精神的，不管是人还是物，存在还是意识，不管是制度还是观念，不管坚固与否都逃不过被摧毁的命运。这一状况迫使我们思考，如果一切都是过眼烟云，如果"一切社会状况不停地动荡，永远的不安定和变动"②，那么，什么是真实的东西，什么是本质性的东西，什么是有意义的东西。在这个不确定的世界，人们靠什么东西安身立命？杜威在《确定性的寻求》一书表明了人们生活在不确定世界中寻求确定性的渴求。资产阶级的虚无主义必将让他们面临道德的、社会的和心理的深渊。生活在地球上的人们需要脚踏坚固实地，但又不断深挖、不断摧毁大地，渴求各种可能性的生活，这是极其矛盾的。伯曼指出："一方面我们欲求生活所依赖的各种干净而坚固的价值，另一方面我们又追求现代生活和经验的无限可能性，而这种无限可能性是会消除一切价值的。"③ 资产阶级激烈地推翻人们的一切价值观念，新形成的价值观念等不到固定下来就陈旧了。

第二，价值虚无主义。在《共产党宣言》中马克思批判了两种价值虚无主义，即生命价值贬抑和崇高价值贬损。

---

① 《马克思恩格斯文集》第 2 卷，人民出版社 2009 年版，第 37 页。

② 《马克思恩格斯文集》第 2 卷，人民出版社 2009 年版，第 34 页。

③ ［美］马歇尔·伯曼：《一切坚固的东西都烟消云散了——现代性体验》，徐大建、张辑译，商务印书馆 2003 年版，第 129 页。

一是生命价值贬抑。表现在物的价值贬抑人的价值，金钱价值贬抑人的个性、独立、人格、自由，人的价值片面化为市场价格，人与人的关系只有冷漠的金钱关系。在《共产党宣言》中，马克思深刻地指出资产阶级把人的尊严变成了交换价值，斩断了束缚于天然尊长的羁绊，在资本主义社会人和人之间的关系不存在任何别的联系，只有赤裸裸的利害关系，冷酷无情的金钱交易。伯曼指出这就是价值虚无主义，在资本主义社会“任何能够想象出来的人类行为方式，只要在经济上成为可能，就成为道德上可允许的，成为‘有价值的’；只要付钱，任何事情都行得通。这就是现代虚无主义的全部含义”①。在资本主义社会，人的价值用金钱来衡量，用价格来标明，金钱覆盖了一切。对于什么是值得的，什么是可尊敬的以及什么是真实的只有经济的价值、市场价值。人变成了物，变成了商品，人非人化了。就此意义上，资产阶级和无产阶级都是如此。在马克思看来，对于资产阶级而言，真正有价值的唯一活动就是挣钱、积累资本和堆积剩余价值，其他活动都只是手段，只有挣钱才是唯一目的。因而，在资产阶级眼里，人只是手段，而不是目的。资产者把自己的妻子看作单纯的生产工具。无产阶级不得不出卖自己，像其他任何货物一样，也是商品。由于分工和机器的推广，工人失去了任何独立性，变成了机器的单纯附属品。资产阶级想把工人训练成机器，挤在工厂里的工人群众像士兵一样被组织起来，没有自由，受到层层监视，如同奴隶般受奴役。不管男工、女工、童工都是如此，性别和年龄对于工人阶级来说没有什么社会意义，他们都只是劳动工具。现代知识分子为了生活也不得不出卖整个自己，出卖自己的体力，出卖自己的脑力、自己的感受力、自己的情感、自己的想象力。总之，资产阶级在赢利欲的驱使下，失去了自我。无产阶级在资本的压迫下，没有自我。这就是资本主义社会生命价值虚无化的结果。

二是崇高价值贬损。马克思深刻地指出，在资本主义社会，“一切神

---

① ［美］马歇尔·伯曼：《一切坚固的东西都烟消云散了——现代性体验》，徐大建、张辑译，商务印书馆2003年版，第143页。

圣的东西都被亵渎了”[1]。“一切神圣的东西”包括神圣的情感、神圣的职业、神圣的理想等崇高价值。在资本主义社会，这些崇高价值被贬损了。在金钱面前没有神圣，光环不再耀眼。在马克思看来，利己主义的冰水淹没了宗教虔诚、骑士热忱、小市民伤感这些神圣情感；金钱的魔力抹平了曾经受人尊崇和令人敬畏的一切神圣的职业；医生、律师、教士、诗人和学者等这些专业人士、知识分子和艺术家变成资产阶级出钱招雇的雇佣劳动者；神圣的素被尊崇的观念和见解都被消除了；甚至连家庭关系的温情也成了明日黄花，变成了纯粹的金钱关系。于是“人们终于不得不用冷静的眼光来看他们的生活地位、他们的相互关系”[2]。人们不得不深刻地思考、冷静地看待人与人之间的关系究竟是什么关系，人在社会生活处于何种地位，如何确立这种地位。在资本主义社会，人与人的关系不再以一切封建的、宗法的、血缘的关系来规定，而是由占有“物”或增殖资本来规定，因此人与人的关系仅剩下金钱关系，人们在生活中的地位是用“金钱”来确定。资本主义社会摧毁了一切神圣的东西，生活变得完全非神圣化了，其优点是瓦解了专制和神权，剔除了麻醉精神的安慰品，带来了人与人之间精神上的平等，有史以来第一次，人与人之间在同一水平彼此面对。这就可能导致不再恐惧、没有敬畏的人们不负责任、为所欲为的状况，这是崇高价值贬损的结果。

总之，在马克思看来，资产阶级的价值虚无主义破坏了田园诗般的、温情脉脉的人与人的关系，淹没了神圣与虔诚、尊严与敬畏，代之而起的是冷漠、交换价值、赤裸裸的利害关系、利己主义的算计。

二、生产资料私有制与资本的逻辑

在伯曼看来，现代性包括对“现代化”与“现代主义”及两者关系的思考，马克思澄清了这两者的关系即文化和艺术的“现代主义”产生于经济和政治的“现代化”。屠格涅夫、陀思妥耶夫斯基、尼采和海德格尔等思想家只是从人类精神的一般发展即单纯从思想文化发展来揭示价值虚无

① 《马克思恩格斯文集》第2卷，人民出版社2009年版，第35页。
② 《马克思恩格斯文集》第2卷，人民出版社2009年版，第35页。

主义的根源，在他们看来，价值虚无主义根源于科学、理性主义、上帝的死亡和存在之遗忘。如果说虚无主义是现代主义文化的精神实质，那么在马克思看来，其深刻根源在于资本主义的经济与社会秩序。这是马克思关于社会存在决定社会意识的“历史唯物主义”的题中之义。根据马克思的“历史唯物主义”的观点，在每一历史时期，占统治地位的经济生产方式是基础，政治和精神的历史是建立在此基础之上的“上层建筑”。这一基本事实在《共产党宣言》中表达为：“人们的观念、观点和概念，一句话，人们的意识，随着人们的生活条件、人们的社会关系、人们的社会存在的改变而改变。这难道需要经过深思才能了解吗?”① 也就是说，人们关于宗教的、道德的、艺术的、哲学的、政治的、法的观念产生于人们生活于其中的社会经济结构之中，根源于物质的生活关系，并随着人们的社会存在的改变而改变，社会的精神生产奠基于社会的物质生产并随着物质生产的变化而变化。在1859年的《〈政治经济学批判〉序言》中，马克思明确而清晰地指出：“生产关系的总和构成社会的经济结构，即有法律的和政治的上层建筑竖立其上并有一定的社会意识形式与之相适应的现实基础。物质生活的生产方式制约着整个社会生活、政治生活和精神生活的过程，不是人们的意识决定人们的存在，相反，是人们的社会存在决定人们的意识。”② 价值虚无主义作为社会的意识形式，不能从它本身来理解，也不能从人类精神的一般发展来理解，而是根源于社会的物质生活关系。

资本主义的物质生活关系是资本主义的生产关系，它是资本主义物质生产过程中形成的不以人的意志为转移的经济关系，包括生产资料归资产阶级占有的生产资料私有制关系；资产阶级与无产阶级的关系是雇佣与被雇佣的关系，剥削与被剥削的关系，压迫和被压迫的关系；产品的分配关系是按资分配。生产资料归资本家占有的私有制关系在整个资本主义的生产关系中起支配和决定作用，它决定着资本主义社会中人与人的关系，产品的分配关系，以及整个的生产、分配、交换、消费的关系。生产关系作为人与人之间的经济关系，不是物，“可是这些关系总是

① 《马克思恩格斯文集》第2卷，人民出版社2009年版，第50-51页。

② 《马克思恩格斯文集》第2卷，人民出版社2009年版，第591页。

同物结合着，并且作为物出现”。[①] 在资本主义社会中物的关系掩盖着人的关系，物的自然属性掩盖着物的社会属性，物的价值掩盖着人的价值。有学者认为，马克思的“物”有自然之物、社会之物、异化之物、拜物教之物的四重内涵。劳动产品是人的对象性的产物，是社会之物。异化之物属于社会之物，其前提是私人劳动和社会劳动、劳动和资本的对立，其典型形态是商品。拜物教之物不仅仅是社会关系的物化，而且是观念、精神的物化。异化的观念认同和接受的就是拜物教，其典型形态是生产主义和消费主义。[②] 自然之物和社会之物是正常之物，异化之物和拜物教之物是异常之物。资本主义的价值虚无主义是物的统治造成了人的生命价值的虚无，异化之物（商品）是奴役人的异己力量。马克思在《1844 年经济学哲学手稿》中深刻地分析了异化劳动的四个规定性。马克思指出，工人在商品生产中，生产得越多，自己越贫穷，同劳动产品相异化；工人在商品生产活动中，不是感到幸福、愉悦，而是感到对肉体的折磨、精神的摧残，不是肯定自己，而是否定自己，工人同劳动本身发生了异化；劳动在商品生产中不再是自由自觉的活动，而只是谋生的手段，人同自己的类发生了异化；最后是人对人的统治与奴役，即人与人的全面异化。不仅如此，拜物教之物从意识形态上强化了作为商品的物的逻辑，人们对物顶礼膜拜而忽略了物背后的人的价值，人的崇高价值贬损了，人物欲化了、平面化了、世俗化了。在马克思看来，造成异化和拜物教的根源在于资本主义的生产关系，在于资本主义的生产资料私有制，在于劳动者和生产资料的分离，人与物的对立，最终形成了物化逻辑对人的价值的支配和控制。

因此，神圣光环的褪色、神圣东西的亵渎、崇高价值的贬损、人之价值的遮蔽等都是与资本的形成和增殖带来的“物”的繁荣及资本主义的生产关系在社会生活领域内全面展开紧密相连的。在马克思看来，资本是已经积累起来的劳动，物化劳动，劳动者的劳动是活劳动，“资本的

---

① 《马克思恩格斯文集》第 2 卷，人民出版社 2009 年版，第 604 页。

② 张有奎：《物、意义与虚无：从马克思的视角看》，《马克思主义与现实》2014 年第 1 期。

条件是雇佣劳动。”[1] 即货币转化为资本的前提是劳动力成为商品。资产阶级和无产阶级的对立运动就是资本和雇佣劳动的对立运动。资本的逻辑要求自身不断增殖，获取高额利润，为此就要求不断革新生产工具，提高劳动生产率。“资产阶级除非对生产工具，从而对生产关系，从而对全部社会关系不断地进行革命，否则就不能生存下去。”[2] 资本的增殖引发一系列的技术革命、产业革命、社会革命和生活革命，破坏了一切旧的关系，摧毁了一切旧的制度，并且不断开辟了世界市场，使世界变成了一个全球化的世界。因此“资本不是一种个人力量，而是一种社会力量。”[3] 这种力量支配着一切事物、价值和意义。

在生产资料私有制和资本逻辑统治下形成的价值观是对真正的人的世界的实际贬低和对自然界的真正蔑视。由此，高山、河流、森林、矿藏、羊群等植物和动物都是资本的要素，变为资本增殖的资源；从事崇高职业的人变成了资本招雇的雇佣劳动者；一切传统的价值观念在资本面前都荡然无存了。这种资本逻辑带来的价值虚无主义全面表现在哲学、经济、政治、文化、社会、生态等方面。在哲学方面，实用主义哲学和效率至上的价值观造成物质财富的丰富，但目的却不是人的真正的幸福；在经济方面，自由贸易和等价交换的价值原则带来了商品的繁多，财富的增加，而工人的贫穷也在同时增加；在政治方面，民主价值的实质是资本的民主，只有利害关系避而不谈政治理想；在文化方面，工具理性压倒了价值理性，人们追求物质占有而放逐崇高理想，享乐主义、生产主义、消费主义成为时髦；在社会方面，本能冲动造反逻各斯，感性欲望增加，人们追求经验的幸福却又无不生活在“铁笼”之中；在生态方面，自然的价值只是资本增殖和压榨的价值，人与自然的和谐关系被破坏了。马克思深刻地指出：“金钱是一切事物的普遍的、独立自在的价值。因此它剥夺了整个世界——人的世界和自然界——固有的价值。”[4]

---

① 《马克思恩格斯文集》第2卷，人民出版社2009年版，第43页。
② 《马克思恩格斯文集》第2卷，人民出版社2009年版，第34页。
③ 《马克思恩格斯文集》第2卷，人民出版社2009年版，第46页。
④ 《马克思恩格斯文集》第1卷，人民出版社2009年版，第52页。

一言以蔽之，在资本主义社会，一切价值都化约为交换价值，归结为资本的价值，生命价值的独立性、全面性和丰富性不见了，只有资本的价值才有独立性、个性、普遍性，而其他的价值只有附属性，其他东西的自身独立性、个性及价值被剥夺了。

三、共产主义革命与辩证法

由于价值虚无主义的深层根源在于资本主义的生产资料私有制和资本逻辑，人的物化和异化，因此克服价值虚无主义实质是要求人的解放，从物化的统治下解放出来，从资本主义社会关系的束缚下解放出来，从旧的传统观念的禁锢下解放出来，实现“人应当如何生活”的理想。对异化的扬弃和共产主义的实现是价值虚无主义克服的根本体现。马克思说：“宗教的异化本身只是发生有意识领域、人的内心领域，而经济的异化是现实生活的异化，——因此对异化的扬弃包括两个方面。”① 在马克思看来，扬弃异化包括两个方面，一方面在意识领域即观念的生活进行，另一方面在外部世界即现实的生活进行。从克服价值虚无主义而言，马克思从“物质”和“意识”两个方面入手，即既要克服价值虚无主义产生的物质条件，消除资产阶级生存和统治的物质生活条件，又要克服价值虚无主义产生的意识条件，消除资产阶级的意识形态。马克思愤怒地说：“必须推翻使人成为被侮辱、被奴役、被遗弃和被蔑视的东西的一切关系。”② 马克思既对天国批判也对尘世批判，既对宗教批判也对法批判，既对神学批判也对政治批判。对宗教的批判、法哲学的批判、意识形态的批判等“形而上学”批判都属于“意识”的批判，而政治经济学批判则更多的是“物质”的批判。“物质”的批判是基础、前提，具有决定性作用，但并不排斥“意识”的批判。历史唯物主义强调社会存在决定社会意识，但不否定社会意识具有相对的独立性。陀思妥耶夫斯基、尼采和海德格尔从精神文化克服价值虚无主义也是一种方式，但此唯心主义方式的错误在于把“意识”的批判当作根本出路，否定了“物质”

---

① 《马克思恩格斯文集》第 1 卷，人民出版社 2009 年版，第 186 页。

② 《马克思恩格斯文集》第 1 卷，人民出版社 2009 年版，第 11 页。

批判的决定性作用。马克思指出："批判的武器当然不能代替武器的批判，物质力量只能用物质力量来摧毁；但是理论一经掌握群众，也会变成物质力量。"① 这就是说，"批判的武器"与"武器的批判"是不能等同的，但两者都得兼顾，不仅要进行理论的批判，用历史唯物主义理论武装群众，使理论变成物质力量，而且更要用武器的批判、物质的力量来摧毁旧的制度，实现全人类的解放，克服价值虚无主义。

因此，在马克思看来，既然价值虚无主义的深层根源在于资本主义的生产关系，资本主义的生产资料所有制及资本的逻辑，那么克服价值虚无主义的根本途径就是消灭私有制，消灭资本主义的生产关系，废除资产阶级的所有制，去资本化，消除雇佣劳动，消灭无产阶级自身，发展生产力，解放全人类，实现共产主义。马克思在《共产党宣言》中指出："共产主义要消灭买卖、消灭资产阶级生产关系和资产阶级本身。"② 在马克思看来，作为无产阶级政党的共产党人，代表无产阶级的整个运动的利益，夺取政权，那么就得进行无产阶级的共产主义革命推翻资产阶级的统治。共产党人的目的"只有用暴力推翻全部现存的社会制度才能达到。让统治阶级在共产主义革命面前发抖吧。无产者在这个革命中失去的只是锁链。他们获得的将是整个世界"③。共产主义革命可分两步走，第一步是取得政治统治。无产阶级通过暴力革命夺得资产阶级的政治上层建筑，成为统治阶级，取得民主。第二步是取得经济政治。在打碎资产阶级的国家机器的基础上进一步消灭资产阶级的旧的生产关系，夺取资产阶级的全部资本，尽快增加生产力的总量，为生产力的发展开辟道路。马克思在《共产党宣言》中从理论、革命实践、崇高目标等方面提出了全面消除价值虚无主义根源的思想。从理论上来说，"共产党人可以把自己的理论概括为一句话：消灭私有制"④。从革命实践上来说"共产主义革命就是同传统的所有制关系实行最彻底的决裂；毫不奇怪，

① 《马克思恩格斯文集》第1卷，人民出版社2009年版，第11页。
② 《马克思恩格斯文集》第2卷，人民出版社2009年版，第47页。
③ 《马克思恩格斯文集》第2卷，人民出版社2009年版，第66页。
④ 《马克思恩格斯文集》第2卷，人民出版社2009年版，第45页。

它在自己的发展进程中要同传统的观念实行最彻底的决裂”①。从崇高理想目标来说，“代替那存在着阶级和阶级对立的资产阶级旧社会的，将是这样一个联合体，在那里，每个人的自由发展是一切人的自由发展的条件”②。

按照上文的解释，资本主义社会的虚无主义在于摧毁，在于资产阶级的革命性、破坏性，其价值虚无主义在于生命价值遭到贬抑，崇高价值遭到贬损，无产阶级能够避免和超越虚无主义，根本原因在于共产主义革命的承担主体是无产阶级，其方法是唯物主义辩证法。

资产阶级相对于封建主来说是革命阶级，而无产阶级对资产阶级来说是革命阶级。无产阶级革命与资产阶级的革命不同。无产阶级革命是为绝大多数人谋利益的革命，“过去的一切劳动都是少数人的，或者为少数人谋利益的运动。无产阶级的运动是绝大多数人的，为绝大多数人谋利益的独立的运动”③。无产阶级要消灭的是劳动的雇佣性质，而不是劳动本身，要剥夺的是奴役他人劳动的权力，而不是剥夺任何人占有社会产品的权力。施特劳斯认为：“无法说共产主义是虚无主义运动。”④ 在他看来，共产主义革命从结果来看是会毁灭一些东西，但其意向来看是要实现全人类的解放，要实现每个人的自由而全面的发展，而无产阶级暴力革命是实现这一目标的途径。就其意向而言，共产主义革命不是虚无主义运动。

无产阶级的摧毁、共产主义革命不是形而上学的否定，而是辩证的否定。在马克思看来，共产主义革命的否定是事物的自我否定，不是任何人主观臆造出来的，而是资本主义社会生产力与生产关系矛盾运动的结果；是资本主义与共产主义联系和发展的环节；共产主义否定资本主义的实质是“扬弃”，既克服其消极因素又保留其积极因素。共产主义革命消灭资本主义的生产关系，保留了资本主义的物质生产力，为超越

① 《马克思恩格斯文集》第 2 卷，人民出版社 2009 年版，第 52 页。

② 《马克思恩格斯文集》第 2 卷，人民出版社 2009 年版，第 53 页。

③ 《马克思恩格斯文集》第 2 卷，人民出版社 2009 年版，第 42 页。

④ 刘小枫编：《苏格拉底问题与现代性》，彭磊等译，华夏出版社 2008 年版，第 120 页。

虚无主义奠定了物质基础。马克思批判了物取代一切存在，成为唯一有价值的东西的异化现象，高扬了人的价值，肯定了人的崇高理想价值。正如有学者指出："辩证法规约下的形而上学维度的重建，是遏制虚无主义的根本需要。"① 马克思克服了资本的片面性，把它置于未来理想社会共同体之中，强调个体与共同体的有机结合。马克思在《1844年经济学哲学手稿》中清晰地指出："共产主义是私有财产即人的自我异化的积极的扬弃，因而是通过人并且为了人而对人的本质的真正占有；因此，它是人向自身、也就是向社会的即合乎人性的人的复归，这种复归是完全的复归，是自觉实现并在以往发展的全部财富的范围内实现的复归。"② 这种复归不是简单的复归，而是经历了两次否定，三个阶段的复归，即肯定、否定、否定之否定的不断运动的复归。马克思指出："共产主义是作为否定的否定的肯定，因此，它是人的解放和复原的一个现实的、对下一段历史发展来说必然的环节。"③ 也就是说，共产主义虽然克服了虚无主义及实现了人类自身的解放，但也决不是历史的终结。

（作者系华南理工大学马克思主义学院副教授）

---

① 刘森林：《物与无：物化逻辑与虚无主义》，江苏人民出版社2013年版，第228页。

② 《马克思恩格斯文集》第1卷，人民出版社2009年版，第185页。

③ 《马克思恩格斯文集》第1卷，人民出版社2009年版，第197页。

第二部分

马克思主义中国化

毛泽东与新中国成立初期的意识形态主导权

张丰清

新中国成立初期，中国共产党通过大规模剿匪反霸、镇压反革命、土地改革、打击不法投机资本等系列强力措施，彻底摧毁了国民党政权遗留的各种残余组织，迅速实现了执政党对全国的组织覆盖。在共产党夺取政权、掌握政权后，如何加强意识形态主导权，实现意识形态对全国的有效覆盖，这是毛泽东当时面临并思考的一个意义重大的理论和现实问题。

对于意识形态工作，尤其是对意识形态工作的领导，无论是在民主革命时期还是在社会主义建设时期，毛泽东都非常重视。毛泽东认为："掌握思想领导是掌握一切领导的第一位。"① "掌握思想教育，是团结全党进行伟大政治斗争的中心环节。如果这个任务不解决，党的一切政治任务是不能完成的。"② 新中国成立之初，意识形态工作的重要性更加凸显出来。1955年，毛泽东在《〈中国农村的社会主义高潮〉按语选》中强调："政治工作是一切经济工作的生命线。在社会经济制度发生根本变革的时期，尤其是这样。"③ 社会主义制度确立之后，毛泽东在《关于正确处理人民内部矛盾的问题》中旗帜鲜明地提出："没有正确的政治观点，就等于没有灵魂。"④ 在党的八届十中全会上毛泽东从正反两个方面集中强调了意识形态领导权问题。他指出："马克思列宁主义的普遍真理

---

① 《毛泽东文集》第2卷，人民出版社1993年版，第435页。
② 《毛泽东选集》第3卷，人民出版社1991年版，第1094页。
③ 《毛泽东文集》第6卷，人民出版社1999年版，第449页。
④ 《毛泽东文集》第7卷，人民出版社1999年版，第226页。

一经和中国革命的具体实践相结合，就使中国革命的面目为之一新。”另一方面，他表示：“凡是要推翻一个政权，总要先造成舆论，总要先做意识形态方面的工作。革命的阶级是这样，反革命的阶级也是这样。”① 八届十中全会以后，毛泽东对意识形态领域的动态更加高度关注，在国际上与苏联修正主义斗争的同时，在国内还特别着重抓紧上层建筑各个领域的思想政治斗争。

新中国成立之初，毛泽东领导刚刚执政的中国共产党在政治建设、经济建设、文化建设和党自身建设进行全面革新的同时，以“立”为主，“破”“立”结合，批判清理了各种非社会主义思想的负面影响，大力加强意识形态建设，明确并强化了马克思主义的意识形态指导地位，使马克思主义意识形态的主导地位逐步在全社会得以确立。

一、以“立”为主，明确并强化马克思主义在意识形态领域的指导地位

主导意识形态是在一个国家或社会占指导地位或者具有统治作用的意识形态。新中国成立后，马克思主义作为中国共产党的阶级意识，在战胜封建传统意识形态以及资本主义等形形色色的非马克思主义意识形态后，顺理成章地成为中国社会革命的主流意识形态和体现国家意志的国家主导意识形态。新中国成立后，维护马克思主义在哲学、宗教、道德、文学和艺术等领域的主导地位，就成了这一时期意识形态领域的主要任务。因此，中国共产党在继续全面解读、普及马克思主义意识形态的同时，大力宣传毛泽东思想。毛泽东要求在坚持党的领导核心地位的同时，要把宣传思想和舆论引导工作放在突出地位，不断加强马克思主义在意识形态领域的指导地位，始终要求党必须牢牢掌握意识形态的主导权。

（一）旗帜鲜明维护、身体力行研习马列主义

旗帜鲜明维护马列主义的理论基础地位。在 1949 年 3 月召开的中共

① 《毛泽东年谱》第 5 卷，中央文献出版社 2013 年版，第 153 页。

七届二中全会上，毛泽东专门提出了宣传学习马克思主义理论的共识问题，明确要求“对宣传马克思主义，提高我们的马克思主义水平。应当有共同的认识”。全会专门列出了《共产党宣言》《社会主义从空想到科学的发展》《社会发展史》《政治经济学》《帝国主义是资本主义的最高阶段》《国家与革命》《共产主义运动中的“左派”幼稚病》《论列宁主义基础》《联共（共）党史》《列宁斯大林论中国》《马恩列斯思想方法论》《列宁斯大林论社会主义建设》等干部必读的马列经典12本。毛泽东期待，“如果在今后三年之内，有三万人读完这十二本书。有三千人读通这十二本书。那就很好”①。七届二中全会规定了干部学习的严格制度。新中国成立前夕，在《论人民民主专政》一文中毛泽东指出：“有了人民的国家，人民才有可能在全国范围内和全体规模上，用民主的方法，教育自己和改造自己，使自己脱离内外反动派的影响，改造自己从旧社会得来的坏习惯和坏思想，不使自己走入反动派指引的错误路上去，并继续前进，向着社会主义社会和共产主义社会前进。”② 新中国成立后，中国共产党具备了在全国范围明确马克思主义指导地位并广泛宣传马克思主义的有利条件。1954年9月，毛泽东在《中华人民共和国第一届全国人民代表大会第一次会议开幕词》中明确强调，“领导我们事业的核心力量是中国共产党，指导我们思想的理论基础是马克思列宁主义”。③ 这次大会通过的《中华人民共和国宪法》，基本确立了社会主义的政治制度。伴随着社会主义政治制度的基本确立，马克思主义的指导地位正式载入了宪法。

身体力行带领党员干部认真研习马列主义。新中国成立后，毛泽东身体力行研读马列经典，并多次号召全党特别是党的领导干部要认真研究学习马克思列宁主义，提高马列主义水平。毛泽东身体力行研读马克思主义经典著作后，还多次倡导、推介给各级干部集体学习。早在延安时期，毛泽东就倡导全党从高级干部开始，组成了各种理论学习小组，

① 《毛泽东文集》第5卷，人民出版社1996年版，第261页。
② 《毛泽东选集》第4卷，人民出版社1991年版，第1476页。
③ 《毛泽东文集》第6卷，人民出版社1996年版，第350页。

并亲自组织和参加中央研究组及高级学习组的学习。面对新中国成立后的全新历史课题，毛泽东在 1954 年再次号召全党学习马克思主义教科书，并带头认真研读《资本论》《列宁有关政治经济学论文十三篇》《政治经济学批判》等经济学经典著作。为推动党员干部的马列主义理论学习，中共中央在 1954 年 12 月还确立了领导干部轮训和学习制度。1955 年 3 月，毛泽东在中国共产党全国代表会议上提出："我们要作出计划，组成这么一支强大的理论队伍，有几百万人读马克思主义的理论基础，即辩证唯物论和历史唯物论，反对各种唯心论和机械唯物论。"① 在 1957 年初召开的省、市、自治区党委书记会议上，毛泽东再次强调"建立马克思主义的理论队伍"的问题，提出"全党都要学习辩证法，提倡照辩证法办事。全党都要注意思想理论工作，建立马克思主义的理论队伍，加强马克思主义理论的研究和宣传"②。1958 年，"大跃进"和人民公社化运动开始暴露了一些问题。带着这些问题，毛泽东深入研读了斯大林的《苏联社会主义经济问题》，并首次阐述了社会主义条件下发展商品生产的必要性。从 1958 年 11 月到 1961 年 6 月，毛泽东先后四次在全党范围内倡导各级领导干部带着这些问题学习《马恩列斯论共产主义社会》《苏联社会主义经济问题》和苏联《政治经济学（教科书）》等经典著作。1958 年 11 月 9 日，毛泽东在给中央、省（市、自治区）、地、县四级党委委员们的信上建议大家读两本书：一本是斯大林的《苏联社会主义经济问题》，另一本则是《马克思恩格斯论共产主义社会》。他指出："要联系中国社会主义经济革命和经济建设去读这两本书。使自己获得一个清醒的头脑，以利指导我们伟大的经济工作。"③ 他本人三次认真研读了斯大林的《苏联社会主义经济问题》，并在书上作了大量批注。随后，他于 1959 年 8 月 15 日再次写信给党内各级领导干部和党员同志，建议大家读《哲学小辞典》（第三版）和《政治经济学教科书》（第三

---

① 《毛泽东文集》第 6 卷，人民出版社 1999 年版，第 395－396 页。

② 《毛泽东思想年编》（一九二一——一九七五），中央文献出版社 2011 年版，第 824－825 页。

③ 《毛泽东文集》第 7 卷，人民出版社 1999 年版，第 432－433 页。

版)。他说:“为了从理论上批判经验主义。我们必须读哲学。”“建议从哲学、经济学两门入手,连类而及其他部门。”① 1959年12月至1960年2月间,毛泽东还在杭州专门组织读书小组进行了为期两个月的研读,边读边议,后来还整理了近10万字的谈话记录,联系中国革命和建设的经验教训进行总结,提出了许多深刻的、独到的见解。毛泽东于1963年7月11日再次提出,党内各级领导干部,尤其是中高级领导干部,要有计划地读马列的书。他说:“有的人没有读书兴趣,先要集中学习。中级以上干部有几万人学就行了。如果有二百个干部真正理解了马列主义就好了。”②

(二)面向各阶层宣传普及马列主义

面向工农的普及。对于工农群众,党积极引导,在全国范围内掀起了一场宣传普及毛泽东思想的政治启蒙和文化学习运动。新中国成立之初,中共中央就向全党和全国人民发出了学习和宣传马列主义、毛泽东思想的号召:“现在国内战争已基本结束,党面临着建设新中国的复杂任务,全党有系统地学习理论比过去任何时候都有更好的条件,也更加迫切需要。全党必须明确,向人民群众宣传马克思主义以提高人民群众的思想觉悟,是党的一项最基本的经常的任务。”③ 斯大林在新中国成立后就建议毛泽东把自己写的文章、起草的文件和报告等内容编辑成选集出版,从而帮助人们了解中国革命获得成功的宝贵经验。不久,《毛泽东选集》正式编辑出版。对于《毛泽东选集》的编辑工作,毛泽东非常重视和慎重。除亲自参加选稿和确定篇目外,毛泽东还对大部分文章进行了精心修改和校订。1951年10月、1952年3月、1953年2月《毛泽东选集》第一至三卷陆续出版。《毛泽东选集》第四卷也于1960年9月正式出版。另外,新中国成立后毛泽东一些重要讲话和论著,也陆续在报刊

---

① 《建国以来重要文献选编》第12册,中央文献出版社1996年版,第502页。

② 龚育之等:《毛泽东的读书生活》,生活·读书·新知三联书店2009年版,第34页。

③ 《建国以来重要文献选编》第2册,中央文献出版社1992年版,第123页。

上发表或以单行本面世。毛泽东著作的出版发行，为广大干部群众学习和掌握毛泽东思想提供了丰富的资料。各级干部和广大群众积极学习《毛泽东选集》，大力宣传毛泽东思想，群众性的学习《毛泽东选集》组织和活动层出不穷。通过有计划、有组织地出版发行毛泽东著作，加上理论家、宣传工作者的通俗性解读，深入浅出，将毛泽东思想的普及推向高潮。学习毛泽东著作、宣传毛泽东思想的热潮有力地促进了社会主义革命和建设。毛泽东思想逐渐成为指导中国社会主义革命和建设的强大思想武器。

面向知识分子的宣传。对待知识分子这一特殊群体，党和政府根据新民主主义文化的方针，采取了“团结、保护、教育”的政策，在充分尊重、耐心等待的同时，注重对知识分子的思想改造。1951 年夏至 1952 年冬，中国共产党在全国知识分子中开展了一场大规模的思想改造运动，旨在使从旧社会过来的广大知识分子“克服旧思想，接收新思想，树立为人民服务的观点”，从而获得“前进的方向和力量”。根据毛泽东“对他们进行教育和改造”[①] 的指示，开办了军政大学、革命大学等各类培训班，通过动员学习、批评与自我批评和清理总结等方式，深入系统批判封建主义、帝国主义、资产阶级和小资产阶级等各种非无产阶级思想，划清无产阶级与非无产阶级思想界限和敌我界限，培育树立知识分子的马列主义基本观点。毛泽东充分考虑到了知识分子这一群体的特殊性。1952 年 9 月 5 日，毛泽东在《致黄炎培》的信中指出：“要求资产阶级接受工人阶级的基本思想，……这就是要求资产阶级接受社会主义。这些对于少数进步分子说来是可能的，当作一个阶级，则不宜这样要求，至少在第一个五年计划时期不宜如此宣传。”[②] 在《关于正确处理人民内部矛盾的问题》中，毛泽东再次谈到知识分子世界观的问题，他指出：“由于我国的社会制度已经起了变化，资产阶级思想的经济基础已经基本上消灭了，这就使大量知识分子的世界观不但有了改变的必要，而且有了改变的可能。但是世界观的彻底改变需要一个很长的时间，我们应当

---

① 《毛泽东文集》第 6 卷，人民出版社 1996 年版，第 350 页。
② 《毛泽东书信选集》，中央文献出版社 2003 年版，第 405 页。

耐心地做工作，不能急躁。事实上必定会有一些人在思想上始终不愿意接受马克思列宁主义，不愿意接受共产主义，对于这一部分人不要苛求；只要他们服从国家的要求，从事正常的劳动，我们就应当给他们以适当工作的机会。"① 在意识形态层面，知识分子无论在理想境界还是现实问题上，对新民主主义、社会主义乃至共产主义理想本身就具有某种亲和性。经过慢慢接触及和风细雨的改造，许多知识分子逐渐了解和接受了马克思主义。

二、全面清理唯心主义等错误思潮和旧痼疾的影响

在意识形态话语权建设中，特别是主流意识形态话语权刚刚确立时，必须对各种思想和思潮进行理性的分析和批判，尤其是需要旗帜鲜明地批判那些公开反对主流意识形态的思潮和言论，增强主流意识形态的影响力和主导权。"马克思主义必须在斗争中才能发展，不但过去是这样，现在是这样，将来也必然还是这样。正确的东西总是在同错误的东西作斗争的过程中发展起来的。"② 鉴于此，新中国成立后，对包括封建主义和资本主义意识形态在内一切非社会主义思想进行批判就成了当务之急。新中国成立后，中国共产党就在意识形态领域对各种错误思想进行了的全方位的集中开展，尤其是对各种反马克思主义思想进行了有力的批判。马克思列宁主义作为社会主义的意识形态指导思想确立后，毛泽东非常明确地指出："毫无疑问，我们应当批评各种各样的错误思想。不加批评，看着错误思想到处泛滥，任凭它们去占领市场，当然不行。有错误就得批判，有毒草就得进行斗争。"③

（一）理论上，集中批判关于中国革命的谬论，为新中国准备舆论力量

民主革命时期，在没有掌握国家意识形态宣传机器的情况下，毛泽

① 《毛泽东文集》第7卷，人民出版社1996年版，第225－226页。

② 《毛泽东文集》第7卷，人民出版社1996年版，第230页。

③ 《毛泽东文集》第7卷，人民出版社1996年版，第233页。

东就开始关注意识形态问题，并通过各种途径和方法，组织和领导批判了帝国主义和国民党反动派的各种反动思想及形形色色错误思潮，为民主革命走向胜利准备了理论基础和舆论力量。特别是新中国成立前夕，1949 年 8 月 5 日，美国政府发表了《美国对华关系白皮书》，其中详细叙述了抗战后期至 1949 年美国政府对华政策及其逐步失败的过程。新华社连续发表了六篇对“白皮书”的评论，毛泽东紧紧抓住“白皮书”这份极好的“反面教材”，亲自写了六篇评论中的《丢掉幻想，准备斗争》《别了，司徒雷登》《为什么要讨论白皮书》《“友谊”，还是侵略?》《唯心历史观的破产》等五篇。毛泽东在《唯心历史观的破产》中，用事实集中驳斥了艾奇逊所谓的“西方的影响”引发了中国革命的谬论。毛泽东指出：“不是什么西方思想的输入引起了‘骚动和不安’，而是帝国主义的侵略引起了反抗。”[①] 在反抗中，“旧的顽固的封建主义的思想武器打了败仗了，抵不住，宣告破产了”[②]。“一九一七年的俄国革命唤醒了中国人，中国人学得了一样新的东西，这就是马克思列宁主义。中国产生了共产党，这是开天辟地的大事变。”[③] 最后，毛泽东详细阐明了马克思列宁主义传入中国后所发生的伟大作用，并得出结论：“马克思列宁主义来到中国之所以发生这样大的作用，是因为中国的社会条件有了这种需要，是因为同中国人民革命的实践发生了联系，是因为被中国人民所掌握了。”[④] 这个系列评论明确宣告了新中国成立后的马克思主义导向，引导全党充分认识到，坚持马克思列宁主义将是执政后党的第一位任务，揭露了西方帝国主义对中国人民进行的欺骗、麻醉和奴化思想。

（二）生活中，全方位清理旧社会痼疾，培育新社会风尚

“一个新的社会制度的诞生，总是要伴随一场大喊大叫的，这就是宣传新制度的优越性，批判旧制度的落后性。”[⑤] 社会风尚是社会民众的精

---

① 《毛泽东选集》第 4 卷，人民出版社 1991 年版，第 1512 页。
② 《毛泽东选集》第 4 卷，人民出版社 1991 年版，第 1513 – 1514 页。
③ 《毛泽东选集》第 4 卷，人民出版社 1991 年版，第 1514 页。
④ 《毛泽东选集》第 4 卷，人民出版社 1991 年版，第 1515 页。
⑤ 《毛泽东文集》第 6 卷，人民出版社 1996 年版，第 460 页。

神风貌和思想境界的直接反映，它对执政党的意识形态建设和整个社会的文化建设具有举足轻重的影响。1949年11月21日夜，北京市的妓院被悉数查封。随后，对全国卖淫嫖娼进行了禁绝性打击，并广泛开展了禁止吸毒贩毒，取缔聚众赌博等严重毒化社会风气和人们身心健康的社会痼疾。尤其是1950年4月13日，新中国颁布实施的第一部基本法律《中华人民共和国婚姻法》，从制度上开始彻底摧毁封建婚姻制度，全社会由此掀起了摧毁封建婚姻制度的高潮，沉重打击了封建宗法意识，冲击了男尊女卑的旧观念，开始树立男女平等、婚姻自由等新观念。上述措施主要是从精神文化层面对旧社会痼疾进行清理。与此同时，党还结合土地改革和镇压反革命运动在农村进行广泛的思想动员，从经济和制度上彻底摧毁了封建主义意识形态残余存在的基础和条件。经过短短三年的努力，在中国共产党的有力领导下，迅速涤荡了旧社会遗留的污泥浊水，社会风气明显改善，社会环境得到净化，为新中国的意识形态建设提供了良好社会环境。

（三）思想上，肃清封建买办思想及资产阶级唯心主义的侵蚀

新中国成立初期，批判和消除封建买办思想、资产阶级唯心主义、亲美、崇美、恐美情绪等一切落后腐朽思想文化的影响，确立马克思主义在思想文化和意识形态领域中的主导地位，正是新中国意识形态建设必须面对的一项重大任务。

新中国成立之初，中国共产党和中央人民政府就把“发展民族的、科学的、大众的新民主主义文化，肃清封建的、买办的、法西斯主义的思想，发展为人民服务的思想，作为思想文化和意识形态领域的主要任务”①。以马克思主义为指导，清理和批判唯心主义思想，是清除资产阶级思想影响，建设社会主义意识形态的必然要求。针对胡适为代表的资产阶级唯心主义学术思想的深厚负面影响，1954年10月，毛泽东领导发动了一场对胡适资产阶级唯心主义思想的批判运动。10月16日，毛泽

① 《建国以来重要文献选编》第1册，中央文献出版社1992年版，第11页。

东写了《关于〈红楼梦〉研究问题的信》，发给中央政治局成员和主管宣传文化工作的负责人。信中支持李希凡、蓝翎批评俞平伯的文章，认为是“小人物”“向所谓《红楼梦》研究权威作家的错误观点的第一次认真的开火”，并批评“‘大人物’往往不注意，并往往加以阻拦”[①]。毛泽东借用两个“小人物”的文章为由头，发动了一场反对以胡适为代表的资产阶级唯心主义的思想斗争。这也是毛泽东批驳艾奇逊的“白皮书”的继续。1955年3月1日，中共中央发出《关于宣传唯物主义思想批判资产阶级唯心主义思想的指示》，指示强调：“必须唤起全党的注意，进一步认真地加强党的思想工作，各级党委必须真正做到把思想领导当作自己领导的首要职责。马克思列宁主义的理论基础是辩证唯物主义和历史唯物主义，而任何形式的资产阶级思想的核心就是唯心主义世界观。因此，党在思想工作中最根本的任务，就是宣传唯物主义的思想，反对唯心主义的思想……”[②] 1959年3月3日，毛泽东同拉丁美洲一些国家共产党领导人谈话中还专门批判了亲美、崇美、恐美情绪：“在我们这里，过去亲美、崇美、恐美的人很多，特别是资产阶级和知识分子。”同时，毛泽东又对清理亲美、崇美、恐美情绪信心满满，他认为：“崇拜美国的人说美国科学和工业都很发达，了不起，什么都好，甚至有人说美国的月亮也比中国的好。后来经过慢慢说服，他们知道美国的月亮不一定好，也许中国的月亮还好一点。”[③] 经过一系列思想文化领域的批判和斗争，直接关系到马克思主义在意识形态阵地上的领导权问题，这对于传播普及辩证唯物主义世界观，确保马克思主义在意识形态领域的主导地位具有重要意义。

三、“破”“立”结合的经验及对加强当前意识形态领导权的借鉴意义

在“立”的同时“破”，在“破”的同时“立”，坚持“破”与

---

① 《毛泽东文集》第6卷，人民出版社1996年版，第352页。
② 《建国以来重要文献选编》第6册，中央文献出版社1993年版，第64页。
③ 《毛泽东文集》第8卷，人民出版社1999年版，第21页。

“立”的辩证统一，这是毛泽东加强新中国成立初期意识形态主导权的重要历史经验。毛泽东坚持“破”“立”统一，加强意识形态主导权的历程与经验告诉我们：党对意识形态工作的领导权任何情况下都不可稍有懈怠，必须毫不动摇地坚持马克思主义在意识形态领域的指导地位，同时抵制和批判一切错误思想，使社会主义思想牢牢占领整个意识形态领域。由于意识形态问题的极端重要性，特别是伴随着科技进步和时代发展，不同国家与地区间的交流给社会主义意识形态带来了挑战，在各种价值观念深度的碰撞与融合的当前形势下，更要把提高党领导意识形态工作的能力作为强化党执政能力建设的灵魂，牢牢掌握意识形态工作的领导权和主动权，这是社会主义事业永远立于不败之地的根本所在。在当代经济深度全球化态势下，把握意识形态主导权，依然需要坚持“破”“立”结合：

一是加强意识形态教育，推动习近平新时代中国特色社会主义思想深入人心。意识形态决定文化前进方向和发展道路，中国共产党要牢牢掌握意识形态工作的领导权，就必须推进马克思主义中国化时代化大众化，建设具有强大凝聚力和引领力的社会主义意识形态，而习近平新时代中国特色社会主义思想是马克思主义中国化的最新理论成果，是21世纪的马克思主义。只有不断加强党员干部和广大群众对习近平新时代中国特色社会主义思想的学习教育，才能使全体人民在理想信念、价值理念、道德观念上紧紧团结在党中央周围。

二是强化党对新闻舆论工作的领导，党和政府主办的媒体必须姓党。在互联网时代，新闻媒体要自觉划清马克思主义同非马克思主义、马克思主义同反马克思主义的界限，对于事关重大原则是非的问题必须旗帜鲜明地划界批驳。新闻舆论工作要始终坚持党性原则，只有不断加强和改善党对新闻舆论工作的领导，才能从根本上保证新闻舆论工作顺利健康发展，才能确保党对新闻舆论工作的领导权，使新闻舆论媒体的所有工作体现党的意志和主张。

三是完善意识形态领域的法律法规，建立健全网络综合治理体系。

"社会是在矛盾运动中前进的，有矛盾就会有斗争。"① 我们"要更加自觉地坚持党的领导和我国社会主义制度，坚决反对一切削弱、歪曲、否定党的领导和我国社会主义制度的言行"；在依法治国的背景下，要不断推动立法机构和政府部门完善意识形态领域的相关法律法规；对于互联网上出现的一些违法违规账号和网络大V要及时进行取缔查封，将网络舆论纳入到可管可控的范围中，营造清朗的网络空间。

四是创新意识形态宣传工作，加强互联网内容建设。时代在变，人的思想也在变。只有不断创新意识形态宣传工作，才能牢牢掌握党对意识形态的领导权。创新意识形态宣传工作，就是要努力在理念创新、手段创新、基层工作创新上下功夫。意识形态宣传部门要不断加强学习和实践，成为让人信服的行家里手，提高意识形态宣传工作的传播力、引导力、影响力、公信力，讲好中国故事，传递好中国声音。

（作者系华南农业大学马克思主义学院院长、教授）

① 习近平：《决胜全面建成小康社会　夺取新时代中国特色社会主义伟大胜利——在中国共产党第十九次全国代表大会上的报告》，《人民日报》2017 年 10 月 28 日。

新时代中国共产党人对马克思主义公正观的历史贡献

任映红

公平正义是千百年来人们孜孜追求的社会理想。改革开放以来，我国生产力快速发展，稳定解决了十几亿人的温饱问题，中华民族迎来了从站起来、富起来到强起来的伟大飞跃。但正如邓小平同志指出的："发展起来以后的问题不比不发展时少。"① 在高速发展中，我国社会主要矛盾转化为"人民日益增长的美好生活需要和不平衡不充分的发展之间的矛盾"，人民群众对民主法治、公平正义、安全环境的要求日益增长。进入新时代，以习近平同志为核心的党中央以非凡的政治智慧，把握新时代的新特征、新矛盾，从价值维度、理论维度和实践维度，对完善和发展马克思主义公正观作出历史贡献。这就是：以人民为中心，将公平正义作为治国理政的价值追求；坚持公有制为主体，将分配正义作为最大的社会福利；重视保障民生，将公平正义贯穿改革的整体设计，从而夯实了党的执政基础，保障了中国特色社会主义的凝聚力和生命力，为走向社会主义现代化强国奠定了坚实的社会根基。

一、坚持以人民为中心，将公平正义作为治国理政的价值追求，以新理念丰富马克思主义公正观

新时代是中国从现代化大国向现代化强国迈进的时代。中国共产党人将公平正义作为社会主义的本质属性，作为治国理政的政治基础，形成"坚持以人民为中心"的价值追求。在习近平总书记的各种讲话中，

① 《邓小平年谱》（一九七五——一九九七），中央文献出版社2004年版，第1364页。

出现频率最高的一个词汇就是“人民”，2018 年全国两会期间就提了 84 次之多。可见，“人民”放在了他心目中的最高位置。

新时代中国共产党人“坚持以人民为中心”的公平正义价值追求，其基本要义有：一是把人民当作主体，从人民利益出发，尊重民意、顺应民心，把人民对美好生活的向往作为奋斗目标，全心全意为人民服务，全方位满足人民群众的美好生活需要；二是把人民当作目的，发展的最终目的为了人民，发展的成果要由人民共享；三是把人民当作尺度，一切以人民满意不满意作为执政水平和治理能力的评判标准；四是把人民当作动力，着眼于维护社会公平正义，充分发挥人的积极性，最大限度地解放和发展社会生产力；五是人民至上，围绕人民的新要求来进行各项改革的顶层设计，立足于保障人民平等发展权利，持续保障和改善民生，协调好复杂利益关系，提高成果分享的公平性，让发展成果更多更公平惠及全体人民，最终实现共同富裕。

“坚持以人民为中心”的理论基础是唯物史观。唯物史观是马克思、恩格斯考察社会公正的基本出发点、哲学基础。马克思、恩格斯毕生致力于全人类解放、人的全面发展，以唯物史观为逻辑起点，引领着人类社会向公平正义的方向艰难前行，为的是实现未来社会“自由人的联合体”这一真正公正的社会。社会公正的根本状况取决于社会的生产方式和生产资料所有制；自由、平等观念在过去的每个时代都有特定的内容，它的形成基于一定的历史条件；在阶级社会中，社会不公是“注定”了的社会常态。唯物史观也是人民史观。群众是真正的英雄，是创造历史的根本动力。马克思、恩格斯指出社会公正是未来共产主义社会的价值所在，只有共产主义社会才能彻底实现人人自由而平等。公正应当成为工人阶级最为重要的价值观念，社会发展的宗旨是为了人，人人共享、普遍受益的社会公正就是社会发展的终极目标。恩格斯在《共产主义原理》一文中指出，应当“结束牺牲一些人的利益来满足另一些人的需要的情况”，“使所有人共同享受大家创造出来的福利”，“使社会全体成员的才能得到全面的发展”。[①] 马克思主义公正观就是在传承总结历代思想

① 《马克思恩格斯选集》第 1 卷，人民出版社 1995 年版，第 243 页。

家对社会公正的理论和实践成果、对早期资本主义经济异化进行现实批判、对西方社会的种种不公现象进行深入反思的基础上形成发展起来的，指明公平正义在人类社会发展中的最终归宿。

中国共产党人秉承马克思主义公正观的唯物史观立场，立足不同时代和历史条件，探索实现公平正义的道路。中国共产党从成立之日起，就把社会公平正义作为始终不渝的价值目标、一贯主张。中国共产党领导人民进行革命、建设和改革，在不同的历史时期，形成了对公平正义的独特思考和制度设计。如毛泽东有财富平等、男女平等、干群平等以及对公平社会的理想设计；邓小平提出社会主义本质论，将社会公正视为社会主义本质的题中之义，把共同富裕作为实现公平正义的基本要求，从公平公正的物质前提与终极目标、公平公正的实现方式和基本要求、公平公正的政治根基和制度选择等方面来阐述自己对社会公正的思考与追求。公平正义是和谐社会的特征和目标，是科学发展观的重要内涵，维护公平正义成为发展中国特色社会主义的重大任务。

公平正义是习近平新时代中国特色社会主义思想的重要内容。习近平总书记曾多次论及公平正义，如“公平正义是世界各国人民在国际关系领域追求的崇高目标”；“公平正义是中国特色社会主义的内在要求”；“让国家变得更加富强，让社会变得更加公平正义，让人民生活变得更加美好，这是中国人民孜孜不倦追求的理想”；“要通过人民代表大会制度，弘扬社会主义法治精神……保证人民平等参与、平等发展权利，维护社会公平正义”。这都是对公平正义的内涵价值的全新阐释，赋予马克思主义公正观以全新的理论内涵。

十八大报告指出：“公平正义是中国特色社会主义的内在要求，要全体人民共同奋斗、经济社会发展的基础上，加紧建设对保障社会公平正义具有重大作用的制度，逐步建立以权利公平、机会公平、规则公平为主要内容的社会保障体系，努力营造公平的社会环境，保证人民平等参与、平等发展权利。”公平公正被提升到前所未有的高度，成为新常态下执政的出发点和立足点。十八大报告明确提出，必须坚持维护社会公平正义，把“公正”写入社会主义核心价值观，以“公正”价值观来引导和规范社会生活各个领域的行为，促进公平竞争、社会团结，传承了中华传统文化精华，又巩固马克思主义在意识形态领域的指导地位，对现代化建设具有基础性、全局性和先导性的作用。党的十八届五中全会提出的“创新、协调、绿色、开放、共享”的五大发展理念，旨在破解发展中的难题，厚植发展中的优势。其中，共享发展理念就蕴含着深刻的公平意蕴，注重的就是社会公平正义的现实问题。

习近平指出：“一个政党，一个政权，其前途命运取决于人心向背。”① 民心是最大的政治，民生连着民心，民生是幸福之基、社会和谐之本。新时代的中国共产党人追求公平正义，以增进人民福祉为出发点和落脚点，把“坚持以人民为中心”的发展思想体现在经济社会发展各个环节，做到老百姓关心什么、期盼什么，改革就要抓住什么、推进什么，通过改革给人民群众带来更多获得感。十九大报告回应民众对公平公正的期待，有 12 处论及公平正义，涉及社会、经济、政治和国际关系等诸多领域，其中社会民生领域的论述最多，体现了党坚持以人民为中心，对人民美好生活需要、利益诉求的关切。“人民美好生活需要日益广泛，不仅对物质文化生活提出了更高要求，而且在民主、法治、公平、正义、安全、环境等方面的要求日益增长”②；“努力实现更高质量、更有效率、更加公平、更可持续的发展”③；“不断满足人民日益增长的美好生活需要，不断促进社会公平正义，形成有效的社会治理、良好的社会秩序，使人民获得感、幸福感、安全感更加充实、更有保障、更可持续”④。这些论

---

① 习近平：《决胜全面建成小康社会　夺取新时代中国特色社会主义伟大胜利——在中国共产党第十九次全国代表大会上的报告》，人民出版社 2017 年版，第 61 页。

② 习近平：《决胜全面建成小康社会　夺取新时代中国特色社会主义伟大胜利——在中国共产党第十九次全国代表大会上的报告》，人民出版社 2017 年版，第 11 页。

③ 习近平：《决胜全面建成小康社会　夺取新时代中国特色社会主义伟大胜利——在中国共产党第十九次全国代表大会上的报告》，人民出版社 2017 年版，第 35 页。

④ 习近平：《决胜全面建成小康社会　夺取新时代中国特色社会主义伟大胜利——在中国共产党第十九次全国代表大会上的报告》，人民出版社 2017 年版，第 45 页。

述在理论上丰富了马克思主义经典作家的公平观，开启了新时代公平正义的全新领域，带来了新时代中国特色社会主义事业的历史性飞跃。

二、坚持公有制为主体，将分配正义作为最大的社会福利，以新战略深化马克思主义公正观

在马克思看来，资本主义社会中种种不公正，其产生的根源在于生产资料私有制。尽管资产阶级社会形式上到处强调平等的、自由的交换，但是由于生产资料为资本家私人所有，企业主尽可以安心地无偿占有劳动者的“剩余价值”。“所有权对于资本家来说，表现为占有别人无酬劳动的权利，而对于工人来说，则表现为不能占有自己的产品。”① 在私有制下，资本主义社会实现的平等，只能是“等价交换”形式下的形式平等。工人阶级只有消灭资本家所有制，实现公有制，才能在分配领域中摆脱资本家剥削。“工人阶级的解放斗争不是要争取阶级特权和垄断权，而是要争取平等的权利和义务，并消灭一切阶级统治。”② 马克思认为在资本主义私有制下诉诸道德或正义毫无意义，坚决反对当时工人运动中要求公平报酬的改良诉求。他说：“他们应当摒弃‘做一天公平的工作，得一天公平的工资！’这种保守的格言，要在自己的旗帜上写上革命的口号：‘消灭雇佣劳动制度！’”③

“改革开放以来，我国所有制结构逐步调整，公有制经济和非公有制经济在发展经济、促进就业等方面的比重不断变化，增强了经济社会发展活力。在这种情况下，如何更好体现和坚持公有制主体地位，进一步探索基本经济制度有效实现形式，是摆在我们面前的一个重大课题。全会决定强调必须毫不动摇巩固和发展公有制经济，坚持公有制主体地位，发挥国有经济主导作用，不断增强国有经济活力、控制力、影响力。”④ 十八届三中全会通过的《中共中央关于全面深化改革若干重大问题的决

---

① 《马克思恩格斯选集》第3卷，人民出版社1995年版，第640页。

② 《马克思恩格斯选集》第2卷，人民出版社1995年版，第609页。

③ 《马克思恩格斯选集》第2卷，人民出版社1995年版，第97页。

④ 习近平：《关于〈中共中央关于全面深化改革若干重大问题的决定〉的说明》，《人民日报》2013年11月16日。

定》重申："公有制为主体、多种所有制经济共同发展的基本经济制度，是中国特色社会主义制度的重要支柱，也是社会主义市场经济体制的根基。"十九大报告强调把国有资本做大做强做优，就是这个思想指导下的理性选择。

分配正义即公平分配，主要是利益和权利的分配是否公正，包括对荣誉、地位、官职、权力、自由民主权利等的公平分配。在亚里士多德看来，分配中不能实行平均主义的原则，而只能实行有差异的平等原则，即按"各取所值"的原则进行分配。① 在利益的分配上，数目上的平等不一定都是正义的，但比例上的平等则都是正义的，即把分配正义看成是比例上的平等，而不是数量上的平等，此所谓"正义的形式原则"。邓小平考虑到了区域差别和个体差异，主张让一部分地区和一部分人先富起来，最终实现共同富裕，并积极探索通过分配实现平等的路径。习近平强调："要建设体现效率、促进公平的收入分配体系，实现收入分配合理、社会公平正义、全体人民共同富裕，推进基本公共服务均等化，逐步缩小收入分配差距。"②

新时代的中国共产党人赋予了马克思分配正义理论以全新的内涵，并将分配正义作为最大的社会福利。社会福利，本指能使人们生活幸福的政策条件、制度安排，包括生存发展权的维护、身体安全和健康呵护，身心自由发展的促进、政府公共服务的覆盖、社会保障制度的普惠、社会矛盾冲突的调节等。"福利"带来"美好的生活"，包括物质上的共同富裕、精神上的愉悦满足、道德人格上的完善圆满、社会环境上的公正有序等等。

在新时代，分配正义是民众的深切期待，它反映了人们从法理和道义上对利益关系特别是分配关系合理性的诉求，蕴含着人们对公平合理社会秩序、利益格局的渴求。分配正义是维持社会秩序稳定与和谐的基

---

① ［古希腊］亚里士多德：《尼各马科伦理学》，苗立田译，中国人民大学出版社 2003 年版，第 98 页。

② 《习近平在中共中央政治局第三次集体学习时强调　深刻认识建设现代化经济体系重要性　推动我国经济发展焕发新活力迈上新台阶》，《人民日报》2018 年 2 月 1 日。

石。经济繁荣和可持续发展，一定是基于人们平等自由地交易和获取收益的基础之上的。分配正义可以从政治、经济、文化、社会、生态等方面去理解，如有保证公民平等的政治权利、实行按劳分配原则、提升公民基本道德水平、完善公正分配政策顶层设计、实现资源与环境和谐分配等丰富内涵。在这里，我们着重分析社会财富的公平分配，这是民众普遍关心的切身利益问题。

分配不公影响社会和谐、威胁社会稳定。我们的传统文化中有“不患寡而患不均”的均贫富传统，历朝历代经历过无数次争取平等的农民起义、社会革命；计划经济时代盛行的平均主义，让社会成员对收入差距的心理承受力、对贫富差距的容忍度都比较低。社会转型时期，各种不确定因素增多，改革向纵深推进不可避免地带来利益调整，社会上存在机会不平等和权钱交易现象，一个长期习惯平等的社会往往更容易产生不满、牢骚、焦虑；贫富差距问题在社会成员心理上会被无限放大，成为社会问题的深层原因。“当财富的不平等，超过某一限度时，这些制度就处于危险之中，政治自由也倾向于失去它的价值，代议制政府就流于形式。”① 因此，我们既要把经济发展、财富增长这块“蛋糕”做大，坚实公平正义的物质基础，更要把“蛋糕”分好，满足人性中的平等诉求。保证公平正义，需要国家有维护最大多数人利益的社会政策取向并在此指导下推进改革，调整利益关系，进而形成一系列法律法规制度，包括建立规范的公正的社会收入分配制度。

三、重视保障民生，将公平正义贯穿改革的整体设计，以新制度拓展马克思主义公正观

为了消除社会中实际存在的不公正现象，《共产党宣言》中就资本主义社会向共产主义社会的过渡提出了具体措施，其中不少是社会调剂、社会保障方面的具体主张，如“剥夺地产，把地租用于国家支出”；“征收高额累进税”；“把农业和工业结合起来，促使城乡对立逐步消灭”；

① ［美］约翰·罗尔斯：《正义论》，何怀宏等译，中国社会科学出版社1988年版，第278页。

“对所有儿童实行公共的和免费的教育”。[①]“为丧失劳动能力的人等等设立的基金。”[②] 将社会保障事业看作未来社会要优先考虑的问题，让马克思主义公平观充满人性化色彩。

改革开放以来，中国共产党人不断探索中国特色社会主义建设新路径，丰富和拓展了马克思主义公正观，特别是中国特色社会主义进入新时代以来，伴随着经济、政治、文化、社会、生态的“五位一体”建设，围绕着保障和改善民生，一系列综合改革实践同步进行。

经济领域上，扶贫攻坚，创造公平市场环境。十八大以来，党和政府大力推进农村精准扶贫，截至2017年，“我国脱贫攻坚取得了决定性进展，五年共减贫6600多万人，年均减少1300万人以上”[③]。同时，致力于完善社会主义市场经济体制，创造公平竞争、机会均等、法制完备、程序规范的市场环境，塑造自主自立、履诺守信、平等互利、合作共赢的市场主体。维护经济活动的起点公平、规则公平、制度公平、过程公平和结果公平，维护健康市场秩序、保证公平市场环境、严厉打击经济犯罪行为。

在政治领域，惩治腐败，推进司法公正。贪污腐败严重败坏党和政府形象，损害群众组织力，削弱战斗力，腐蚀执政基础，挑战执政合法性，是百姓所深恶痛绝的社会不公。中国共产党人致力于消除社会不公的桎梏，把权力关进制度的笼子，“强化不敢腐的震慑，扎牢不能腐的笼子，增强不想腐的自觉，通过不懈努力换来海晏河清、朗朗乾坤”[④]。十九大报告强调：“消除一切损害党的先进性和纯洁性的因素，清除一切侵蚀党的健康肌体的病毒。”[⑤] 新时代的中国共产党人直面问题，刮骨疗

---

① 《马克思恩格斯选集》第1卷，人民出版社1995年版，第293－294页。

② 《马克思恩格斯选集》第3卷，人民出版社1995年版，第303页。

③ 侯雪静：《2018年三大转变确保打好脱贫攻坚战》，《中国信息报》2018年1月3日。

④ 习近平：《决胜全面建成小康社会　夺取新时代中国特色社会主义伟大胜利——在中国共产党第十九次全国代表大会上的报告》，人民出版社2017年版，第67页。

⑤ 习近平：《决胜全面建成小康社会　夺取新时代中国特色社会主义伟大胜利——在中国共产党第十九次全国代表大会上的报告》，人民出版社2017年版，第4页。

毒，向社会不公亮剑，让马克思主义公正观有了全新的突破。公正是法治的基石和灵魂，司法公正又是整个社会公平公正的防线和底线。努力推进和深化司法体制改革，建立健全公正高效权威的司法制度，公正执法、公正司法，遵从良法善政，预防和减少执法不公、司法腐败，逐步提升法治的透明度、公信力，开辟全面依法治国的新境界，让公民在每一个案件中都能感受公平正义，让法治精神浸润公民的心田。

在文化领域，保障基本文化权益，推进教育公平。解决城乡区域发展不均衡问题，补齐文化短板，改善文化民生，提升百姓“获得感”。构建现代公共文化服务体系，公共文化服务保障法的正式施行，人民群众基本文化权益实现从行政性“维护”到法律“保障”的跨越，向标准化、均等化、专业化发展①。我国有着世界最大规模的教育体系，教育公平是社会公平最直接、最深沉的映射，是法律要求，更是国家责任，“努力让每个孩子都能享有公平而有质量的教育”②。

在社会领域，聚焦民生，惠民政策密集出台。十八大以来，聚焦民生，人民有所呼，改革有所应，惠民政策密集出台。如实施新医改战略，加快推进“健康中国”建设。基本医疗保障制度覆盖全民，缓解老百姓看病难、看病贵的困局，完善大病保险和医疗救助制度，深化医药卫生体制改革，公立医院以药养医被破除。控制房价，推出了公租房、共有产权房等，完善住房保障体系。又如社会保障制度正在成为公平公正的促进机制。

在生态领域，改进公共空间治理。生态环境是一种特殊的公共产品，良好生态环境是民意所属、民心所向。“良好生态环境是最公平的公共产品，是最普惠的民生福祉。这是对政府环境治理力度、效果的鞭策。”③

---

① 周玮、白瀛、史竞男：《补齐短板·激发活力·提升自信——全面深化文化领域改革新进展述评》，《北京日报》2017年4月3日。

② 习近平：《决胜全面建成小康社会　夺取新时代中国特色社会主义伟大胜利——在中国共产党第十九次全国代表大会上的报告》，人民出版社2017年版，第46页。

③ 本报评论员：《良好生态环境是最普惠的民生福祉——论生态文明建设》，《光明日报》2014年11月7日。

中国共产党人创造性地将生态文明纳入中国特色社会主义“五位一体”的总体布局中，开创了建设美丽中国和中华民族永续发展的实现路径。生态文明体制改革的深化，使中国迈向生态文明的新时代，为我国实现人与自然、人与环境的和谐以及经济社会的可持续发展提供了坚实的体制基础。《生态文明体制改革总体方案》出台，强调代际公平，为子孙后代着想、满足社会的主流诉求、体现社会公平正义的生态文明体制，保障的是最广大人民群众的环境权益。通过生态文明建设，优化我国的产业结构，腾笼换鸟，开辟新型工业化的现实道路，根本上解决第二产业比重过大而导致的工业污染积重难返的世纪难题。

公平的实现需要客观条件，需要夯实党的执政基础——包括阶级基础在内的群众基础，推进治理能力的现代化。公平正义有社会评价功能、社会稳定功能和社会发展功能，是一个社会具有凝聚力、向心力和感召力的重要源泉。政策制度的公正合理，能维护和实现绝大多数社会成员的利益，就会得到广泛支持，从而有效地整合社会各种资源和力量，形成强大的凝聚力、向心力。平等的制度安排，会产生新的制度红利，带来新的发展奇迹，反之，制度不公正不合理，违反公众利益，分配不公，用人不公，必将挫伤积极性，导致人心涣散、离心离德，丧失凝聚力。任何重大改革、一切国家治理的制度设计、各种政策的出台，都要坚持公平正义的导向。

新时代中国共产党人对马克思主义公正观的丰富拓展，把对共产党执政规律、社会主义建设规律、人类社会发展规律这三大规律的认识和把握提到了新境界，彰显新时代中国特色社会主义事业的生机活力。新时代中国共产党人公正观，是习近平新时代中国特色社会主义思想的重要组成部分，我们要在公平正义实践推进中，将其转化为坚定的政治信念、根本的价值选择、清醒的理论自觉以及科学的思维方式，为把我国建设成为富强民主文明和谐美丽的社会主义现代化强国而努力奋斗。

（作者系南方医科大学马克思主义学院院长、博士生导师）

马克思的思想遗产与
21世纪中国马克思主义

关　锋

一

习近平总书记在庆祝中国共产党成立95周年大会上总结说："95年来，中国共产党之所以能够完成近代以来各种政治力量不可能完成的艰巨任务，就在于始终把马克思主义这一科学理论作为自己的行动指南，并坚持在实践中不断丰富和发展马克思主义。"① 这是我们应有的自信和坚信。中国特色社会主义道路的形成和发展，根本和实质就是马克思主义不断与中国革命、建设和改革的实践有机结合，实现良性互动。

不仅如此，马克思主义和马克思的思想遗产还对当今整个世界和人类未来具有独特魅力和独到价值。正如法国著名哲学家德里达指出的："不能没有马克思，没有马克思，没有对马克思的记忆，没有马克思的遗产，也就没有将来"，"人们必须接受马克思主义的遗产"②。英国左翼学者伊格尔顿说："马克思主义像达尔文思想或弗洛伊德思想一样，已经与现代文明交融在一起，像牛顿对于启蒙运动的重要意义一样，已成了我们'历史无意识'中的一大部分。"③ 这当然也是我们今天纪念马克思不应缺失的视角。

对伟大人物的纪念，最好的方式，就是对其主要思想在继承、坚守

---

① 《习近平谈治国理政》，外文出版社2014年版，第33页。

② 德里达：《马克思的幽灵》，中国人民大学出版社1999年版，第21、78页。

③ 伊格尔顿：《历史中的政治、哲学、爱欲》，中国社会科学出版社1999年版，第118页。

的基础上开拓创新、发展推进。在十九大报告中，习近平总书记指出："实践没有止境，理论创新也没有止境。……我们必须在理论上跟上时代。"那就是建设和发展21世纪中国马克思主义，并使之"展现出更强大、更有说服力的真理力量"①。显然，这是我们在21世纪对马克思最好的纪念方式。

二

21世纪中国马克思主义是对马克思主义的继承和发展、坚守和创新。对马克思最重要的思想遗产发扬光大无疑其很重要的内容和维度。马克思最重要的思想遗产是什么？对之，我们一般习惯于从马克思主义中国化这个角度，将包括基本观点、基本立场和基本方法在内的基本原理视为最重要的遗产，或者受恩格斯在马克思墓前讲话的影响，将唯物史观和剩余价值理论视为最重要的遗产。应该说，这两种做法都有其合理之处。不过，还有必要在此基础上进一步展开，更为具体地来分析马克思的思想遗产。主要有以下六点：

（一）劳动史观

唯物史观"从直接生活的物质生产出发阐述现实的生产过程，把同这种生产方式相联系的、它所产生的交往形式即各个不同阶段上的市民社会理解为整个历史的基础"②。恩格斯总结说，马克思"在劳动发展史中找到了理解全部社会史的钥匙"③。这种"劳动史观"同时强调了物质生产主体——人民群众的重要性，又是"群众史观"，"历史活动是群众的活动"。

不过，马克思绝没有停留于此，从劳动出发只是起点，他要打开劳动的"黑箱"，发掘更多的社会历史奥秘。包括劳动在内的人类活动

---

① 习近平：《决胜全面建成小康社会　夺取新时代中国特色社会主义伟大胜利——在中国共产党第十九次全国代表大会上的报告》，人民出版社2017年版，第26－27页。

② 《马克思恩格斯文集》第1卷，人民出版社2009年版，第544页。

③ 《马克思恩格斯文集》第4卷，人民出版社2009年版，第413页。

"是受他们的物质生活的生产方式，他们的物质交往和这种交往在社会结构和政治结构中的进一步发展所制约的"①。劳动是在以生产方式为核心的社会结构中进行的。所以，"每一历史时代主要的经济生产方式和交换方式以及必然由此产生的社会结构，是该时代政治的和精神的历史所赖以确立的基础，并且只有从这一基础出发，这一历史才能得到说明"②。劳动史观背后是结构史观，确切说，历史是诸如生产力、生产关系、上层建筑等社会结构要素矛盾运动的历史。历史既是活动史、事件史，更是结构史。英国当代史学家伊格尔斯称"力图找到历史现象在其中发生的结构要素"是"马克思对现代史学最重要的贡献"③；意大利著名马克思主义者拉布里奥拉对此深表赞同。立足于结果分析，马克思认为，表面上看独立的自由的个人，实则社会结构中的人，"是经济范畴的人格化，是一定的阶级关系和利益承担者"④。正因此，在阶级社会，人类社会的历史同时还是阶级（斗争）史。

立足社会结构透视历史，决定了超越某一事件、人物、朝代看历史，即是一种长时段的历史观。法国年鉴学派重量级人物布罗代尔为此盛赞说："马克思的天才及其影响的持久性秘密，在于他第一个在历史长时段的基础上构造了真正的社会模式。"⑤ 而制度经济学代表人物诺斯认同说："在详细描述长期变迁的各种现存理论中，马克思的分析框架是最有说服力的"。⑥

（二）资本主义病理学和现代性诊断

《资本论》开宗明义："本书研究的，是资本主义生产方式以及和它

---

① 《马克思恩格斯文集》第1卷，人民出版社2009年版，第287、524页。

② 《马克思恩格斯文集》第2卷，人民出版社2009年版，第14页。

③ 伊格尔斯：《历史研究国际手册——当代史学研究和理论》，华夏出版社1989年版，导言第15页。

④ 《资本论》第1卷，人民出版社2004年版，第10页。

⑤ 布罗代尔：《论历史》，北京大学出版社2008年版，第55页。

⑥ 诺思：《经济史中的结构与变迁》，上海人民出版社1994年版，第68页。

相适应的生产关系和交换关系。"[①] 对资本主义社会的天才分析和深刻批评是马克思很重要的理论自觉，表现在：一是"揭示资本主义的根本结构性矛盾"，比如资本主义私有制与社会化大生产之间的矛盾；二是"以无与伦比的能力来描述资本主义的历史独特性"，比如所有权"取得了纯粹经济的形式，因为它摆脱了它以前的一切政治的和社会的装饰物和混杂物，简单地说，就是摆脱了一切传统的附属物"[②]，使政治权力不再是榨取剩余的直接必要条件，进而使经济领域和政治领域相对分离。美国经济学家海尔布隆纳以《资本主义的本质与逻辑》为题，盛赞马克思为此根本上回答了"资本主义是什么"这个元问题。

马克思在此基础上同时建构了科学的资本主义病理学。原日本共产党书记不破哲三说，"马克思是唯物论思想家、资本主义的病理学家和未来人类社会的开拓者"[③]，连孙中山先生都提出"马克思主义是资本主义的病理学"。《国际社会主义》杂志副主编库拉纳曾撰文更为具体地分析说："正如医学科学随着病理学的发展而发展一样，马克思主义政治经济学通过分析资本主义的实际危机而发展。"[④]

马克思确实深入分析了资本主义经济危机，即表面上生产过剩的危机，实质上根源于资本主义私有制和社会化大生产之间的矛盾，是资本主义的癌症；资本不断地追逐利润，不断深化对剩余价值的剥夺，导致"整个社会日益分裂为两大敌对的阵营，分裂为两大直接对立的阶级：资产阶级和无产阶级"[⑤]，构成社会危机。此外，还存在以商品拜物教为核心的各种拜物教现象。其实质是"把生产者同总劳动的社会关系反映成存在于生产者之外的物与物之间的社会关系"[⑥]。结果，人作为主体却被

---

① 《马克思恩格斯文集》第 5 卷，人民出版社 2009 年版，第 8 页。

② 《马克思恩格斯文集》第 7 卷，人民出版社 2009 年版，第 697 页。

③ 转引自张利军：《日本马克思主义研究报告 2010》，载复旦大学国外马克思主义与国外思潮研究国家创新基地：《国外马克思主义研究报告 2010》，人民出版社 2010 年版。

④ 库拉纳：《当前经济危机的马克思主义解释》，《国外理论动态》2002 年第 5 期。

⑤ 《马克思恩格斯文集》第 2 卷，人民出版社 2009 年版，第 32 页。

⑥ 《马克思恩格斯文集》第 5 卷，人民出版社 2009 年版，第 89 页。

诸如商品、金钱等物所主宰，形成“物役性社会”。

马克思同时完成了对与资本主义的现代性的诊断，深刻地揭示了现代性的多种悖谬，比如工人出卖劳动力的自由换来深重的剥削和奴役，美国经济学家罗默谓之“在自由中丧失”；形成“物的世界增殖和人的世界贬值”现象，主体性走向自己的反面。美国学者贝斯特和科尔纳为此指出：马克思是第一位“在现代性方面形成全面理论观点的主要的社会理论家”①。

（三）人的解放、自由人联合体和共产主义

马克思早在中学毕业论文中就立下了“选择最能为人类福利而劳动的职业”这样的宏伟志向。很早就提出“必须推翻使人成为被侮辱、被奴役、被遗弃和被蔑视的东西的一切关系”，实现“普遍的人的解放”。

在唯物史观的形成和发展中，人的解放获得了更为丰富的内容和科学的理论支撑。这表现在：一是马克思认识到“人的本质不是单个人所固有的抽象物，在其现实性上，它是一切社会关系的总和”②。所以，人的解放是每个人的自由发展和一切人的自由发展的统一，意味着走向“以每个人的全面而自由的发展为基本原则”③ 的“自由人联合体”。二是强调代表着人类解放、自由人联合体实现的共产主义社会形态是历史客观运动的必然结果，“我们所称为共产主义的是那种消灭现存状况的现实的运动。这个运动的条件是由现有的前提产生的”④。《哥达纲领批判》在此基础上将共产主义进一步划分为初级和高级两个阶段。

法国当今颇负盛名的左翼学者巴迪欧有感于此提出：“我们要重新提倡共产主义，并使它更为明晰”，共产主义“提出了社会中每个人的自由发展是所有人自由发展的条件”⑤。

---

① 贝斯特、科尔纳：《后现代转向》，南京大学出版社2002年版，第100页。

② 《马克思恩格斯文集》第1卷，人民出版社2009年版，第11、501页。

③ 《马克思恩格斯文集》第5卷，人民出版社2009年版，第683页。

④ 《马克思恩格斯文集》第1卷，人民出版社2009年版，第539页。

⑤ 转引自肖辉、张春颖：《巴迪乌论当前的金融危机》，《国外理论动态》2009年第8期。

（四）真理性与价值性、科学性与革命性双重统一

法国著名小说家和思想家布朗肖在《阅读马克思》中指出，在马克思写作生涯中，同时存在着哲学、科学与政治学三重话语。然而，这种言说方式多样性的背后，则是马克思追求理论的真理性、科学性与价值性、革命性统一的努力。

他对科学性和真理性的追求首先表现为，“为了使社会主义变为科学，就必须首先把它置于现实的基础之上”①，基于客观现实和人类社会实践进行分析思考，“按照事物的真实面目及其产生情况来理解事物”②。其次表现为绝不停留在表面事实上，而是深入分析事物内部的本质和结构，探掘事物发展的规律，“广泛地、有条理地、精明地观察社会经济的特定结构”③。最后还表现为，“正确的理论必须结合具体情况并根据现存条件加以阐明和发挥”④，以开放性的姿态保持与时俱进。

不过，马克思不是为研究而研究、为学术而学术，他刻苦研究、笔耕不辍，最终目标是为人类走向“自由人联合体”提供科学阐析和论证，建构可行路径，具有浓烈的价值关怀。特别是关切把工人阶级从被剥削被奴役的非人境遇中解放出来。在马克思那里，“科学越是毫无顾忌和大公无私，它就越符合工人的利益和愿望”⑤。

也正因此，马克思开出了药方和疗法即推翻资本主义，实现“问题不在于解释世界，而在于改变世界”这个理论使命，把科学性和革命性有机地统一起来。列宁为此详加解释说：“马克思主义理论对世界各国社会主义者所具有的不可遏止的吸引力，就在于它把严格的和高度的科学性同革命性结合起来，……把二者内在地和不可分割地结合在这个理论

---

① 《马克思恩格斯文集》第 3 卷，人民出版社 2009 年版，第 537 页。
② 《马克思恩格斯文集》第 1 卷，人民出版社 2009 年版，第 528 页。
③ 《列宁全集》第 4 卷，人民出版社 1984 年版，第 3 页。
④ 《马克思恩格斯全集》第 27 卷，人民出版社 1972 年版，第 433 页。
⑤ 《马克思恩格斯文集》第 4 卷，人民出版社 2009 年版，第 313 页。

本身中。”[①] 而英国文艺批评家伊格尔顿在名作《马克思为什么是对的》中说马克思实现了所有对资本主义制度批判中“理论上最丰富、政治上最坚定”的统一。

（五）问题导向与跨学科性综合研究

正如习近平总书记指出：“坚持问题导向是马克思主义的鲜明特点。”[②] 马克思也曾强调：“主要的困难不是答案，而是问题。”“问题就是时代的口号，是它表现自己精神状态的最实际的呼声。”[③] 而且，“在前人认为已有答案的地方，他却认为只是问题所在”[④]。马克思对人类社会历史的分析都是受一些问题促动而不断深化的，比如著名的“物质利益处处占法的上风”问题；同样，他对资本主义的剖析，也都是基于当时的社会问题而进行的，比如为什么三大工人运动会相继爆发？工人为什么受剥削、被剥削的秘密在哪里？也正因此，人们公认马克思主义哲学是“问题中的哲学”。这归根结底是因为历史唯物主义本质上是“实践的唯物主义”。

正因为这种聚焦于问题的研究方式和问题化思维方式，形成一个重要思想遗产，即以问题为中心多角度、跨学科的整体性视野、综合性研究。比如，对资本主义社会中商品拜物教问题，他就综合运用了哲学、社会学、历史学、政治学、数学乃至农学、地理学、心理学等相关知识，深入透彻分析。也正因此，法国左翼学者阿塔利高度赞扬马克思是“第一个把世界作为政治、经济、科学和哲学的整体来理解的人”。美国经济史学家布劳格称马克思“是一位把经济学、社会学、政治学、历史学甚

---

① 《列宁专题文集》（论辩证唯物主义和历史唯物主义卷），人民出版社2009年版，第213－214页。

② 习近平：《在哲学社会科学工作座谈会上的讲话》，《人民日报》2016年5月19日。

③ 《马克思恩格斯全集》第40卷，人民出版社1982年版，第289－290页。

④ 《马克思恩格斯文集》第6卷，人民出版社2009年版，第21页。

至人类学有机结合起来的社会科学家”[①]。而海尔布伦纳等更明确地说：“使马克思超出如此众多的其他经济学家的，是他把哲学、历史、社会学、心理学、政治学和经济学联结到一起形成统一的整体的能力。”[②]

（六）反思意识和批判精神

自觉而又强烈的反思意识，无疑是马克思重要思想遗产。反思作为一个重要的哲学概念，在黑格尔那里获得了较为完整的意义：它首先是“思之思”，既是“后思”又是折返性思考；其次是反复性、周密性思考，是通达事物本质的思考；再次是新思，即重新思考、再次思考，是怀疑性、批判性甚至颠覆性思考。

马克思把反思方法自觉落实到研究中去，比如对待人类社会历史，坚持“从后思索法”即实践反思法；对待各种社会现象、社会问题，坚决反对直观，张扬“抽象与具体的辩证法”，把从具体到抽象和从抽象到具体有机统一起来，彰显了反思作为“反复思考、深思熟虑、周密分析”之意涵。

更重要的是，马克思坚持了更为激进和彻底的反思，把它和批判内在地融为一体。早在 1843 年，马克思就立志创建“批判的哲学”，强调理论不是“教条地预期未来，而只是想通过批判旧世界发现新世界”，“要对现存的一切进行无情的批判”[③]。还特别强调：“辩证法不崇拜任何东西，按其本质来说，它是批判的和革命的。”[④] 而且，这种批判同时指向自身。比如，马克思公开称《德意志意识形态》是对自己以前哲学信仰的清算。恩格斯说马克思总是“以多么无比认真的态度，以多么严格的自我批判精神，力求使这些伟大发现达到最完善的程度”[⑤]。

显然，在马克思那里，坚持反思，就是针对问题（现实问题或意识

---

① 布劳格：《凯恩斯以前 100 位杰出的经济学家》，西南财经大学出版社 1992 年版，第 140 页。

② 海尔布伦纳等：《经济学的秘密》，海南出版社 2001 年版，第 38 页。

③ 《马克思恩格斯文集》第 10 卷，人民出版社 2009 年版，第 7 页。

④ 《马克思恩格斯文集》第 5 卷，人民出版社 2009 年版，第 22 页。

⑤ 《马克思恩格斯文集》第 6 卷，人民出版社 2009 年版，第 4 页。

问题)，结合人们的实践活动进行寻根究底的澄清，对一切遮蔽的、伪饰的、虚假的进行无情地批判，在反复探索中袒露真相和实质。

三

习近平总书记强调："事实一再告诉我们，马克思、恩格斯……关于资本主义必然消亡、社会主义必然胜利的历史唯物主义观点没有过时。"① 对此必须有坚定的自信，这也是发展21世纪中国马克思主义的前提。结合马克思的重要思想遗产，我们认为，以下几点尤需注意。

（一）问题导向与综合性、整体性视野

强烈而又自觉的问题意识是马克思求学志道、孜孜钻研的突出特征。因为问题是时代的声音、口号，它能最真切地、全面地反映时代的客观实际；问题是矛盾的表现形式，它能深层次地凸显事物的本质和内在联系；问题是创新的起点，也是创新的动力源。实践创新和理论创新大都是在发现、分析、解决问题中实现的。习近平总书记指出："世界上伟大的哲学社会科学成果都是在回答和解决人与社会面临的重大问题中创造出来的。"② 正因此，习近平总书记特别强调："我们一定要以我国改革开放和现代化建设的实际问题、以我们正在做的事情为中心，着眼于马克思主义理论的运用，着眼于对实际问题的理论思考，着眼于新的实践和新的发展。"③ 这应该就是发展21世纪中国马克思主义基本的路向。

不过，问题连着问题，表面问题背后有深层问题；任何一个问题都牵扯很多方面的内容。马克思在剖析问题时，总是坚持跨学科性研究，坚持在普遍联系中分析问题，以综合性、整体性视野来深入把握问题。习近平总书记针对改革中的问题曾这样强调："我们要统筹谋划深化改革各个方面、各个层次、各个要素，注重推动各项改革相互促进、良性互

---

① 中共中央文献研究室：《十八大以来重要文献选编》上，中央文献出版社2014年版，第117页。

② 习近平：《在哲学社会科学工作座谈会上的讲话》，《人民日报》2016年5月19日。

③ 《习近平谈治国理政》，外文出版社2014年版，第9页。

动、协同配合。要坚持整体推进。”① 坚持综合性、整体性视野和系统性思维来分析、解决问题，同样是发展21世纪中国马克思主义必须坚持和做到的。

（二）科学性和人民性、真理性与价值性统一

马克思思考问题和从事理论研究，力图把真理性、科学性和价值性统一起来，既实事求是，科学地发现事物的本质和规律，也要注意以人民为中心、以人的发展为根本。这是发展21世纪中国马克思主义应该铭记并努力实现的。

习近平总书记指出，在研究和思考全面改革问题时，必须从纷繁复杂的事物表象中把准改革脉搏，把握全面深化改革的内在规律，特别是要把握全面深化改革的重大关系。② 科学地认识、改造世界是21世纪马克思主义必须坚持的根本点。习近平总书记还指出：一切从基本国情出发，从实际出发，同时要一切从人民群众的利益出发，这样才能保持历史前进的正确方向。③ 既要实事求是、遵循规律，又要追求人类利益、人民幸福，以促进社会公平正义、增进人民福祉为出发点和落脚点，把科学性与人民性、真理性与价值性统一的诉求充分彰显出来。

（三）兼收并蓄、批判借鉴

马克思的思想和理论之所以深邃、深刻，之所以对问题能跨学科性、综合性分析，源于他对各种知识的精通熟稔，对历史上各种优秀文化成果海纳百川、博采众长，甚至对对手、敌手都能批判借鉴。正如习近平总书记指出，马克思主义经典作家眼界广阔、知识丰富，马克思主义理论体系和知识体系博大精深，马克思、恩格斯在建立自己理论体系的过

---

① 中共中央宣传部：《习近平总书记系列重要讲话读本》，学习出版社、人民出版社2016年版，第79页。

② 《坚定不移全面深化改革开放 脚踏实地推动经济社会发展》，《人民日报》2013年7月24日。

③ 中共中央宣传部：《习近平总书记系列重要讲话读本》，学习出版社、人民出版社2016年版，第79页。

程中就大量吸收借鉴了前人创造的成果。

今天，发展21世纪中国马克思主义毫无疑问要发扬光大这一优点，要按照立足中国、借鉴国外，挖掘历史、把握当代，关怀人类、面向未来的思路，不断推进知识创新、理论创新、方法创新。我们要坚持不忘本来、吸收外来、面向未来，既向内看，深入研究关系国计民生的重大课题，又向外看，积极探索关系人类前途命运的重大问题。而且，对一切有益的知识体系和研究方法，我们都要研究借鉴，不能采取不加分析、一概排斥的态度。对国外的理论、概念、话语、方法，要有分析、有鉴别，适用的就拿来用，不适用的就不要生搬硬套。① 我们要在21世纪把“马克思主义最可贵的精神品质”即批判精神运用好、发挥好。

（四）推进马克思主义中国化、时代化、大众化，追求创新发展

马克思坚持和贯彻了彻底的批判精神，不断地自我批判。比如晚年在俄国公社问题上，自我反思早期唯物史观的某些缺陷，提出“东方社会理论”。究其实质就是理论创新。因为实践性是马克思思想和理论的本质特征，内在要求要随着人类社会实践的变化不断更新、发展。恩格斯为此说：“我们的理论是发展着的理论，而不是必须背得烂熟并机械地加以重复的教条。”②

习近平总书记在哲学社会科学工作座谈会上深刻指出：“结合新的实践不断作出新的理论创造，这是马克思主义永葆生机活力的奥妙所在。”这是发展21世纪中国马克思主义必须坚持的基本原则。所以，我们一定要实现理论创新和实践创新良性互动，并“在这种统一和互动中发展21世纪中国的马克思主义”③。这个过程，实质上也就是结合21世纪的实际把马克思主义中国化、时代化、大众化的过程。

---

① 习近平：《在哲学社会科学工作座谈会上的讲话》，《人民日报》2016年5月19日。

② 《马克思恩格斯文集》第10卷，人民出版社2009年版，第562页。

③ 习近平：《坚持运用辩证唯物主义世界观方法论　提高解决我国改革发展基本问题本领》，《人民日报》2015年1月25日。

习近平总书记在哲学社会科学工作座谈会上明确指出，我们的“一项重要任务就是继续推进马克思主义中国化、时代化、大众化，继续发展21世纪马克思主义、当代中国马克思主义”①。“锲而不舍推进马克思主义中国化、时代化、大众化，使马克思主义放射出更加灿烂的真理光芒。”② 在21世纪继续推进马克思主义的“三化”，是发展21世纪中国马克思主义的基本路径。

（作者系华南师范大学马克思主义学院副院长、教授、博士生导师）

① 习近平：《在哲学社会科学工作座谈会上的讲话》，《人民日报》2016年05月19日。

② 《习近平谈治国理政》第2卷，外文出版社2017年版，第65页。

第三部分

新思想引领新时代

论习近平新时代中国特色社会主义思想的世界意义

陈金龙

关于习近平新时代中国特色社会主义思想的历史地位，党的十九大报告作出了明确界定："是对马克思列宁主义、毛泽东思想、邓小平理论、'三个代表'重要思想、科学发展观的继承和发展，是马克思主义中国化最新成果，是党和人民实践经验和集体智慧的结晶，是中国特色社会主义理论体系的重要组成部分，是全党全国人民为实现中华民族伟大复兴而奋斗的行动指南，必须长期坚持并不断发展。"① 这里对于习近平新时代中国特色社会主义思想历史地位的评价主要立足于国内，未能置于国际背景下来分析。2017年1月，习近平主席在联合国日内瓦总部演讲时指出："当今世界充满不确定性，人们对未来既寄予期待又感到困惑。世界怎么了、我们怎么办？这是整个世界都在思考的问题，也是我一直在思考的问题。"② 这表明，习近平同志在重点关注坚持和发展中国特色社会主义的同时，也在思考世界问题的解决。评价习近平新时代中国特色社会主义思想的理论意义和实践价值，应有国际视野和世界眼光。

一、世界社会主义发展的中国智慧

世界社会主义如何发展，这是社会主义国家正在探索和思考的问题，也是全球正在关注和讨论的问题。党的十九大报告指出，中国特色社会主义进入新时代，"意味着科学社会主义在二十一世纪的中国焕发出强大

---

① 习近平：《决胜全面建成小康社会　夺取新时代中国特色社会主义伟大胜利——在中国共产党第十九次全国代表大会上的报告》，人民出版社2017年版，第20页。

② 《习近平谈治国理政》第2卷，外文出版社2017年版，第537页。

生机活力，在世界上高高举起了中国特色社会主义伟大旗帜”，“在世界社会主义发展史上”具有重大意义。[①] 中国共产党肩负引领世界社会主义发展的历史重任，中国要为人类作出更大贡献，首先要为世界社会主义发展作出新贡献。习近平新时代中国特色社会主义思想集中体现了世界社会主义发展的中国智慧，对于世界社会主义发展具有借鉴和参考意义。

以发展作为解决一切问题的基础和关键。世界社会主义国家第一要务是发展，唯有发展才能摆脱落后，步入富裕与文明之境，为解决国内问题、参与全球治理奠定基础。党的十八大以来，以习近平同志为核心的党中央在治国理政过程中，坚持把发展作为解决一切问题的总钥匙，在坚持以经济建设为中心的同时，全面推进经济建设、政治建设、文化建设、社会建设、生态文明建设，取得了长足发展和进步。2017 年，中国国内生产总值达 82.7 万亿元，按年平均汇率折算，占世界经济的比重达 15% 左右，稳居世界第二位；对世界经济增长贡献率在 30% 左右，继续成为世界经济稳定复苏的重要引擎。中国经济的发展，为国内一切问题的解决、国际作用的发挥奠定了重要基础。习近平主席在联合国日内瓦总部演讲时指出：“发展是第一要务，适用于各国。”[②] 世界社会主义国家只有通过发展，才有可能解决国内面临的各种问题，并参与全球治理。中国以发展作为解决一切问题的基础和关键的经验，对于世界社会主义发展具有普遍意义。

坚持以人民为中心的发展取向。发展为了谁、依靠谁，这是世界社会主义发展首先必须明确的问题。习近平新时代中国特色社会主义思想既强调发展以人民利益为取向、以增进人民福祉为旨归，又强调人民是发展的主体，发展必须依靠人民、信任人民。习近平同志在庆祝中国共产党成立 95 周年大会上的讲话指出：“全党同志要把人民放在心中最高

---

① 习近平：《决胜全面建成小康社会　夺取新时代中国特色社会主义伟大胜利——在中国共产党第十九次全国代表大会上的报告》，人民出版社 2017 年版，第 10、12 页。

② 《习近平谈治国理政》第 2 卷，外文出版社 2017 年版，第 542 页。

位置，坚持全心全意为人民服务的根本宗旨，实现好、维护好、发展好最广大人民根本利益，把人民拥护不拥护、赞成不赞成、高兴不高兴、答应不答应作为衡量一切工作得失的根本标准，使我们党始终拥有不竭的力量源泉。”① 最高位置、根本宗旨、根本利益、根本标准，这一组合表达彰显了人民作用与人民地位，“坚持以人民为中心”成为新时代坚持和发展中国特色社会主义的基本方略。坚持以人民为中心的发展取向，对于世界社会主义发展具有借鉴意义。世界社会主义国家只有将人民置于中心地位，以人民为主体，为人民谋幸福，才能赢得人民的拥护、支持和认同。

全面深化改革以获得发展动力。社会主义发展的动力来自何方，这是世界社会主义发展无法回避的问题。通过全面深化改革消除体制机制障碍，化解社会矛盾，实现国家治理能力与治理体系现代化，这是中国特色社会主义发展的动力所在。习近平同志指出，改革开放是当代中国最鲜明的特色，“要破除发展面临的各种难题，化解来自各方面的风险和阻力，更好发挥中国特色社会主义制度优势，推动经济社会持续健康发展，除了深化改革开放，别无他途”②。因此，全面深化改革是习近平同志治国理政的重点之一，对全面深化改革进行了总体设计和布局，明确了全面深化改革的领域和任务，提出了全面深化改革的策略和方法。特别是在改革过程中，坚持社会主义市场经济改革方向，实现社会主义与市场经济的有机结合，“解决了世界上其他社会主义国家长期没有解决的一个重大问题”③。对于世界社会主义国家来说，如何通过深化改革促进发展，探索社会主义与市场经济结合的具体形式，中国的经验具有参考意义。

以新发展理念引领发展行动。世界社会主义秉持何种发展理念，关系发展方式、经济结构、增长动力与发展质量。党的十八届五中全会提出的创新、协调、绿色、开放、共享发展理念，分别针对发展动力、发

① 《习近平谈治国理政》第2卷，外文出版社2017年版，第40页。
② 《十八大以来重要文献选编》上，中央文献出版社2014年版，第508页。
③ 《十八大以来重要文献选编》上，中央文献出版社2014年版，第551页。

展不平衡、人与自然关系、发展内外联动、社会公平正义问题，既体现了中国特色社会主义发展的阶段性特征，又反映了经济社会发展的内在规律。实践证明，新发展理念是符合我国发展阶段性特征的科学发展理念，已成为全党全社会的共识，党的十九大报告将“坚持新发展理念”作为新时代坚持和发展中国特色社会主义的基本方略，彰显了新发展理念的重要性。习近平同志指出：“发展理念是发展行动的先导，是管全局、管根本、管方向、管长远的东西，是发展思路、发展方向、发展着力点的集中体现。”① 新发展理念是推动中国经济质量变革、效率变革、动力变革的保障。以新发展理念引领发展行动，中国特色社会主义发展理念的转变，为世界社会主义提供了发展理念、发展道路的参照。

时刻保持社会主义的发展定力。在社会主义与资本主义两制并存的背景下，世界社会主义如何保持发展定力？习近平新时代中国特色社会主义思想给出了答案。习近平同志在庆祝中国共产党成立95周年大会上的讲话指出：“全党要坚定道路自信、理论自信、制度自信、文化自信。当今世界，要说哪个政党、哪个国家、哪个民族能够自信的话，那中国共产党、中华人民共和国、中华民族是最有理由自信的。”②“四个自信”是一种积极、健康的心理状态，是保持发展定力的心理基础。同时，中国特色社会主义保持定力的根本经验，在于坚持党对一切工作的领导，不断提高党把方向、谋大局、定政策、促发展的能力，确保党始终总揽全局、协调各方，“坚持党对一切工作的领导”是坚持和发展中国特色社会主义的基本方略。对于社会主义与资本主义关系的处理，习近平同志一方面强调中华民族是一个兼收并蓄、海纳百川的民族，必须“不断学习他人的好东西，把他人的好东西化成我们自己的东西”；另一方面又申明推进国家治理体系和治理能力现代化，绝不是西方化、资本主义化，“我国国家治理体系需要改进和完善，但怎么改、怎么完善，我们要有主张、有定力”。③ 坚定“四个自信”，坚持党对一切工作的领导，在借鉴

① 《十八大以来重要文献选编》中，中央文献出版社2016年版，第774页。
② 《习近平谈治国理政》第2卷，外文出版社2017年版，第36页。
③ 《习近平谈治国理政》，外文出版社2014年版，第106、105页。

人类优秀文明成果的同时保持发展的独立性，这是中国特色社会主义保持发展定力的成功经验，对于世界社会主义国家同样具有借鉴意义。

习近平新时代中国特色社会主义思想开辟了中国特色社会主义的新境界，既推进了中国特色社会主义理论与实践的发展，又展现了世界社会主义的光明前景，拓展了世界社会主义的发展空间，蕴含引领世界社会主义发展的中国智慧。

二、发展中国家走向现代化的中国经验

发展中国家如何发展，这是一个世界性难题。中国是世界上最大的发展中国家，中国的崛起和中国的成功，为发展中国家走向现代化提供了经验。习近平同志在党的十九大报告中指出，中国特色社会主义进入新时代，“意味着中国特色社会主义道路、理论、制度、文化不断发展，拓展了发展中国家走向现代化的途径，给世界上那些既希望加快发展又希望保持自身独立性的国家和民族提供了全新选择，为解决人类问题贡献了中国智慧和中国方案”①。

从国情出发自主选择现代化道路。如何选择现代化道路，是包括中国在内的所有发展中国家面临的一道难题。第二次世界大战结束后，许多发展中国家仿照西方模式推进现代化，结果却事与愿违，陷入发展困境。中国特色社会主义的成功经验之一，就是从中国国情出发选择现代化道路，保持发展的自主性和独立性。习近平同志指出：“社会主义初级阶段是当代中国的最大国情、最大实际。我们在任何情况下都要牢牢把握这个最大国情，推进任何方面的改革发展都要牢牢立足这个最大实际。”② 中国无论现代化道路的选择，还是现代化目标、步骤的设计，都立足社会主义初级阶段的国情。具体就国家治理体系与治理能力现代化而言，习近平同志指出：“设计和发展国家政治制度，必须注重历史和现

① 习近平：《决胜全面建成小康社会　夺取新时代中国特色社会主义伟大胜利——在中国共产党第十九次全国代表大会上的报告》，人民出版社2017年版，第10页。

② 《习近平谈治国理政》，外文出版社2014年版，第10页。

实、理论和实践、形式和内容有机统一。要坚持从国情出发、从实际出发，既要把握长期形成的历史传承，又要把握走过的发展道路、积累的政治经验、形成的政治原则，还要把握现实要求、着眼解决现实问题，不能割断历史，不能想象突然就搬来一座政治制度上的‘飞来峰’。”① 中国现代化的成功经验，在于从国情出发选择现代化道路，没有照搬他人的发展模式和制度构架。对于发展中国家而言，这一经验弥足珍贵。

汇聚多方力量推动现代化。现代化的力量从何而来，这是发展中国家走向现代化必须思考和回答的问题。中国现代化的成功经验，在于通过改革开放、人民群众主体作用的发挥、中国共产党领导作用的彰显获得现代化的推动力量，而不是寄希望于外力来推动国家现代化的进程。2013 年 11 月，习近平同志在十八届三中全会上指出：“三十五年来，我们党靠什么来振奋民心、统一思想、凝聚力量？靠什么来激发全体人民的创造精神和创造活力？靠什么来实现我国经济社会快速发展、在与资本主义竞争中赢得比较优势？靠的就是改革开放。”② 改革开放使中国赢得了发展速度，提升了国家现代化的程度和水平。改革开放的重要经验，就是“坚持以人为本，尊重人民主体地位，发挥群众首创精神，紧紧依靠人民推动改革。没有人民支持和参与，任何改革都不可能取得成功。无论遇到任何困难和挑战，只要有人民支持和参与，就没有克服不了的困难，就没有越不过的坎”③。人民群众是历史的创造者，是改革开放的力量源泉，是推动国家现代化的主体力量。中国共产党是中国现代化的领导者，现代化目标的设定、现代化步骤的设计、现代化力量的动员，都是在中国共产党领导下完成的。“办好中国的事情，关键在党。中国特色社会主义最本质的特征是中国共产党领导，中国特色社会主义制度的最大优势是中国共产党领导。”④ 改革开放、人民主体作用、党的领导作用的汇聚，推动了中国现代化的进程。发展中国家走向现代化，同样需

① 《十八大以来重要文献选编》中，中央文献出版社 2016 年版，第 59 页。
② 《十八大以来重要文献选编》上，中央文献出版社 2014 年版，第 508 页。
③ 《十八大以来重要文献选编》上，中央文献出版社 2014 年版，第 554 页。
④ 《习近平谈治国理政》第 2 卷，外文出版社 2017 年版，第 43 页。

要凝聚各方力量，中国经验足可借鉴。

有效协调现代化过程中的重大关系。现代化涉及发展转型、制度重塑、利益调整、理念更新，需要有效协调现代化过程中的重大关系，化解各种矛盾冲突。中国特色社会主义的成功经验和实践智慧，就在于注重协调重大关系，平稳有序推动现代化进程。比如，现代化是经济社会的全面发展和进步，“五位一体”总体布局为现代化各领域协调推进奠定了基础。人的现代化，既是现代化的内在诉求，也是现代化的目标归宿，实现人的全面发展，是现代化不可缺少的内容，是经济社会发展的重要条件。“不断促进人的全面发展、全体人民共同富裕”①，成为习近平新时代中国特色社会主义思想的重要内容。发展中国家走向现代化，都面临传统与现代关系如何处理的问题，割裂与抛弃民族的优秀文化传统，现代化将成为无源之水、无根之木，也将失去民族特色。对于传统与现代的关系，习近平同志指出：“中华文明延续着我们国家和民族的精神血脉，既需要薪火相传、代代守护，也需要与时俱进、推陈出新”；“要推动中华文明创造性转化、创新性发展，激活其生命力，让中华文明同各国人民创造的多彩文明一道，为人类提供正确精神指引。”② 中国现代化进程中“五位一体”总体布局，经济社会发展与人的发展、传统与现代等关系的协调，为发展中国家走向现代化提供了参考。

建构有助于现代化的国内外环境。任何国家走向现代化，既需要稳定的国内环境，也需要和平的外部环境。中国特色社会主义是在稳定、和平的环境中实践的，稳定、和平的环境为中国特色社会主义提供了支撑、创造了条件。习近平同志在主持十八届中央政治局第十四次集体学习时强调：“改革开放以来，我们党始终高度重视正确处理改革发展稳定关系，始终把维护国家安全和社会安定作为党和国家的一项基础性工作。我们保持了我国社会大局稳定，为改革开放和社会主义现代化建设营造

---

① 习近平：《决胜全面建成小康社会　夺取新时代中国特色社会主义伟大胜利——在中国共产党第十九次全国代表大会上的报告》，人民出版社2017年版，第19页。

② 《习近平谈治国理政》第2卷，外文出版社2017年版，第340页。

了良好环境。”[①] 同时，中国为维护世界和平作出了积极努力，从和平的国际环境中获得发展机遇。习近平同志多次承诺：“中国无论发展到什么程度，都永远不称霸，永远不搞扩张”[②]，表明了中国一如既往维护世界和平安宁的决心与担当。发展中国家走向现代化，应充分认识到环境对于现代化的支撑作用，着力营造有助于现代化的国内环境，并积极争取和平的国际环境。

中国特色社会主义为发展中国家走向现代化提供了经验、拓展了道路、开阔了视野。尽管发展中国家各有不同的国情，但走向现代化有一些共性的问题需要解决，中国的经验可供参考和借鉴。

三、全球治理的中国方案

随着国际地位的提升，中国从世界舞台的边缘逐渐走近世界舞台的中心，国际影响力、引领力、感召力增强，国际社会期待中国为全球治理作出更大贡献，习近平新时代中国特色社会主义思想蕴含全球治理的中国方案。在庆祝中国共产党成立 95 周年大会上，习近平同志指出：“中国将积极参与全球治理体系建设，努力为完善全球治理贡献中国智慧，同世界各国人民一道，推动国际秩序和全球治理体系朝着更加公正合理方向发展。”[③] 事实上，党的十八大以来，中国围绕全球治理提出了系列主张。

全球治理基本理念的确立。全球治理秉持何种理念和原则，直接关系全球治理的成效和国际秩序的建构。2015 年 10 月，习近平同志在主持十八届中央政治局第二十七次集体学习时指出：“要推动全球治理理念创新发展，积极发掘中华文化中积极的处世之道和治理理念同当今时代的共鸣点，继续丰富打造人类命运共同体等主张，弘扬共商共建共享的全

---

① 《切实维护国家安全和社会安定　为实现奋斗目标营造良好社会环境》，《人民日报》2014 年 4 月 27 日。

② 习近平：《携手建设更加美好的世界——在中国共产党与世界政党高层对话会上的主旨讲话》，《人民日报》2017 年 12 月 2 日。

③ 《习近平谈治国理政》第 2 卷，外文出版社 2017 年版，第 41－42 页。

球治理理念。”① 共商共建共享，意味着全球治理的事情大家一起商量办法，更加完善的全球治理体系大家一起建设，由此产生的全球治理成果由大家一起分享。在庆祝中国共产党成立95周年大会上，习近平同志再次强调：“什么样的国际秩序和全球治理体系对世界好、对世界各国人民好，要由各国人民商量，不能由一家说了算，不能由少数人说了算。”② 共商共建共享确立为全球治理基本理念，有利于维护国际社会的公平正义，有利于国际社会新秩序的建立。

全球治理重大问题的中国方案。和平与发展是全人类共同的愿望，是当今全球治理面临的重大问题。为解决和平与发展问题，习近平提出构建人类命运共同体的倡议，得到国际社会的支持和赞同。2017年1月，习近平主席在联合国日内瓦总部发表演讲时指出：“让和平的薪火代代相传，让发展的动力源源不断，让文明的光芒熠熠生辉，是各国人民的期待，也是我们这一代政治家应有的担当。中国方案是：构建人类命运共同体，实现共赢共享。”③ 构建人类命运共同体的倡议正在从理念转化为行动，写入联合国相关决议，对全球治理产生实质性影响。为解决和平与发展问题，中国提出“一带一路”倡议，得到沿线国家和国际组织积极响应和支持，对沿线国家经济发展的带动作用开始显现。2017年，中国与沿线国家贸易额达7.4万亿元人民币，同比增长17.8%，增速高于全国外贸增速3.6个百分点。其中，中国企业对沿线国家直接投资144亿美元；在沿线国家新签承包工程合同额1443亿美元，同比增长14.5%。④ 因此，“一带一路”不是概念的倡导，而是全面务实合作的行动。

全球治理具体问题的中国方案。当今全球治理面临的问题日渐增多，习近平同志针对全球治理面临的具体问题，提出了自己的主张。比如，全球治理体制变革正处在历史转折点上，随着全球性挑战增多，

① 《推动全球治理体制更加公正更加合理　为我国发展和世界和平创造有利条件》，《人民日报》2015年10月14日。

② 《习近平谈治国理政》第2卷，外文出版社2017年版，第41页。

③ 《习近平谈治国理政》第2卷，外文出版社2017年版，第539页。

④ 《一带一路全面务实合作成果亮眼》，《人民日报》2018年1月26日。

加强全球治理、推进全球治理体制变革已是大势所趋；全球经济治理体系必须反映世界经济格局的深刻变化，增加新兴市场国家和发展中国家的代表性和发言权；应该致力于构建创新、活力、联动、包容的世界经济，通过创新驱动发展和结构性改革，为各国增长注入动力，使世界经济焕发活力。这些具体主张，对于推进全球治理体系变革与治理能力提升，富有建设性和指导性。同时，中国发起成立亚洲基础设施投资银行等新型多边金融机构，积极参与制定海洋、极地、网络、外空、核安全、反腐败、气候变化等新型领域治理规则，提出了中国的具体主张和解决方案。

习近平新时代中国特色社会主义思想蕴含的全球治理主张和方案，体现了大国大党的责任担当与胸怀，彰显了习近平新时代中国特色社会主义思想的世界意义。

四、人类思想史上的中国话语

将习近平新时代中国特色社会主义思想置于人类思想史的长河，与国际社会影响广泛的话语进行比较，不难发现，它直接或间接回应了“历史终结论”“文明冲突论”和“西方中心论”，是对这三种理论的突破和超越，为人类思想积淀增添了新内容。

对“历史终结论”的超越。美国学者福山认为，20 世纪 80 年代以来世界所发生的一系列重大事件具有根本的性质，即千万不能仅仅看作冷战的结束，而应视为历史本身的终结。这些事件已无可怀疑地向人们表明了西方和西方思想的重大胜利，表明西方政治自由主义和经济自由主义的重大胜利，表明西方自由民主制度和市场经济制度的重大胜利。福山说：“历史的终结并不是说生老病死这一自然循环会终结。也不是说重大事件不会发生了或者报道重大事件的报纸从此销声匿迹了，确切地说，它是指构成历史最基本的原则和制度不可能再进步了，原因在于，所有的真正大问题都已经得到解决。”① 中国特色社会主义的成功及展现

① ［美］弗朗西斯·福山：《历史的终结及最后之人》，黄胜强等译，中国社会科学出版社 2003 年版，第 3 页。

的世界社会主义前景，习近平新时代中国特色社会主义思想所表达的道路自信、理论自信、制度自信、文化自信，是对“历史终结论”的无声回应。2014年2月，习近平同志在省部级主要领导干部学习贯彻十八届三中全会精神全面深化改革专题研讨班上的讲话指出：“我国的实践向世界说明了一个道理：治理一个国家，推动一个国家实现现代化，并不只有西方制度模式这一条道，各国完全可以走出自己的道路来。可以说，我们用事实宣告了‘历史终结论’的破产，宣告了各国最终都要以西方制度模式为归宿的单线式历史观的破产。”① 这是直接针对“历史终结论”的批评。中国特色社会主义的成功，习近平新时代中国特色社会主义思想对于中国特色社会主义所进行的顶层设计和制度安排，表明历史并未终结。

对“文明冲突论”的超越。美国学者亨廷顿认为，冷战结束后，主宰全球的将是文化之间或文明之间的冲突，主要是目前世界七种文明（西方文明、儒教文明、日本文明、伊斯兰文明、印度文明、斯拉夫文明、拉丁美洲文明，可能的非洲文明）的冲突，而伊斯兰文明和儒教文明可能共同对西方文明进行威胁或提出挑战。“文明冲突论”带有明显的美国中心主义色彩，也与中国历来倡导世界各种文明相互包容、兼收并蓄的精神相悖。党的十九大报告指出：“要尊重世界文明多样性，以文明交流超越文明隔阂、文明互鉴超越文明冲突、文明共存超越文明优越。”② 这种新型文明观，迥异于“文明冲突论”。2014年3月，习近平主席在联合国教科文组织总部的演讲中指出，“文明因交流而多彩，文明因互鉴而丰富。文明交流互鉴，是推动人类文明进步和世界和平发展的重要动力”；“只要秉持包容精神，就不存在什么‘文明冲突’，就可以实现文明和谐”。③ 这是对“文明冲突论”的直接回应。习近平新时代中

① 《习近平关于社会主义政治建设论述摘编》，中央文献出版社2017年版，第7页。

② 习近平：《决胜全面建成小康社会　夺取新时代中国特色社会主义伟大胜利——在中国共产党第十九次全国代表大会上的报告》，人民出版社2017年版，第59页。

③ 习近平：《在联合国教科文组织总部的演讲》，《人民日报》2014年3月28日。

国特色社会主义思想蕴含的文明观，是对“文明冲突论”的突破和超越。

对“西方中心论”的超越。不少西方学者、政要认为，西方的发展道路是人类文明发展、人类社会演进的唯一道路，西方的今天就是世界的明天，盲目推崇西方模式、西方道路，企图将西方模式作为具有普遍意义的发展道路向世界推广，甚至强制他国接受。习近平同志明确指出：“我们不仅要防止落入‘中等收入陷阱’，也要防止落入‘西化分化陷阱’。”[①] 对“西化分化陷阱”保持高度警惕，实质上是对西方中心主义的否定。中国道路的成功以事实表明，人类文明发展道路可以有而且应该有多种选择，不应该是西方模式一统天下。在中国共产党与世界政党高层对话会上，习近平总书记强调：“我们不‘输入’外国模式，也不‘输出’中国模式，不会要求别国‘复制’中国的做法。”[②] 这里表达了一种与“西方中心论”截然不同的态度。

习近平新时代中国特色社会主义思想用中国话语表达中国主张，澄清了“历史终结论”“文明冲突论”“西方中心论”的理论迷雾，为人类思想发展增添了新内容，在人类思想史上具有重要地位。

总之，评价习近平新时代中国特色社会主义思想的历史地位，应有宽广的视野，既要充分肯定其在马克思主义中国化历史上的理论地位和对中国特色社会主义的实践意义，也要充分认识到其对于世界社会主义发展、发展中国家走向现代化、全球治理的实践意义和人类思想史上的理论意义。

（作者系华南师范大学马克思主义学院院长、教育部“长江学者”特聘教授）

---

① 《习近平关于全面深化改革论述摘编》，中央文献出版社 2014 年版，第 22 页。

② 习近平：《携手建设更加美好的世界——在中国共产党与世界政党高层对话会上的主旨讲话》，《人民日报》2017 年 12 月 2 日。

习近平新时代中国特色社会主义思想为马克思主义发展贡献“中国智慧”

程京武

习近平新时代中国特色社会主义思想以鲜明的主题、严密的逻辑，从理论与实践的双重视野回答了当今马克思主义者所面临的挑战和难题，深化了对共产党执政规律、社会主义建设规律、人类社会发展规律的认识，开辟了马克思主义中国化的新境界，从而使21世纪中国的马克思主义“展现出更强大、更有说服力的真理力量”。这种力量在中华人民共和国发展史上、在中华民族发展史上具有重大意义，在世界社会主义发展史上、人类社会发展史上也具有重大意义。

一、习近平新时代中国特色社会主义思想是坚守马克思主义唯物史观凝聚共识基础上的理论创新

一个没有理论思维的民族，不可能站在文明和社会发展的前列。中国共产党是一个由科学理论孕育催生、用科学理论武装发展的马克思主义政党。既坚持马克思主义基本原理，又善于在实践中不断丰富和发展马克思主义，用发展着的马克思主义指导新的实践，这是我们党的鲜明特征和根本优势。习近平新时代中国特色社会主义思想是对马克思列宁主义、毛泽东思想、邓小平理论、“三个代表”重要思想、科学发展观的继承和发展，是马克思主义中国化最新成果，是在马克思主义中国化的理论成果不断丰富的过程中积淀起来的。

习近平新时代中国特色社会主义思想既始终坚持马克思主义基本原理，又植根于中华文化沃土，不断推动马克思主义与新的时代、新的方位、新的使命有机结合，从而使21世纪中国的马克思主义“展现出更强大、更有说服力的真理力量”。中国共产党从成立之日起，就把马克思主义作为矢志不移的历史选择，把马克思主义基本原理指导中国实践作为

我们的看家本领。在中共中央政治局第四十三次集体学习中，习近平总书记强调，我们党是用马克思主义武装起来的政党，马克思主义是我们共产党人理想信念的灵魂。马克思主义是在批判地继承了两千多年来人类思想和文化发展中一切有价值的东西的基础上而产生的，是迄今为止人类最伟大的思想理论。“在人类思想史上，就科学性、真理性、影响力、传播面而言，没有一种思想理论能达到马克思主义的高度，也没有一种学说能像马克思主义那样对世界产生了如此巨大的影响。”这一理论从产生到发展，表现出了强大的生命力，这种强大生命力的根源在于与人类的其他思想体系相比，马克思主义的基本立场、基本观点和基本方法，揭示了人类自身的发展规律，回答了破解人类自身发展的难题，规范和引导了人类实践活动的发展道路，为创建人类文明的新形态提供了最坚实的理论支撑，成为“时代精神的精华”。时代在变化，社会在发展，但马克思主义基本原理依然是科学真理。尽管我们所处的时代同马克思所处的时代相比发生了巨大而深刻的变化，但从世界社会主义500年的大视野来看，我们依然处在马克思主义所指明的历史时代。这是我们对马克思主义保持坚定信心、对社会主义保持必胜信念的科学根据。马克思主义就是我们党和人民事业不断发展的参天大树之根本，就是我们党和人民不断奋进的万里长河之泉源。背离或放弃马克思主义，我们党就会失去灵魂、迷失方向。习近平新时代中国特色社会主义思想体现对马克思主义基本理论和社会理想的深刻认识和坚定信念，体现了对马克思主义当代价值和现实意义的自觉彰显。

历史进程从哪里开始，思想进程就从哪里开始。对一个执政的马克思主义政党来说，举什么旗、走什么路，决定着社会发展的前进动力与未来走向。一个国家实行什么样的主义，关键要看这个主义能否解决这个国家面临的历史性课题。在中国这样一个经济文化比较落后的国家建设社会主义，既不能拘泥于经典理论，也不能照搬别国经验，中国特色社会主义的发展过程，就是一个发现问题、解决问题的过程。中国近代历史，中华民族围绕着“举什么旗、走什么路”的问题，来把握民族独立、人民解放和国家富强、人民幸福的历史性课题；新民主主义革命，围绕“什么是民主主义革命，怎样搞民主主义革命”的问题，回答中国革命的目标、道路、领导力量和依靠力量等一系列根本问题；新中国成立后，创造性回答了如何对农业、手工业和资本主义工商业进行社会主义改造等重大问题，顺利实现从新民主主义向社会主义的过渡；在社会主义建设时期，围绕如何“在中国这样人口多底子薄的东方大国建设社会主义”这个根本问题，探索一条以苏为鉴、独立自主的发展道路；改革开放以来，又是在紧紧抓住什么是社会主义、怎样建设社会主义，建设什么样的党、怎样建设党，实现什么样的发展、怎样发展等重大问题，成功开创并拓展了中国特色社会主义道路；习近平新时代中国特色社会主义思想立足新的社会实践和历史方位，从理论和实践结合上系统回答了新时代坚持和发展什么样的中国特色社会主义、怎样坚持和发展中国特色社会主义的问题。可以说，强烈的问题意识贯穿于革命、建设、改革全部实践，成为党和国家事业发展的强大动力，也使今天我们比历史上任何时期都更接近、更有信心和能力实现中华民族伟大复兴的目标。

二、习近平新时代中国特色社会主义思想是坚守马克思主义人民主体价值取向基础上的理论创新

习近平新时代中国特色社会主义思想的自觉自信源于社会主义的终极价值立场，体现了“以人民为中心”价值理念的执着追求。社会主义发展模式归根结底是为了人而不是物，习近平新时代中国特色社会主义思想理论上的不断升华是为了社会主义实践的不断深入，而实践的不断深入是以最广大人民群众根本利益的实现为最高目标的。人民是历史的创造者，是中国特色社会主义的创造主体、利益主体和评判主体。习近平新时代中国特色社会主义思想坚守立足于人民群众根本利益去观察问题和解决问题；始终顺应人民共同愿望，以推进人的全面发展和社会的全面进步为发展宗旨；始终以中国人民的判断为衡量标准，而不是看那些戴着有色眼镜的人的主观臆断。“永远与人民同呼吸、共命运、心连心，永远把人民对美好生活的向往作为奋斗目标”作为一切工作的出发点。习近平新时代中国特色社会主义思想正是因其内蕴的价值指向上的执着追求，使这一种体系理论更好地为人民群众所理解、所接受、所掌握，有利于凝聚一切积极力量，调动人民的积极性和创造性，从本质上

反映了坚持和发展中国特色社会主义的理性自觉和力量所在。

以人为本，是马克思主义世界观和历史观的一个基本原则。马克思、恩格斯一生从事科学研究和实践活动的目的，旨在实现无产阶级和全人类的解放。为了实现这一主题，马克思“从现实的、有生命的个人本身出发”，揭示了“人的本质，在其现实性上，它是一切社会关系的总和”，科学地论述了人的全面发展的必然性及其对于社会发展的重要意义，把“每个人的自由发展”作为人的发展目的和马克思主义全部理论构建的归宿。在伦理层次上，把人文关怀的对象放在无产阶级身上；在唯物史观的方法中，确立了两种尺度，即以生产力为基础的物的尺度和以人的发展为核心的人文尺度；在社会功能的角度确立了人类解放和实现人的全面自由发展作为社会发展的最高目标和价值标准。提出了“每个人的自由发展是一切人的自由发展的条件”，并明确指出共产主义社会是“以每个人的全面而自由的发展为其基本原则的社会形式”，这是马克思主义的人的全面发展学说的精髓所在，也是马克思主义以人为本思想的重要内容。

“以人为本”价值取向的确立，是党长期执政实践经验的科学总结，它不仅重新肯定了人的重要地位和作用，而且还克服了中国传统社会权力本位的价值取向和资本主义社会金钱本位的价值取向，是在马克思主义科学人本观的指导下，在对传统文化进行深刻分析和梳理的基础上，进行创新所获得的理论成果。这一成果不仅丰富了马克思主义的内容，而且还使中国传统文化的精华得到了继承，完全符合广大人民群众的根本利益。从理论意义上说，“以人为本”在其历史的起点和终极意义上，把人的存在和发展视为社会的根本意义和价值尺度，把人作为社会的主体和中心，把最广大人民群众的根本利益作为一切工作的出发点和落脚点，不断促进人的全面发展，蕴含着党的治国理政的根本使命和对人类社会发展规律认识的深化。从现实意义上说，坚持“以人为本”的思想有利于调动人民的积极性和创造性，凝聚一切积极力量。在政治多极化、经济全球化、科技信息化和文化多元化的社会，调动每个人的积极性并促进其个性化发展，是解决新时代“不平衡不充分发展”提出的新课题。从文化意义上说，“以人为本”是推进人的自由和全面发展的取向和价值标准。强调“以人为本”，反映出社会发展对个体独立地位提高、自主意识增强的人文关注。“以人为本”，把推进人的自由而全面发展作为社会发展的终极价值，体现了唯物史观全部内容都是合规律性与合目的性的统一。

三、习近平新时代中国特色社会主义思想是坚守马克思主义与时俱进辩证思维基础上的理论创新

马克思主义具有与时俱进的理论品质。1848年《共产党宣言》的问世，标志着马克思主义的诞生。《共产党宣言》发表25年以后，马克思、恩格斯在德文版序言中写道：《宣言》所阐述的一般原理整个说来直到现在还是完全正确的，但是这些原理的实际运用，“随时随地都要以当时的历史条件为转移”。这个“时”既包括时代的新变化，又包括实践的新发展。顺应时代，扎根实践，因时而变，是马克思主义经久不衰的根本原因，也是马克思主义中国化不断推进的根本依据。毛泽东思想和中国特色社会主义理论体系，无不是一定时代条件下社会实践的产物，是顺应时代的战略思想，是源于实践而又指导实践的科学理论。马克思主义的根本立场、观点和方法具有普遍性，而马克思主义关于社会变革和发展的思想又应随着时代的变化和实践的发展而不断创新发展，这就是继承与发展的有机统一。

从历史和现实、理论与实践结合的角度看，与时俱进，既是中国传统文化的优秀思想，也是马克思主义的理论品质；既是党的思想路线的重要内容，也是中华民族的文化精神，也是民族进步的灵魂和国家兴旺发达的不竭动力。要实现中华民族的伟大复兴，需要在全社会培育弘扬与时俱进的文化精神，并在内容和形式上积极创新，为推进中华民族的伟大复兴提供强有力的精神动力。马克思主义不仅强调实践第一的观点，而且强调要善于吸收人类历史上的一切科学文明成果，在实践中不断丰富和发展自己，以实现理论上的自我超越。这种实践性和开放性，既决定了马克思主义具有与时俱进的理论品质，也反映出马克思主义的思想内涵和思维特征。中国化马克思主义随着中国时代的变迁和实践的发展，要求在与时俱进中把握规律性，用马克思主义唯物史观和辩证思维的方

法，进一步深化对共产党执政规律、社会主义建设规律和人类社会发展规律的认识。在与时俱进中把握规律性，在把握规律性中创新实践。习近平新时代中国特色社会主义思想是从我国发展的现实需要中得出来的，从人民群众的热切期待中得出来的，也是为推动解决我们面临的突出矛盾和问题提出来的。问题是理论创新和实践突破的逻辑和现实起点。

习近平总书记强调，“当前，全党面临的一个重要课题，就是如何正确认识和妥善处理我国发展起来后不断出现的新情况新问题”“现在，我们遇到的问题中，有些是老问题，或者是我们长期努力解决但还没有解决好的问题，或者是有新的表现形式的老问题，但大量是新出现的问题”。如何解决发展起来以后带来的新问题？十九大报告明确提出：“全党同志一定要登高望远、居安思危，勇于变革、勇于创新，永不僵化、永不停滞。”立足于破解发展难题，厚植发展优势，由问题倒逼而回答中国社会发展，要“举什么旗，走什么路，以什么样的精神状态，担负什么样的历史使命，实现什么样的奋斗目标”这一理论问题，就需要在理念和举措上形成既具有时代发展视野，又具有引领解决现实问题、推动新时代中国特色社会主义发展的基本认知。

习近平新时代中国特色社会主义思想在空间维度上涵盖中外，着眼于中国道路与世界格局的互动；在时间维度上纵贯古今，着眼于传统文化与现代文明的对接，并且具有鲜明的实践指向。习近平总书记指出：“中国特色社会主义不是从天上掉下来的，是党和人民历尽千辛万苦、付出巨大代价取得的根本成就。中国特色社会主义，既是我们必须不断推进的伟大事业，又是我们开辟未来的根本保证。”熔铸“中外古今”的理论视野“使中国赶上了时代，实现了中国人民从站起来到富起来、强起来的伟大飞跃”，不仅增强了中国人民的“四个自信”，也为解决人类问题贡献了中国智慧和中国方案，为世界上那些既希望加快发展又希望保持自身独立性的国家和民族提供了全新选择。

我们民族无法照抄照搬任何国家的发展模式，必须尊重自己的历史文化传统，从中汲取智慧和力量，走出适合自己历史和国情的发展道路。13 亿多中国人民汲取中华文明的丰厚营养，拥有无比深厚的历史底蕴和文化自信，这是我们战胜风险挑战、开创美好未来的精神动力和自信源泉。中国特色社会主义既坚持科学社会主义的基本原则又吸收了人类文明的共同成果。这是中国共产党人对马克思主义发展的贡献，使我们有信心也有底气为人类建设更加美好社会制度提供中国方案，也使我们有决心也有定力为人类的和平发展贡献中国智慧。

（作者系暨南大学马克思主义学院院长、教授）

习近平生态文明思想的哲学意蕴

吴灿新

习近平总书记在中国特色社会主义新时代的伟大历史进程中，将马克思恩格斯生态哲学思想与中国生态文明建设实践相结合，进行了创新性的继承和发展，形成了自己独具一格的生态哲学观。习近平生态文明思想是马克思恩格斯生态哲学思想中国化的最新成果。

一、马克思恩格斯生态哲学思想

习近平生态哲学观的生成，牢牢奠基于马克思恩格斯生态哲学观的基石之上，因此，我们要认识习近平生态哲学观的重要价值，必须首先要了解马克思恩格斯生态哲学思想。

马克思、恩格斯毕生致力于无产阶级和全人类的解放事业，他们在创立马克思主义的过程中，也提出了一系列丰富的生态哲学思想。

一是树立了生态唯物论。生态哲学的核心问题，是人与自然的关系问题。马克思、恩格斯从辩证唯物主义立场出发，确认了自然是人类起源、存在和发展的前提和基础，从而也确立了自然的先在性与客观性。“人本身是自然界的产物，是自己所处的环境中并且和这个环境一起发展起来的。”① 因此，“人作为自然的、有形体的、感性的、对象性的存在物，和动植物一样，是受动的、受制约的和受限制的存在物”②。无疑，自然界是先在于人类的，有其内在的客观发展规律。人类是自然进化的产物，永远也不可能摆脱对自然界的天然依赖。自然界不仅是人类的物质存在和发展的根基，也是人类的精神存在与发展的源泉。没有自然界，

① 《马克思恩格斯选集》第3卷，人民出版社1995年版，第374－375页。

② 马克思：《1844年经济学哲学手稿》，人民出版社1985年版，第126页。

人类的一切都是不可想象的。人类必须尊重自然，善待自然。否则，人类必定受到自然规律的惩罚。对此，恩格斯告诫说："我们不要过分陶醉于我们人类对自然界的胜利。对于每一次这样的胜利，自然界都对我们进行报复。每一次胜利，起初确实取得了我们预期的结果，但在往后和再往后却发生完全不同的、出乎意料的影响，常常把最初的结果又消除了。"①

二是确立了生态辩证法。马克思、恩格斯从辩证唯物主义立场去认识生态问题，不仅克服了人类不受自然界约束的生态唯心论，也克服了人类只能听命于自然界的形而上学观点，认为人与自然是一种辩证的内在统一关系。他们指出，自然界虽然是人类的根基，"但是，被抽象地理解的，自为的、被确定为与人分隔开来的自然界，对人来说也是无"②。因为在他们看来，黑格尔的"自然"是一种"绝对观念"的外化，是自我意识的纯粹的创造物，这种自然是依赖于"理念"而生成的，是离开人的"自然"。而费尔巴哈的"自然"，则是一种"亘古不变"的、"僵化"的"自然"。事实上，客观自然却是与人有着辩证的内在统一性的。自然界固然是人类起源、存在和发展的基础，但是，人又是能动的社会存在物，人能够在遵循自然规律的前提下能动地改造自然，为人类服务。所以，马克思、恩格斯说："动物仅仅利用外部自然界，简单地以自己的存在来使自然界改变；而人则通过他所作出的改变来使自然界为自己的目的服务，来支配自然界。"③

三是提出了生态实践论。马克思、恩格斯进一步指出，人与自然的关系作为一种辩证的关系，其根基就在于人类的"实践"。实践是人类能动地改造客观世界的物质活动。实践作为一种主观见之于客观的活动，突出了人的主观能动性，成为人区别于动物本能的根本社会属性。尤其是人的劳动——具有主观能动性的物质活动，不仅创造了人类自身，创造了人类社会，也创造了人化自然，使自然人化，使人的本质的外化，

① 《马克思恩格斯选集》第4卷，人民出版社1995年版，第383－384页。
② 马克思：《1844年经济学哲学手稿》，人民出版社1985年版，第116页。
③ 《马克思恩格斯全集》第20卷，人民出版社1971年版，第518页。

使人与自然一体化。因此，马克思说："环境的改变和人的活动或自我改变的一致，只能被看作是并合理地理解为革命的实践。"[①] 在这里，马克思科学地表明了人和环境在实践基础上的辩证统一。这种关系既体现在人与自然之间的物质变换过程中，也体现为人的社会化过程，人在变革的实践过程中，既改造了客观世界也改造了主观世界，实现了人的发展。然而，过去长期以来，无论是旧唯物主义还是唯心主义，都不懂得"实践"及其伟大意义，因而，他们也不懂得在实践基础上人与自然的辩证统一性。所以，马克思指出："从前的一切唯物主义（包括费尔巴哈的唯物主义）的主要缺点是：对对象、现实、感性，只是从客体的或者直观的形式去理解，而不是把它们当作人的感性活动，当作实践去理解，不是从主体方面去理解。因此，和唯物主义相反，能动的方面却被唯心主义抽象地发展了，当然，唯心主义是不知道现实的、感性的活动本身的。"[②] 正由于马克思扬弃了以往一切旧唯物主义与唯心主义的自然观，确立了生态实践观，因此，马克思认为，人与自然环境是一种基于人的实践活动基础之上的辩证统一。它既是一种人类主体对环境客体的改造过程，同时也是环境客体反过来影响主体，是主体的"自我改造"过程。即"环境的改变"和人的"自我改造"在实践过程中互为条件，同步进行，不断拓展加深。

四是创立了生态唯物史观。马克思、恩格斯还指出，劳动实践一方面体现为人与自然的关系，另一方面则体现为人与人的关系。以实践为中介，人与自然的关系和人与人的关系相互制约。一方面，人与自然的关系制约着人与人的关系。因为以自然为基础的人类劳动制约着以社会为基础的人与人的关系。另一方面，人与人的关系也制约着人与自然的关系。因为人与自然的关系是以社会实践为中介的，人与人之间的不同关系所构成的社会，对人与自然的关系起到强大的制约作用。马克思指明，随着资本主义工业化的进程，劳动被异化。当劳动成为在异化于人的类本质而存在的机械活动时，人的生命活动也便同人相异化，人类原

① 《马克思恩格斯选集》第 1 卷，人民出版社 1995 年版，第 55 页。
② 《马克思恩格斯选集》第 1 卷，人民出版社 1995 年版，第 54 页。

本的类本质追求便成为人类个体谋生的手段，人类便失去了作为能动的自由主体的性质，成为劳动的异化存在。在异化劳动下，人变成了资本积累的工具，人与人的关系完全被物化，人拜倒在“物”的脚下，成为“物”的奴隶。这样一来，人对物质欲望的追求与满足就成为人之生命的终极目的。当人类物化达到一定的程度，自然便成为人类的工具意义上的存在，人类被物欲工具化，自然也就被人类工具化。由此，人与自然的关系也就演变成一种纯粹的目的与手段、征服与占有的关系，自然生态危机也就必然到来。

马克思认为，人与自然的矛盾最终归结为人与人之间的矛盾，要解决人与自然的矛盾就必须实现人与人之间关系的和解。而资本主义私有制不可能真正实现“人与人之间关系的和解”。只有实行制度变革，实现共产主义，才能真正实现两个“和解”。马克思因此指出：“共产主义是私有财产即人的自我异化的积极扬弃，因而是通过人并且为了人而对人的本质的真正占有；因此，它是向自身、向社会的即合乎人性的人的复归，这种复归是完全的、自觉的和在以往发展的全部财富的范围内生成的。这种共产主义，作为完成了的自然主义，等于人道主义，而作为完成了的人道主义，等于自然主义，它是人和自然界之间、人和人之间的矛盾的真正解决，是存在和本质、对象化和自我确证、自由和必然、个体和类之间的斗争的真正解决。它是历史之谜的解答，而且知道自己就是这种解答。”①

二、习近平生态哲学观

作为马克思恩格斯生态哲学思想中国化的最新成果，习近平生态哲学观主要包括：生态唯物论、生态世界观、生态辩证法、生态价值观、生态伦理观和生态审美观。

生态唯物论：自然界是人类生存与发展的根基。生态哲学的根本问题就是协调人与自然的关系问题。“人与自然的关系，是人类社会最基本

① 《马克思恩格斯全集》第3卷，人民出版社2002年版，第297页。

的关系”。[①] 习近平总书记指出，自然界具有先在性与客观性，“自然界是人类社会产生、存在和发展的基础和前提”[②]。人是自然界长期进化的产物，人必须与其依存的自然环境进行物质与能量的交换，才能得以生存发展。但人类又具有主观能动性。因为“人类则可以通过社会实践活动有目的地利用自然、改造自然”[③]。尽管如此，人类发展也要合乎自然规律。因为从根本上来说，“人类归根到底是自然的一部分，在开发自然、利用自然中，人类不能凌驾于自然之上，人类的行为方式必须符合自然规律”[④]。人类一旦违反自然界客观规律，“就会遭到大自然的报复”[⑤]。人与自然的关系既是一个自然的历史过程，也是一个人类文明进步的历史过程。因而，习近平总书记在总结人类文明发展史的基础上提出：“生态兴则文明兴，生态衰则文明衰。”[⑥] 从而深刻地揭示了生态与人类文明发展的客观规律。在他看来，“生态文明是工业文明发展到一定阶段的产物，是实现人与自然和谐发展的新要求”[⑦]。在生态文明这样一个新时代，我们建设生态文明，不是要放弃工业文明，而是要以资源环境承载能力为基础，以自然规律为准则，以可持续发展、人与自然和谐为目标，建设生产发展、生活富裕、生态良好的文明社会。

生态世界观：生命共同体与人类命运共同体。生态世界观强调的是对生态系统如何存在和发展的整体看法。习近平总书记站在生态唯物论

---

① 中共中央宣传部：《习近平总书记系列重要讲话读本》（2016 年版），学习出版社、人民出版社 2016 年版，第 231 页。

② 中共中央宣传部：《习近平总书记系列重要讲话读本》（2016 年版），学习出版社、人民出版社 2016 年版，第 231 页。

③ 中共中央宣传部：《习近平总书记系列重要讲话读本》（2016 年版），学习出版社、人民出版社 2016 年版，第 231 页。

④ 中共中央宣传部：《习近平总书记系列重要讲话读本》（2016 年版），学习出版社、人民出版社 2016 年版，第 231 页。

⑤ 中共中央文献研究室编：《习近平总书记重要讲话文章选编》，中央文献出版社、党建读物出版社 2016 年版，第 397 页。

⑥ 中共中央宣传部：《习近平总书记系列重要讲话读本》（2016 年版），学习出版社、人民出版社 2016 年版，第 231 页。

⑦ 中共中央文献研究室编：《习近平关于社会主义生态文明建设论述摘编》，中央文献出版社 2017 年版，第 6 页。

立场上，创造性地提出了生命共同体理念。“山水林田湖是一个生命共同体，人的命脉在田，田的命脉在水，水的命脉在山，山的命脉在土，土的命脉在树。”① 在党的十九大报告中，习近平又强调指出：人与自然是生命共同体，人类对大自然的伤害最终会伤及人类自身，这是无法抗拒的规律。大自然是一个相互依存、相互影响的系统，人与自然构成生命共同体，休戚相关，一荣皆荣，一损皆损。由此，他进而提出了人类命运共同体理念。正确认识与处理人与自然的关系，必须正确认识与处理人与人的关系，只有人与人的关系达到一种文明进步的状态，人与自然的关系也才能达到一种文明进步的状态。在生态问题上，不仅人与自然是一个生命共同体，而且人与人也是一个人类命运共同体。习近平总书记指出：“宇宙只有一个地球，人类共有一个家园。让和平的薪火代代相传，让发展的动力源源不断，让文明的光芒熠熠生辉，是各国人民的期待，也是我们这一代政治家应有的担当。中国方案是：构建人类命运共同体，实现共赢共享。”② 在党的十九大报告中，习近平总书记再次呼吁：各国人民同心协力，构建人类命运共同体，建设持久和平、普遍安全、共同繁荣、开放包容、清洁美丽的世界。

生态辩证法：绿水青山就是金山银山。马克思主义生态辩证法是唯物辩证法，就是运用唯物辩证的思维方法去认识和解决生态问题。生态矛盾分析法揭示，无论是在自然、社会，还是在思维领域，任何事物内部以及事物之间都包含着矛盾，正是事物矛盾双方的统一与斗争，推动着事物的运动、变化和发展。习近平总书记运用矛盾分析法，重点去分析与解决生态文明建设中的关键问题：经济发展与环境保护的关系问题。在这个问题上，以往几乎所有的国家，在走向现代化的道路上，都走了一条“先污染，后治理”的不可持续之路。正是这种情况，造成了全球难以遏止的生态危机，因而，经济发展与环境保护的矛盾冲突问题，似

① 中共中央宣传部：《习近平总书记系列重要讲话读本》（2016年版），学习出版社、人民出版社2016年版，第236页。

② 《习近平出席“共商共筑人类命运共同体”高级别会议并发表主旨演讲》，《人民日报》2017年1月20日。

乎成了一个无解的死结。针对这一难题，习近平总书记以矛盾分析法，提出了一个“中国方案”：“两山论”。即“绿水青山也是金山银山”的辩证思想。“我们追求人与自然的和谐，经济与社会的和谐，通俗地讲，就是既要绿水青山，又要金山银山。”① 习近平总书记在哈萨克斯坦纳扎尔巴耶夫大学发表演讲时又指出，我们既要绿水青山，也要金山银山。宁要绿水青山，不要金山银山，而且绿水青山就是金山银山。习近平总书记独具匠心地通过深入阐发“绿水青山”与“金山银山”的辩证统一来说明社会、经济发展与生态文明之间的内在关系。同时，他又提出了“保护生态环境就是保护生产力”的观点：“生态文明建设事关中华民族永续发展和‘两个一百年’奋斗目标的实现，保护生态环境就是保护生产力，改善生态环境就是发展生产力。”② 这一观点充分肯定了物质生产力与自然生产力的发展不是二元对立而是辩证统一的；二者既相互制约，又相得益彰、协同共进。在习近平总书记看来，要坚定不移地坚持“保护生态环境就是保护生产力”，必须走绿色发展之路。“我们要走绿色发展道路，让资源节约、环境友好成为主流的生产生活方式。”③ 走绿色发展之路，必须坚守生态红线。“生态红线的观念一定要牢固树立起来。……在生态环境保护问题上，就是要不能越雷池一步，否则就应该受到惩罚。”④ 要保住生态红线，就必须以生态法律权威树立起生态环境破坏的底线，即要以最严格的制度和最严密的法治作为生态文明的可靠保障，“只有实行最严格的制度、最严密的法治，才能为生态文明建设提供可靠保障”⑤。

生态价值观：人与自然的永久和谐共生。人类不仅要认识世界，更重要的是要改造世界。而人之所以要改造世界，又是为了满足人本身的

---

① 习近平：《之江新语》，浙江人民出版社 2007 年版，第 153 页。

② 习近平：《之江新语》，浙江人民出版社 2007 年版，第 153 页。

③ 中共中央文献研究室编：《习近平关于社会主义生态文明建设论述摘编》，中央文献出版社 2017 年版，第 26 页。

④ 中共中央文献研究室编：《习近平关于社会主义生态文明建设论述摘编》，中央文献出版社 2017 年版，第 99 页。

⑤ 习近平：《习近平谈治国理政》，外文出版社 2014 年版，第 210 页。

需要。满足人的需要问题，在哲学上，是一个价值问题。习近平生态价值观是人与自然和谐共生的价值观。它强调人与自然是一个生命共同体，追求人与自然的永久和谐共生。如果人类不改造自然就难以生存发展；而改造了自然，又可能破坏了人的存在环境，同样也难以生存发展。解决这个生存悖论的唯一途径就是，必须把人类对自然的开发和消费限制在自然生态系统的稳定、平衡所能容忍的限度以内。要做到这一点，就必须减少人类对自然的消费，以维护自然生态系统自我修复能力，追求人与自然的“和解”。因此，习近平总书记提出：“节约资源是保护生态环境的根本之策。”① 习近平生态价值观同时也是生态民生价值观。不同的时代，为人民服务的内容也有所不同。随着人民物质生活水平的提高，人民的生态权利意识也不断增强，可以说，环境问题就是当下人民群众最关心最直接最现实的利益问题之一。“人民群众不是对国内生产总值增长速度不满，而是对生态环境不好有更多不满。我们一定要取舍，到底要什么？从老百姓满意不满意、答应不答应出发，生态环境非常重要，从改善民生的着力点看，也是这点最重要。”② 因此，生态文明建设，就是最大的民生，就是为人民谋幸福，为民族谋幸福。习近平生态价值观还是可持续发展的价值观。生态文明建设和绿色发展，不仅是重视当下人民群众的民生福祉问题，或说代内公平问题；而且更是重视民族的未来发展前途问题，或说是代际公平问题。只有保证中国经济社会的可持续发展，才能保证中华民族的永续发展。因此，习近平总书记在不同的时间场合下都反复强调说：“建设生态文明，关系人民福祉，关乎民族未来。党的十八大把生态文明建设纳入中国特色社会主义事业‘五位一体’总体布局，明确提出大力推进生态文明建设，努力建设美丽中国，实现中华民族永续发展。”③

---

① 中共中央文献研究室编：《习近平关于社会主义生态文明建设论述摘编》，中央文献出版社2017年版，第44-45页。

② 中共中央文献研究室编：《习近平关于社会主义生态文明建设论述摘编》，中央文献出版社2017年版，第83页。

③ 中共中央文献研究室编：《习近平关于社会主义生态文明建设论述摘编》，中央文献出版社2017年版，第5页。

生态伦理观：尊重自然、顺应自然、保护自然。生态伦理观是生态价值观在生态伦理领域的具体展现。从“人与自然的永久和谐共生”的价值观出发，习近平提出了“尊重自然、顺应自然、保护自然”的生态伦理观（理念）。尊重自然，就是要尊重自然规律，尊重自然的生态利益，尊重自然的道德地位；把自然当作道德关怀的对象，用道德来约束人类对待自然的行为，自觉改变无视自然内在规律的生产方式、生活方式和价值取向，实现人与自然和谐共存。顺应自然，就是要顺应自然规律。尊重自然规律，就必须按照客观自然规律进行绿色发展；如果违反客观自然规律，就必定会受到大自然的惩罚。保护自然，就是要坚持经济社会发展和保护自然生态相统一。也就是要让当今的经济社会发展，成为绿色发展，使人与自然得以和谐发展。因此，“我们要坚持节约资源和保护环境的基本国策，像保护眼睛一样保护生态环境，像对待生命一样对待生态环境，推动形成绿色发展方式和生活方式，协同推进人民富裕、国家强盛、中国美丽”①。

生态审美观：美丽中国——人与自然“美美与共”。审美观从审美的角度去认知世界，而生态审美观是一种当代生态存在论审美观。习近平生态审美观集中表现在建设“美丽中国”的审美追求上。他指出：“走向生态文明新时代，建设美丽中国，是实现中华民族伟大复兴的中国梦的重要内容。”② 美丽中国主要包括三个方面（层次）的审美内涵：第一，生态文明的自然和谐之美丽。生态文明建设追求的价值目标就是人与自然之和谐。生态文明的自然和谐之美与纯粹的自然美是有很大区别的：一是强调并凸显自然美中的生态性。自然性是自然美得以存在的基础，但生态文明视觉下的自然审美更强调并凸显自然性中的生态性。二是将人与自然的和谐提升到生态美学的高度。纯粹的自然美，强调的是自然的形式美，但生态文明审美观，更注重的是人与自然的和谐美。三是将生命意味的美提升到生态意味的美。生命意味的美让人的审美视角

① 中共中央文献研究室编：《习近平总书记重要讲话文章选编》，中央文献出版社、党建读物出版社 2016 年版，第 397 页。

② 《习近平谈治国理政》，外文出版社 2014 年版，第 211 页。

专注于某一生命的形象展现，而生态意味的美则让人的审美视界扩展到生命的联系与网络。第二，生态文明的社会和谐之美丽。生态文明建设虽然要解决人与自然的关系，但人与自然关系的解决，不能离开人与人关系的解决。人与人之间关系的和谐美，是人与自然和谐美的必要条件和根本保证，也是最重要的审美形态。第三，生态文明的美好生活和谐之美丽。生态文明的美好生活和谐之美丽，不仅要靠各项建设来实现，更要靠社会建设之结晶——社会文明来实现。社会文明建设要解决的核心问题是人与社会的关系问题，其重点是民生问题。而民生问题直接关系到生态文明的美好生活和谐之美丽问题。人民群众对美好生活的追求是美丽中国的落脚点和最终归宿。习近平总书记强调说："让老百姓过上好日子是我们一切工作的出发点和落脚点。"① 在习近平看来，生态文明的美好生活之美，就是"人民热爱生活"，"享有更好的教育、更稳定的工作、更满意的收入、更可靠的社会保障、更高水平的医疗卫生服务、更舒适的居住条件、更优美的生产生活环境"。② 建设美丽中国，是生态文明的自然和谐之美丽、生态文明的社会和谐之美丽和生态文明的美好生活和谐之美丽的统一，它造就一种人与自然、人与人、人与社会都"美美与共"的平衡、和谐关系。

三、习近平生态哲学观是马克思恩格斯生态哲学思想的新发展

习近平生态哲学观是马克思恩格斯生态哲学思想与当代中国生态文明建设实践相结合的产物，是马克思恩格斯生态哲学思想的最新发展。

习近平生态哲学观继承发展了马克思恩格斯生态哲学思想的人与自然辩证关系思想。马克思恩格斯生态哲学思想将自然与人看成是一个整体："主体是人，客体是自然"。③ 在这个整体之中，马克思首先强调：

---

① 《习近平谈改善民生和创新社会治理》，中国共产党新闻网2014年8月27日。

② 《习近平谈改善民生和创新社会治理》，中国共产党新闻网2014年8月27日。

③ 《马克思恩格斯选集》第2卷，人民出版社1995年版，第3页。

自然界“是我们人类（本身就是自然界的产物）赖以生长的基础”①。同时，他又辩证地指出：“人创造环境，同样，环境也创造人。”② 人类虽然依赖于自然，但又可以通过劳动改造自然。“劳动首先是人和自然之间的过程，是人以自身的活动来引起调整和控制人和自然的物质变换的过程。”③ 自然界是人类实践的对象，人在社会实践劳动中完成了与自然界的统一；同时，自然界又是人与人联系的纽带，社会是人同自然界的本质统一。通过实践，人与自然和社会构成一个有机联系的生态系统。正是从此出发，习近平总书记提出了生命共同体理念和人类命运共同体思想，继承发展了马克思主义生态哲学的人与自然辩证关系的思想，创造性地丰富发展了马克思主义的生态世界观。他指出：“人与自然是相互依存、相互联系的整体，对自然界不能只讲索取不讲投入，只讲利用不讲建设。保护自然环境就是保护人类，建设生态文明就是造福人类。”④ 因为人与自然是一种共生关系。在生态问题上，不仅人与自然之间是一个生命共同体，而且人与人之间也是一个人类命运共同体。“人同自然界的关系直接就是人与人之间的关系，而人和人之间的关系直接就是人同自然界之间的关系。”⑤ 只有致力于构建生命共同体与人类命运共同体，才能推进“人同自然的和解以及人同本身的和解”⑥。

习近平生态哲学观继承发展了马克思恩格斯生态哲学思想的“绿色发展”思想。马克思生活的年代，生态危机虽然还没有十分严重，但随着工业化的迅速发展，工业废物逐渐泛滥成灾。马克思认为，必须减少工业废物，循环利用工业废物要靠科学技术。虽然马克思还没有明确提出“绿色发展”概念，但却有绿色发展的精神。习近平总书记依据其生

---

① 《马克思恩格斯选集》第4卷，人民出版社1995年版，第222页。

② 《马克思恩格斯选集》第1卷，人民出版社1995年版，第92页。

③ 《马克思恩格斯文集》第5卷，人民出版社2009年版，第207－208页。

④ 中共中央宣传部：《习近平总书记系列重要讲话读本》（2016年版），学习出版社、人民出版社2016年版，第231页。

⑤ 《坚持节约资源和保护环境基本国策　努力走向社会主义生态文明新时代》，《环境经济》2013年第6期。

⑥ 《马克思恩格斯全集》第1卷，人民出版社1956年版，第603页。

命共同体和人类命运共同体的世界观，揭示了“生态兴则文明兴，生态衰则文明衰”的文明发展规律，为推进生态文明建设，解决经济发展与生态平衡的世界性难题，创造性地提出了绿色发展思想。“坚持绿色发展，就是要坚持节约资源和保护环境的基本国策，形成人与自然和谐发展现代化建设新格局，为全球生态安全作出新贡献。”① 绿色经济发展理念，一方面拒绝环境污染严重的GDP，以不牺牲环境为代价达到经济发展，坚持绿色发展；另一方面，通过环境保护投入取得经济发展实效，让“绿水青山”变成“金山银山”。为此，习近平总书记发展了马克思主义的生产力观。他强调指出：“要正确处理经济发展同生态环境保护的关系，牢固树立保护环境就是保护生产力，改善环境就是发展生产力的理念。”② 传统生产力概念侧重于人类对自然界的改造，忽视了生态环境本身也是生产力。而生态环境不仅对生产力有制约和影响，而且本身也可以转化为生产力。正是如此，习近平形象地提出了“两山论”：“绿水青山就是金山银山”，从而极大地丰富和发展了马克思主义生态哲学的“绿色发展”思想。

习近平生态哲学观继承发展了马克思恩格斯生态哲学思想的生态人本思想。人的自由全面发展是马克思主义全部理论的出发点和归宿。在马克思看来，人的自由全面发展是一种历史的实践活动，人固然是自然之子，首先是环境决定人；然自然环境应当合乎人性。人通过实践活动来实现“环境的改变和人的活动一致”。习近平总书记认为，生态文明建设无疑是要解决人与自然和谐相处的问题，但归根到底是为人类服务，是为人民服务。在党的十九大报告中，习近平进一步指出：党的一切工作必须以最广大人民根本利益为最高标准。我们要坚持把人民群众的小事当作自己的大事，从人民群众关心的事情做起，从让人民群众满意的事情做起，带领人民不断创造美好生活！良好生态环境是最公平的公共

---

① 中共中央文献研究室编：《习近平关于社会主义生态文明建设论述摘编》，中央文献出版社2017年版，第29页。

② 中共中央文献研究室编：《习近平关于社会主义生态文明建设论述摘编》，中央文献出版社2017年版，第20页。

产品，是最普惠的民生福祉。因此，他始终坚持人民主体地位，坚持以人民为中心的发展原则，无论是经济建设、政治建设、文化建设、社会建设，还是生态文明建设，都必须把人民福祉放在第一位，实行“共享”原则，这也是包括生态文明建设在内的“五位一体”总体布局建设的出发点与归宿。所以他强调指出：“人民群众对环境问题高度关注，可以说生态环境在群众生活幸福指数中的地位必然会不断凸显。……所以，环境保护和治理要以解决损害群众健康突出环境问题为重点。”① 可见，习近平总书记不仅坚持了中国共产党的“初心”，还丰富和发展了马克思主义生态哲学的生态人本思想。

习近平生态哲学观继承发展了马克思、恩格斯生态哲学思想的生态伦理观和生态审美观。马克思主义的生态伦理观和审美观，是建立在人与自然的辩证关系基础上的。在马克思恩格斯看来，实践是人与自然辩证关系的基础。实践首先是劳动实践，是人联结自然的关键环节。人类不仅在自然界中通过劳动来改变自然，以达到为自己服务之目的，而且还善于运用审美的尺度对待自然，以便在构建人与自然的审美境界中实现两者的和谐发展。正是在人与自然辩证统一的关系中，马克思、恩格斯不仅完成了对旧自然观的超越，而且构建了人与自然相互协调、和谐的生态伦理观与生态审美观的理论基础。从此出发，他们提出了生态伦理与生态审美的三大原则：一是“尊重保护自然”的原则。“自然规律是根本不能取消的，在不同的历史条件下能够发生变化的，只是这些规律借以实现的形式。”② 恩格斯还深刻地指出，由于人类生产忽视对环境的保护而造成对环境的影响和破坏，随后环境也会对人类进行无情的报复。人类应当吸取教训，学会尊重保护自然。二是“可持续发展”原则。面对人类社会发展的现实利益与未来利益发生矛盾时，他们并不认为，这一矛盾并不是不可解的。恩格斯说：“就是在这一领域中，经过长期的、往往是痛苦的经验，经过对历史材料的比较和研究，我们也渐渐

① 中共中央文献研究室编：《习近平关于社会主义生态文明建设论述摘编》，中央文献出版社 2017 年版，第 83 – 84 页。

② 《马克思恩格斯全集》第 32 卷，人民出版社 1974 年版，第 541 页。

学会了认清我们的生产活动的间接的、较远的社会影响，因而我们也就有可能去控制和调节这些影响。”① 三是“按照美的规律来建造”自然的原则。马克思、恩格斯指出：“动物只是按照它所属的那个种的尺度和需要来建造，而人却懂得按照任何一个种的尺度来进行生产，并且懂得怎样处处都把内在的尺度运用到对象上去；因此，人类也按照美的规律来建造。”② 习近平总书记在继承马克思主义的生态伦理观和生态审美观的基础上，根据时代精神与中国实际，提出了“尊重自然、顺应自然、保护自然”的三大生态伦理原则（理念）和建设“美丽中国”的生态审美观，进一步丰富发展了马克思主义的生态伦理观和生态审美观。

（作者系中共广东省委党校二级教授）

---

① 《马克思恩格斯选集》第4卷，人民出版社1995年版，第385页。

② 《马克思恩格斯全集》第42卷，人民出版社1979年版，第97页。

习近平关于供给侧结构性改革重要论述的政治经济学释义

危旭芳

党的十八大以来，习近平总书记就经济建设发表了大量论述，深刻阐释了事关中国改革与发展的一系列重大问题，可谓内涵丰富、意蕴深远，突出展示了新一代领导集体治国理政的新思想新理念新战略，集中体现了中国特色社会主义政治经济学的新发展，彰显了当代马克思主义政治经济学的“中国气派”和“中国智慧”，形成了习近平新时代中国特色社会主义经济思想。其中，习近平总书记关于供给侧结构性改革的重要论述是习近平新时代中国特色社会主义经济思想的重要组成部分，是建设现代化经济体系的重大改革着力点之一，是在中国特色社会主义政治经济学的重大原则指导下，在我国改革深化进程中形成的重要理论成果。在找准历史方位基础上，可以从深切体会新阶段新特征是供给侧结构性改革思想的逻辑起点、深刻理解创新驱动是深化供给侧结构性改革的重要推动力、辩证寻求供给侧和需求侧优化匹配平衡是供给侧结构性改革的核心、深度厘清政府与市场的关系是供给侧结构性改革的关键、深入把握生产力与生产关系的有机统一是供给侧结构性改革的本质等五个方面进一步研究思考。这五个方面各具内涵、相得益彰，既自成体系、逻辑自洽，又相互关联、不可分割，贯穿其中的是马克思主义的立场、观点和方法，共同构成习近平总书记关于供给侧结构性改革重要论述的核心要义和逻辑主线。

一、深切体会新阶段新特征是供给侧结构性改革思想的逻辑起点

对经济发展的趋势性变化和阶段性特征的认识和判断，是习近平总

书记关于供给侧结构性改革重要论述的基本出发点和重要着力点。在2014年中央经济工作会议上，习近平总书记首次提出“认识新常态、适应新常态、引领新常态”的概念，并从消费需求、投资需求、进出口、生产能力和生产组织方式等方面系统阐述了经济新常态的九大特征。其后，对于经济新常态，习近平总书记又反复提及。经济新常态是对当前我国经济发展阶段性变化特征的高度抽象和理论概括，描述了不以人的意志为转移的客观现象。习近平总书记“7·26”重要讲话中明确把“牢牢把握我国发展的阶段性特征”看作为“决胜全面建设小康社会、夺取中国特色社会主义伟大胜利、实现中华民族伟大复兴的中国梦”的基本依据。这要求我们在变与不变中认清世情、国情、党情，更准确地把握我国社会主义初级阶段不断变化的特点，其中在经济方面的重要阶段性特征就是经济进入新常态。

新常态下我们站在了新的起点上，经济社会发展出现了新变化、面临着新机遇，同时也出现了新失衡、面临着新挑战。如在增长速度换挡（由高速转向中高速）的新常态下，如何告别速度情结困境，寻求有效增长？在发展方式转变（从规模速度型转向质量效率型）的新常态下，如何突破惯性思维瓶颈，运用全要素思维推动理性发展？在产业结构转型（由中低端转向中高端）的新常态下，如何克服结构调整阵痛，促进高水平供求平衡？在发展动力切换（要素驱动转向创新驱动）的新常态下，如何跨越技术升级陷阱，实现创新引领？这些都是深刻领会习近平总书记关于供给侧结构性改革重要论述的过程中值得深入思考的问题。面对世界经济复苏乏力、局部冲突和动荡频发、全球性问题加剧的外部环境，面对我国经济发展进入新常态等一系列深刻变化，矛盾与问题交织，挑战与机遇并存。如何适应和引领新常态是贯穿发展全局的大逻辑。因此，准确理解和把握经济新常态下的新阶段新特征是深刻领会习近平总书记关于供给侧结构性改革思想的逻辑起点。

二、深刻理解创新驱动是深化供给侧结构性改革的重要推动力

作为适应和引领新常态的主动选择，如何有效推进和深化供给侧结

构性改革，是践行五大发展理念的必然要求，也是以习近平同志为核心的党中央综合研判国内外经济形势，站在新发展阶段的历史起点上进一步提高我国综合国力进行的新探索。

显然，从概念内涵来看，按照“供给侧＋结构性＋改革”之中国式构词法，落脚点恰好在改革。也就是要对一系列制约和阻碍解放和发展社会生产力的体制机制进行改革。反观我国供给侧现存的突出问题，其主要根源之一就是因创新能力不强而引致的供给质量不高、结构失衡以及供需错位问题。解铃还须系铃人，解决问题的关键仍要回归到问题产生的本源层面，即如何使创新成为引领发展的第一动力，以创新驱动作为推进和深化供给侧结构性改革的重要推动力，通过提高创新能力和水平来为增强供给侧结构性改革的有效性提供源源不断的持续动力。

关于创新发展和创新驱动，可以从理论和实践两个层面来深化理解。从理论层面来看，创新发展是在马克思主义政治经济学的指导下，吸收当代西方经济学有关技术进步促进经济增长等理论有益成分综合创新的结果，彰显了解放和发展生产力的重大原则。创新通过对生产力基本构成要素（劳动者、劳动资料和劳动对象）的改变，特别是生产工具的变革，极大地解放和发展了生产力。从实践层面来看，则源于中国共产党治国理政实践经验的总结概括，基于对当前中国发展阶段以及当今世情、国情的科学考量，基于对未来全球总体发展态势以及我国发展面临的新机遇、新挑战、新问题的深刻认识。习近平总书记从世界和中国历史变迁角度阐述了创新的极端重要性，并把我国现阶段创新能力不强的问题比喻为我国这个经济大块头的“阿喀琉斯之踵”①。创新发展是中国经济行稳致远的根本动力。从国际看，创新是后金融危机时代各国在国际竞争中重塑核心竞争力的战略支撑。从国内看，创新是经济新常态下突破各种瓶颈的关键举措。破除各种要素瓶颈要靠创新，重塑我国产业竞争新优势也要靠创新，保持经济在合理区间运行还要靠创新。从某种意义上说，能否成功跨越“中等收入陷阱”，迈过工业化进程中的“技术升级陷阱”，适时实现劳动—资本—技术阶段性产业升级，摆脱许多发展中

① 《习近平总书记系列重要讲话读本》，学习出版社、人民出版社 2016 年版，第 152 页。

国家由于过度依赖低成本要素和技术引进，被长期锁定在价值链低端而形成制度惯性和路径依赖，并由此引致经济长期徘徊的困境，唯一的出路也是依靠创新。因此，在国际发展竞争日趋激烈和中国发展动力转换的形势下，必须把发展基点放在创新上，并形成有利于促进创新的体制机制和政策体系。①

三、辩证寻求供给侧和需求侧优化匹配平衡是供给侧结构性改革的核心

作为市场经济的一对基本矛盾，供需矛盾是相互依存、互为条件的辩证统一关系。所谓供给侧和需求侧，就是对供需矛盾而言的。主要矛盾和矛盾的主要方面在不同的历史发展阶段、在一定的条件下是可以互相转换的。现阶段矛盾的主要方面转到了供给侧。这一点可以清晰地从我国改革开放以来历经的几次供需矛盾换位中看出。从20世纪90年代中期之前的供给短缺（表现为生产水平低，生产资料和消费资料普遍短缺）到20世纪90年代中后期的有效需求不足（表现为需求总量不足，内需乏力、外需萎缩），再到2010年以来的供求错配，结构性矛盾突出（表现为供给过剩和供给不足并存，需求不足与需求外溢并行）。因此，从过去的经济增长主要依靠需求侧的“三驾马车”（消费、投资、出口）来拉动，到今后转向供给侧“三大发动机”（制度变革、结构优化和要素升级）驱动。特别是要寻求供给侧与需求侧的匹配平衡。

习近平总书记强调：“放弃需求侧谈供给侧或放弃供给侧谈需求侧都是片面的。”② 供给侧结构性改革并不否定需求侧，而是优化其平衡机制。供给侧与需求侧可谓是经济发展的“一体两面”。同一经济行为（现象）往往具有供需的双重内涵。以投资为例，既可以被界定为需求，在短期内表现为支出货币购买生产要素；也可以被界定为供给，在长期内决定生产能力和技术状况。又比如房地产“去库存”，拆房子的方式属于供给侧，而采取措施让买房者人把已盖好的房子买走，则属于需求

---

① 盖凯程：《引导民间资本融入创新创业》，《财经科学》2015年第12期。

② 《习近平总书记重要讲话文章选编》，中央文献出版社2016年版，第156页。

侧。显然，简单地把“去库存”归于供给侧或需求侧都是不科学的。此外，“结构性改革”并非“供给侧”所独有，无论供给侧还是需求侧，都有一个结构改革或结构优化的问题，如投资、消费、进出口都存在如何使结构优化问题。又如，如何提升创新能力可谓是“结构性改革”的一项核心内容。而创新能力的提高必然离不开投资。为鼓励和支持创新投资所进行的公司经营体制和融资体制改革，则很难被简单归入哪一“侧”。因此，在宏观经济中供给和需求互为条件、相互转化，供给侧结构性改革往往离不开需求政策配合。供给和需求两者的关系，是一个硬币的两面，需要统筹兼顾、有机结合。

值得一提的是，按照马克思主义政治经济学对社会经济发展过程（生产、分配、流通和消费等四个环节同时存在且相互作用的过程①）的划分，虽然生产环节在其中处于支配与核心地位，但其他三个环节对生产具有巨大的反作用。由于各个环节之间的互相影响、互相转化关系，所以只有当各个环节互相适应、互相匹配、互相平衡，才能真正实现经济发展的长期可持续性。反之，必然出现顾此失彼的不协调不平衡不可持续状态。因此，深刻认识供给侧结构性改革，需要从供需的辩证关系出发，全面系统地加以推进，不仅不能忽视投资、消费、出口等领域的关键性改革，也要注重收入分配等领域深化改革的协调配合。在党的十九大报告中关于我国社会主要矛盾新变化的表述，也充分体现了习近平总书记供需优化匹配平衡的辩证思想，体现为需求方的“需要”内涵和外延都得到了极大的拓展，体现为供给方的“发展”则超越了生产力的范畴，呈现生产力与生产关系并重的格局。新变化有新特点，新变化赋予新内涵，新内涵提出新要求。我们必须以习近平新时代中国特色社会主义思想为引领，紧扣我国社会主要矛盾的变化，以战略思维谋全局，以辩证思维解矛盾，以创新思维求发展，抓重点、补短板、强弱项，着力解决好发展不平衡不充分问题，统筹推进“五位一体”总体布局，协调推进“四个全面”战略布局，大力提升发展质量和效益，更好满足人

---

① 邱海平：《马克思主义政治经济学对于供给侧结构性改革的现实指导意义》，《红旗文稿》2016 年第 3 期。

民在经济、政治、文化、社会、生态等方面日益增长的需要，更好推动人的全面发展、社会全面进步。

四、深度厘清政府与市场的关系是供给侧结构性改革的关键

当代一切经济行为，可以说都是在政治框架下进行的。经济运行于政治框架下，犹如水流运行于江河以及管道。政府与市场的关系是经济学的永恒话题，也是深化供给侧结构性改革必须厘清的理论问题。在推进和深化供给侧结构性改革进程中，不可回避的问题是，如何正确处理政府与市场的关系？政府更好发挥作用的边界在哪里？如何回应供给侧结构性改革是否是“新的计划经济”之类的质疑？从某种意义上说，能否处理好政府和市场之间的关系，是检验改革成败的关键。在理解和处理这个问题上，必须具备马克思主义政治经济学的思维，克服西方经济学相关理论的话语束缚和盲目推崇。

习近平总书记指出，社会主义市场经济是经济与政治的辩证统一，必须充分发挥经济和政治两个方面的优势，并强调，我们讲的供给侧结构性改革，既发挥市场在资源配置中的决定性作用又更好发挥政府作用，既着眼当前又立足长远，充分体现了对政府与市场辩证关系的深刻洞见。关于“决定性作用”，体现在推进供给侧结构性改革中，就是要在“三去一降一补”的过程中看到，这些化解过剩产能的任务从某种意义上讲是短期举措，而更为本质的则是要进一步深化市场体制和机制改革，从根本上扫除一切阻碍市场机制充分发挥作用、引发供求结构错配、影响社会生产力发展的消极因素，加快研究建立符合国情、适应市场规律的基础性制度和长效机制。而“更好发挥政府作用”，则是厘清政府行为的边界，有所为而不乱作为，深化简政放权改革，增加公共产品和服务供给，有效提升政府服务供给质量。一方面，政府必须按经济规律办事，不越俎代庖；另一方面又必须充分发挥社会主义国家政府的应有担当，充分彰显社会主义制度的优越性。其实，西方新自由主义者所鼓吹的政府不要干预市场，且政府作用越小越好，就连西方国家自己也没有真正采用。以美国为例，美国政府对经济的干预就很巧妙，美国专门建立了内部安全审查制度，在中美双边投资协定（BIT）谈判中提出不做具体

定义的负面清单，就是很好的例证。因此，在供给侧结构性改革中，必须突破西方经济学的教条，创造性地充分发挥社会主义制度的优越性，去解决当前存在的供给侧结构性问题。坚持社会主义市场经济改革方向，不断降低制度性交易成本，充分调动各方面的积极性、主动性、创造性，激发要素活力，优化经济结构。

五、深入把握生产力与生产关系的有机统一是供给侧结构性改革的本质

作为中国特色社会主义政治经济学的重要发展，供给侧结构性改革自提出伊始，就紧紧围绕着马克思主义政治经济学的基石即生产力与生产关系理论而展开。习近平总书记强调："供给侧结构性改革的重点，是解放和发展社会生产力，用改革的办法推进结构调整，减少无效和低端供给，扩大有效和中高端供给，增强供给结构对需求变化的适应性和灵活性，提高全要素生产率。"① "我们讲的供给侧结构性改革，既强调供给又关注需求，既突出发展社会生产力又注重完善生产关系。"② 应当从经济体制入手，放松行政性供给约束，解除要素供给抑制，改革生产关系中束缚生产力发展的部分，激发新供给，创造新需求，开启经济增长新周期。

马克思主义政治经济学认为，在社会生产中始终应把握好生产力与生产关系之间的辩证有机统一。把握好两者之间的决定与被决定，作用与反作用关系。所谓供给侧，是相对于需求侧而言的，主要指的是社会生产。对其内涵要义必须从生产力和生产关系两个层面来理解。一方面，供给侧结构性改革要解决诸如产能过剩、库存高企、杠杆高位等供给能力和结构不平衡问题，这些都涉及生产力层面；另一方面，仅仅停留于生产力层面是远远不够的，供给侧结构性改革还触及了更深层次的生产关系层面，如收入分配关系、中央和地方关系等。因此，从某种意义上说，供给侧结构性改革本质上更多的是生产关系的调整和变革。比如，

① 《习近平总书记重要讲话文章选编》，中央文献出版社2016年版，第156页。

② 《习近平总书记重要讲话文章选编》，中央文献出版社2016年版，第405页。

如何去产能是表象，如何消除产能过剩的体制性因素才是本质。改革是针对束缚生产力的经济体制机制展开的，只有对生产关系的调整、变革，才是真正的改革。习近平总书记指出："供给侧结构性改革的重点，是解放和发展社会生产力，用改革的办法推进结构调整"①；无论是什么侧、什么性的改革，只要不是针对经济体制自身的改革，不是改革生产关系中不适应生产力发展的部分，不改革政府管理经济的方式并让市场发挥决定性作用，都不是真正的改革。只有把握住"解放和发展社会生产力"的改革成效标准，正本清源，不忘初心，不回避经济体制这个根本改革对象，不断放松行政性供给约束，解除要素供给抑制，才能顺利实现新旧动能转换，迎来中国经济持续健康增长的新阶段。

习近平总书记关于供给侧结构性改革重要论述是我国改革深化进程中形成的重要理论成果，是基于实践基础上的理论创新，集中体现了中国特色社会主义政治经济学的新发展，彰显了当代马克思主义政治经济学的"中国气派"和"中国智慧"。

（作者系中共广东省委党校中国特色社会主义研究所副所长、教授、博士）

---

① 《习近平总书记重要讲话文章选编》，中央文献出版社2016年版，第156页。

我国社会主要矛盾变化的哲学分析

郑志国

习近平总书记在党的十九大报告中指出："中国特色社会主义进入新时代，我国社会主要矛盾已经转化为人民日益增长的美好生活需要和不平衡不充分的发展之间的矛盾。"[①] 这是全面总结改革开放以来特别是十八大以来国内发展情况所作出的重大历史性判断，对认识中国特色社会主义新时代具有标志性意义。本文从哲学特别是历史唯物论角度分析我国社会主要矛盾变化，说明人类需要与社会生产互动规律是人类社会发展普遍规律，它在我国社会主义初级阶段不同时期有不同的表现，过去表现为人民日益增长的物质文化需要和落后的社会生产之间的矛盾，现在直到21世纪中叶表现为人民日益增长的美好生活需要和不平衡不充分的发展之间的矛盾。

一、马克思、恩格斯对人类需要与社会生产的矛盾分析

按照国内常见的历史唯物论教科书的分析，人类社会有两个基本矛盾，即生产力与生产关系的矛盾、经济基础与上层建筑的矛盾。从人类社会发展历史和马克思、恩格斯的大量论断来看，除了有这两个矛盾之外，至少还有一个普遍矛盾，即人类需要与社会生产的矛盾。

马克思在《〈政治经济学批判〉导言》中系统分析了生产、消费、需要之间的矛盾："没有生产，就没有消费；但是，没有消费，也就是没

① 习近平：《决胜全面建成小康社会　夺取新时代中国特色社会主义伟大胜利——在中国共产党第十九次全国代表大会上的报告》，人民出版社2017年版，第11页。

有生产，因为如果没有消费，生产就没有目的。”“没有需要，就没有生产。”① 在《资本论》第一卷开篇，马克思从商品如何满足人类需要的角度说明了使用价值和价值概念②；第二卷按社会产品满足生产需要和生活需要的差异把它们分为生产资料和消费资料两大部类③；第三卷以大量篇幅详尽分析了生产与需要、供给与需求的矛盾关系。

《共产党宣言》考察了人的需要增长引起生产方式变化的过程：当封建的或行会的工业经营方式不能满足需要时，工厂手工业就代替了这种经营方式；随着需要的进一步增长，工厂手工业也不再能满足需要了，“于是，蒸汽和机器引起了工业生产的革命”。“不断扩大产品销路的需要，驱使资产阶级奔走于全球各地。它必须到处落户，到处开发，到处建立联系。”“旧的、靠本国产品来满足的需要，被新的、要靠极其遥远的国家和地带的产品来满足的需要所代替了。”④ 这些论断说明，需要的增加是引起工业革命和开拓世界市场的动因。

按照马克思、恩格斯的分析，人类需要与社会生产的矛盾存在于原始社会、奴隶社会、封建社会、资本主义社会和共产主义社会（包括社会主义阶段）。他们全面深入分析了资本主义社会的各种矛盾，包括需要与生产的矛盾、资本与劳动的矛盾、私有制与生产社会化的矛盾、无产阶级与资产阶级的矛盾。这些矛盾相互交织，共同作用，最终必然导致资本主义为共产主义所代替。

关于共产主义社会的生产与需要的关系，恩格斯在《共产主义原理》中有所预言：共产主义社会将根据实际资源和整个社会需要有计划地组织生产，“社会将生产出足够的产品，可以组织分配以满足全体成员的需要”，“把生产发展到能够满足所有人的需要的规模；结束牺牲一些人的利益来满足另一些人的需要的状况”。⑤ 马克思在《哥达纲领批判》中设想，共产主义社会将在社会生产高度发达和人自身全面发展的基础

---

① 《马克思恩格斯选集》第2卷，人民出版社1995年版，第9页。
② 马克思：《资本论》第1卷，人民出版社2004年版，第47－48页。
③ 马克思：《资本论》第2卷，人民出版社2004年版，第439页。
④ 《马克思恩格斯选集》第1卷，人民出版社1995年版，第273、276页。
⑤ 《马克思恩格斯选集》第1卷，人民出版社1995年版，第242－243页。

上实行“各尽所能，按需分配”①。如果对人类需要与社会生产的矛盾没有规律性认识，就不可能做出如此富有远见的预言和设想。

二、人类需要与社会生产互动规律是人类社会发展的普遍规律

人类社会发展规律是人类社会基本构成要素之间、人类基本活动方式之间的内在联系和长期发展的必然趋势。人类社会具体构成要素非常多，基本构成要素包括人类需要、社会生产、生产力、生产关系、经济基础、上层建筑等；人类具体活动方式也非常多，基本活动方式包括生产劳动、消费、实践等。人类社会具体构成要素和具体活动方式之间的内在联系可以构成某些具体规律，但是不构成人类社会发展规律；只有人类社会基本构成要素和基本活动方式之间的内在联系，才可能构成人类社会发展规律。例如，生产力是人类认识、改造和利用自然的能力，生产关系则是人类在生产过程中结成的关系，二者之间的内在联系构成人类社会发展的一个规律，即生产关系必须适应生产力发展要求的规律。同样道理，人类生存和追求美好生活必然产生对各种物质文化产品的需要，因而必然发展社会生产来提供能够满足需要的物质文化产品，生产对需要的适应程度在互动中逐步提高，永无止境。人类需要与社会生产之间的内在联系和发展趋势，构成人类社会发展的一个普遍规律，即人类需要与社会生产互动规律，也可以说是社会生产必须适应人类需要的规律。

恩格斯的《在马克思墓前的讲话》中将马克思所发现的人类社会发展规律内容概括为：“人们首先必须吃、喝、住、穿，然后才能从事政治、科学、艺术、宗教等等；所以，直接的物质的生活资料的生产，从而一个民族或一个时代的一定的经济发展阶段，便构成基础，人们的国家设施、法的观念、艺术以至宗教观念，就是从这个基础上发展起来的，因此，也必须由这个基础来解释，而不是像过去那样做得相反。”② 这一

---

① 《马克思恩格斯选集》第3卷，人民出版社1995年版，第306页。
② 《马克思恩格斯选集》第2卷，人民出版社1995年版，第32页。

讲话是从人的需要和满足需要的生产到经济发展，再到国家、法、艺术、宗教发展的逻辑顺序和关系，来概括马克思所发现的人类社会发展规律的内容。

人类需要与社会生产互动规律的主要作用是促进社会生产发展，满足人类物质文化生活的需要，由此推动人类社会发展。实际上，现代人类社会发展的内容非常广泛，经济建设、政治建设、文化建设、社会建设和生态文明建设各方面的进步都是人类社会发展的具体内容。人类需要与社会生产互动规律主要是通过按照人类需要来发展社会生产，包括提高产品质量、增加产品数量、开发新产品、发展科教文卫事业和各种服务，来推动人类社会发展。显然，人类需要与社会生产互动规律不仅促进生产力发展，而且推动生产关系、上层建筑调整和变革，是人类社会发展动力系统不可缺少的组成部分。

国内有些学者认为人的需要与自然之间的矛盾构成生产力不断发展的根本原因。[①] 应该说，人的需要与自然的矛盾对生产力发展有动力作用，特别是当自然条件发生重大变化后，人的需要按原有生产方式难以满足，必须探寻新的生产方式，这时人与自然的矛盾对生产力发展的促进作用比较明显。但是自然作为人类认识、改造和利用的客观对象，不会主动适应人的需要，人与自然矛盾的两侧无法形成双边互动，因而难以构成生产力发展的根本原因。换句话说，人的需要与自然之间的矛盾只能产生需要单侧动力，作用有限。与此不同，人类需要与社会生产具有双边互动关系，是生产力发展的主要动力或动因。社会生产必须适应人类需要，生产关系必须适应生产力发展要求，上层建筑必须适应经济基础发展要求，这些规律紧密联系在一起，共同推动人类社会发展。

三、从人类需要与社会生产互动规律看我国社会主要矛盾变化

人类需要与社会生产之间的矛盾是人类社会普遍矛盾，它贯穿于中

---

① 萧前、李秀林、汪永祥主编：《历史唯物主义原理》，北京师范大学出版社2012年版，第70页。

国历史发展全过程，当然也存在于近代以来的各个历史时期。在旧中国半殖民地半封建社会条件下，人类需要与社会生产的矛盾表现为全国数亿人口的庞大需要与社会生产极端落后的矛盾；与此同时，本国封建生产关系和外国资本主义生产关系交织起来阻碍生产力发展，本国封建上层建筑和外国资本主义上层建筑勾结起来阻碍中国经济基础发展，形成了帝国主义与中华民族的矛盾、封建统治与人民大众的矛盾。只有首先解决后两个矛盾，然后才能解决前一个矛盾，因此后两个矛盾是近代旧中国的社会主要矛盾。中国共产党领导新民主主义革命取得胜利，建立新中国之后不久即实行社会主义改造，彻底解决了封建统治与人民大众的矛盾，帝国主义与中华民族的矛盾依然存在，但是降为次要矛盾，人民日益增长的物质文化需要同落后的社会生产之间的矛盾上升为社会主要矛盾。

1956 年，党的八大报告决议明确指出，社会主义改造完成后的社会主要矛盾，“已经是人民对于经济文化迅速发展的需要同当前经济文化不能满足人民需要的状况之间的矛盾”，集中力量解决这个矛盾是党和全国人民的主要任务。① 这个判断完全符合实际，但是后来一个时期却认为社会主要矛盾是工人阶级与资产阶级的矛盾，犯了“文革”错误。这同理论上对人类社会普遍矛盾的认识不够全面有一定的关系。当时认为人类社会有两个普遍矛盾，即生产力与生产关系的矛盾、经济基础与上层建筑的矛盾，没有认识到人类需要与社会生产的普遍矛盾及其在我国社会的表现。人们习惯于从生产力与生产关系的矛盾、经济基础与上层建筑的矛盾来认识中国社会主要矛盾，这样可能产生某些错觉，以为新中国社会主义制度建立后的主要问题依然是生产关系不适应生产力发展要求、上层建筑不适应经济基础发展要求，由此确定的主要任务就是继续变革生产关系和上层建筑，因此就需要继续革命。这正是发生“文革”错误的理论依据之一。

应该说，新中国社会主义制度建立后，生产关系总体上适应生产力

---

① 《中国共产党第八次全国代表大会关于政治报告的决议》，载《中共中央文件选编》，中共中央党校出版社 1994 年版，第 67 页。

发展要求，上层建筑总体上适应经济基础发展要求，某些不适应的因素可以通过改革加以调整。这种调整无疑很重要，但是同发展生产来满足人民日益增长的物质文化需要相比，毕竟已经降为次要矛盾。1981年，党的十一届六中全会作出《关于建国以来若干历史问题的决议》，肯定了党的八大对社会主要矛盾的认识。1987年，党的十三大报告阐明：我国处于社会主义初级阶段，主要矛盾是人民日益增长的物质文化需要同落后的社会生产之间的矛盾。从十三大到十八大始终抓住这个主要矛盾，坚持以满足人民日益增长的物质文化需要为目标，不断发展社会生产，实现从温饱到小康的跨越，社会主要矛盾发生了深刻变化。

如前所述，习近平总书记在党的十九大报告中阐述了我国社会主要矛盾的新变化，他指出："既要创造更多物质财富和精神财富以满足人民日益增长的美好生活需要，也要提供更多优质生态产品以满足人民日益增长的优美生态环境需要。"① 坚持从人民需要与社会生产以及各项事业发展的关系来认识、解决社会主要矛盾，反映了中国共产党为人民谋幸福、为民族谋复兴的初心和使命。

同过去相比，现在我国社会主要矛盾的两极构成变化非常明显：一方面从人民日益增长的物质文化需要变为日益增长的美好生活需要，后者涵盖前者，强调发展目的和生活品质；另一方面从落后的社会生产变为不平衡不充分的发展，涉及经济政治文化社会生态各个领域，当然也包含社会生产。同人民的物质文化需要相比，美好生活需要的范围明显扩大了，不仅对物质文化生活的要求更高，而且在民主、法治、公平、正义、安全、环境等方面的要求日益增长。但是在现阶段，人民的美好生活需要依然主要是通过社会生产提供各种物质文化产品来满足的，发展不平衡不充分也主要是存在于社会生产方式之中。因此可以认为，人民需要与社会生产依然是变化后的社会主要矛盾的基本构成因素。

判断社会范围内各种矛盾的主次关系，关键是看它们的作用性质、

---

① 习近平：《决胜全面建成小康社会　夺取新时代中国特色社会主义伟大胜利　在中国共产党第十九次全国代表大会上的报告》，人民出版社2017年版，第50页。

大小。过去我国社会主要矛盾的作用是促进生产力发展，决定人民物质文化需要的满足水平；随着社会主要矛盾的变化，它的作用将不仅促进生产力发展，而且会推动生产关系和上层建筑调整完善，决定人民美好生活需要的满足水平。我国社会主要矛盾在变化前后的作用有相同之处，那就是都以人民需要为发展动力，但是作用对象和方式发生了变化，最终作用结果也不同。第一，变化前的作用对象主要是人民需要和社会生产；变化后的作用对象依然主要是人民需要和社会生产，但是对经济基础和上层建筑的作用力度将会增大。第二，变化前的作用方式主要是扩大生产和增加供给，注重规模和数量；变化后的作用方式在生产领域主要是提高质量和效益，强调创新、协调、绿色、开放和共享发展，在经济基础和上层建筑领域是全面深化改革，全面依法治国，全面从严治党，等等。第三，变化前的作用结果是实现从贫困到温饱、从温饱到小康的跨越；变化后的作用结果将在 2020 年全面建成小康社会，到 21 世纪中叶建成社会主义现代化强国。衡量发展是否平衡充分，归根到底就是看人民日益增长的美好生活需要是否得到平衡充分的满足。只有按照人民日益增长的美好生活需要来实现平衡充分发展，才能把我国建成富强民主文明和谐美丽的社会主义现代化强国。

社会主义社会作为比资本主义更高级的社会形态，应当具有更发达的生产力、更先进的生产关系和更完善的上层建筑。目前我国还没有全面建成具有国际先进水平的发达生产力，生产关系和上层建筑还不完善。从世界范围来看，中国人均国民总收入还低于世界平均水平，只相当于高收入国家的四分之一左右。因此，在未来相当长的时期内，我国仍将处于社会主义初级阶段，仍将是世界最大的发展中国家。

新中国成立 69 年来，特别是改革开放 40 年来，总体上是按照人民需要来发展社会生产，但是也存在企业生产偏离市场需求、社会生产偏离人民需要的现象。改革开放以前的情况不必说，最近 20 多年来，我国曾出现两轮比较严重的产能过剩：第一次出现在 20 世纪 90 年代，主要是轻纺工业中的消费资料过剩；第二次是最近几年，主要是钢铁、煤炭等生产资料过剩。近几年通过深化供给侧结构性改革，取得了明显成效，但是去产能去库存任务依然相当繁重。近年来一些地方争相发展智能设备、新能源汽车等项目，有发生新一轮重复建设的迹象。深化供给侧结构性改革，就是要让社会生产更好地适应和满足人民需要。今后应当增强按客观规律办事的观念，在宏观层面明确把满足人民追求美好生活的需要作为发展社会生产和各项事业的目的，在微观层面引导企业更好地按照人民需要来从事生产经营活动，从宏观和微观两个层面建立纠偏机制，防止和及时纠正社会生产对人民需要的偏离。

遵循社会生产必须适应人类需要的规律，当前和今后一个时期应当着重解决四个层面的不平衡不充分发展问题：一是各产业之间不平衡不充分发展问题，突出表现是具有国际先进水平的产能不足，农业落后，落后产能过剩，应当加快发展包括先进制造业和现代农业在内的实体经济，淘汰落后产能，实现先进产能平衡充分发展；二是东中西部大区域及其内部小区域之间不平衡不充分发展问题，应当认真实施区域协调发展战略，推进西部大开发形成新格局，加快东北等老工业基地振兴，促进中部地区崛起，保持东部地区优化发展势头，实现区域平衡充分发展；三是城乡之间不平衡不充分发展问题，主要是乡村和部分城市发展滞后，应当大力实施乡村振兴战略，同时促进相对落后的城市发展，实现城乡平衡充分发展；四是经济政治文化社会和生态文明建设之间不平衡不充分发展问题，应当按照“五位一体”总体布局，尽快补齐某些短板，实现五个建设平衡充分发展。

（作者系中共广东省委党校中国特色社会主义研究所教授）

人民立场：新时代社会主要矛盾转化的价值向度

朱　斌

立场就是人们在观察事物和处理问题时所持的态度和价值诉求。人民立场就是在观察事物和处理问题时将人民放在心中最高的位置，站在人民大众的角度看待、分析和解决复杂的社会矛盾与现实问题，为实现好、维护好、发展好最广大人民的根本利益。“人民立场是中国共产党的根本政治立场，是马克思主义政党区别于其他政党的显著标志。”① 坚持人民立场是中国共产党性质和宗旨的体现，也是中国共产党的优良传统和巨大政治优势。党的十九大报告指出：“中国特色社会主义进入新时代，我国社会主要矛盾已经转化为人民日益增长的美好生活需要和不平衡不充分的发展之间的矛盾。”② 社会主要矛盾的转化是关系全局的历史性变化，读懂主要矛盾，也就读懂了新时代。从人民立场的视阈阐释习近平新时代社会主要矛盾转化的价值向度，就是要深刻把握党尊重“人民主体地位”的价值指向、坚持“人民利益至上”的价值准则、激发“人民创造活力”的价值诉求。

一、新时代社会主要矛盾转化彰显了党尊重“人民主体地位”的价值指向

人民主体地位思想是马克思主义的理论精髓，是中国共产党的立场、

① 《在庆祝中国共产党成立95周年大会上的讲话》，《人民日报》2016年7月2日。

② 习近平：《决胜全面建成小康社会　夺取新时代中国特色社会主义伟大胜利——在中国共产党第十九次全国代表大会上的报告》，《人民日报》2017年10月28日。

观点和方法的集中体现。尊重“人民主体地位”的价值指向是党的优良传统，也是贯穿习近平新时代中国特色社会主义思想的一条主线，体现了人民群众是历史创造者的唯物史观，彰显了党为人民群众谋幸福的初心。

首先，尊重“人民主体地位”是党的优良传统，新时代社会主要矛盾转化彰显了党发挥人民主体作用的价值指向。“民者，国之根也。”从根本意义上说，人民群众是历史的创造者以及社会变革的决定性力量，也是历史唯物主义一条最根本的原理。中国共产党在领导革命、建设和改革的90多年伟大实践中，尽管所处的历史方位、所担负的历史任务在不断变化，但坚持人民立场，尊重人民主体地位、密切联系群众、发挥人民主体作用的优良传统没有变，这也是中国共产党不断取得胜利的根本保证。毛泽东在民主革命时期就强调：“人民，只有人民，才是创造世界历史的动力。”① 充分体现了党坚持历史唯物主义关于人民群众在社会历史中的决定作用的观点。在改革开放时期，邓小平强调：“群众是我们力量的源泉，群众路线和群众观点是我们的传家宝。”② 江泽民指出：“人民总是在社会矛盾的运动中不断开辟前进的道路。人民也总是从历史活动的实践和比较中，不断寻找、揭示和发展指导自己前进的真理。”③ 胡锦涛指出：“我们党之所以得到广大人民群众拥护和支持，首先是因为我们党始终站在最广大人民的立场上说话办事，始终代表最广大人民根本利益。”④ 党的十八大以来，以习近平同志为核心的党中央始终把人民放在心中最高位置，不断探索人民主体地位实现的新形式、新思路、新方法，赋予人民主体地位新内涵。习近平强调：“坚持人民主体地位，充分调动人民积极性，始终是我们党立于不败之地的强大根基”⑤，“坚持

---

① 《毛泽东选集》第3卷，人民出版社1991年版，第1031页。

② 《邓小平文选》第3卷，人民出版社1994年版，第368页。

③ 《江泽民文选》第3卷，人民出版社2006年版，第264－265页。

④ 中共中央文献研究室：《十七大以来重要文献选编》中，中央文献出版社2011年版，第101页。

⑤ 习近平：《在纪念毛泽东同志诞辰120周年座谈会上的讲话》，《人民日报》2013年12月27日。

问政于民、问需于民、问计于民，决不允许在群众面前自以为是、盛气凌人，决不允许当官做老爷、漠视群众疾苦，更不允许欺压群众、损害和侵占群众利益”[①]。这是中国特色社会主义进入新时代，党坚持人民立场、尊重人民主体地位的具体要求。党的十九大作出新时代社会主要矛盾转化的政治判断，提出着力解决好发展不平衡不充分问题以满足人民日益增长的美好生活需要，为决胜全面建成小康社会、开启全面建设社会主义现代化强国与实现中华民族伟大复兴的中国梦指明了方向，是党坚持人民立场，爱民、亲民、惠民的生动体现，也彰显了党以人民为主体的价值准则。

其次，尊重“人民主体地位”是坚持历史唯物主义的立场和观点的体现，新时代社会主要矛盾转化彰显了人民群众是历史创造者的价值指向。唯物史观认为，人民群众是创造历史的主人，是决定人类社会发展方向的根本动力。正如马克思、恩格斯所指出：“历史的活动和思想就是‘群众’的思想和活动。”[②] 人民群众既是推动历史发展的主体力量，也是决定党和国家前途命运的根本力量。因此，离开人民群众的实践活动和创造性劳动，一切无从谈起。毛泽东指出：“唯物史观是吾党哲学的根据。”[③] 中国共产党始终坚持人民立场，尊重人民主体地位，将为人民谋幸福、为中华民族谋复兴视为党的初心和使命。当前，中国特色社会主义进入新时代，尽管科学技术高度发展、知识化信息化日新月异，但是人民创造历史的客观规律依然没有变。只有始终坚持历史唯物主义立场和观点，相信人民、依靠人民、代表人民、尊重人民主体地位，才能不断把中国特色社会主义推向前进。党的十九大报告提出的“我国社会主要矛盾已经转化为人民日益增长的美好生活需要和不平衡不充分的发展之间的矛盾”的新论断是对马克思主义唯物史观的创造性运用，既坚持了唯物史观关于人民群众是社会发展主体的价值立场，又注重了人民在

---

① 《中国共产党第十八届中央委员会第六次全体会议公报》，《人民日报》2016年10月28日。

② 《马克思恩格斯文集》第1卷，人民出版社2009年版，第286页。

③ 《毛泽东文集》第1卷，人民出版社1993年版，第4页。

应对我国社会主要矛盾转化中的主体作用。社会主要矛盾的变化是关系全局的历史性变化，也意味着中国特色社会主义展现出新的阶段性特征，对党和国家工作提出了许多新要求。应对新时代社会主要矛盾的转化，要求发挥人民群众是历史创造者作用，统筹推进“五位一体”总体布局、协调推进“四个全面”战略布局、深入贯彻新发展理念，着力解决好发展不平衡不充分问题，更好满足人民多方面日益增长的需要，更好推动人的全面发展、社会全面进步。

再次，尊重“人民主体地位”是为人民群众谋幸福的根本要求，新时代社会主要矛盾转化彰显了党为人民群众谋幸福的价值指向。不忘初心，方得始终。中国共产党的初心就是为中国人民谋幸福。坚持不忘初心、继续前进，就要坚信党的根基在人民、党的力量在人民，坚持一切为了人民、一切依靠人民，尊重人民主体地位，不断把为人民造福事业推向前进。中国特色社会主义进入新时代，我国社会主义现代化建设已取得历史性成就，我国社会已经由生存型向发展型转变，人民的需求从“日益增长的物质文化需要”升级为“对美好生活的向往”。在党的十八大后的首次公开讲话中，习近平就强调：“人民对美好生活的向往，就是我们的奋斗目标。”① 明确了党将满足人民对美好生活的需求作为未来相当长时期的中心任务。然而，新时代人民对美好生活需要日益广泛，人民群众期盼有更好的教育、更稳定的工作、更满意的收入、更可靠的社会保障、更高水平的医疗卫生服务、更舒适的居住条件、更优美的环境、更丰富的精神文化生活。人民的美好生活需要呈现多样化、多层次、多方面的特点，在民主、法治、公平、正义、安全、环境等方面的要求日益增长，并推动社会主要矛盾发生重大转变。我国当前的发展状况从“落后的社会生产”转变为“发展的不平衡不充分”，依然满足不了“人民日益增长的美好生活需要”，这决定了我国社会主要矛盾从“人民日益增长的物质文化需要同落后的社会生产之间的矛盾”转化为“人民日益增长的美好生活需要和不平衡不充分的发展之间矛盾”的逻辑必然性。

---

① 中共中央文献研究室：《十八大以来重要文献选编》上，中央文献出版社2014年版，第70页。

以习近平同志为核心的党中央作出新时代社会主要矛盾转化的判断，体现了党始终坚持以人民为中心、“让百姓过上好日子”的人民立场。党只有站在人民立场上，才能谙熟民情，真正为民造福，不负人民的重托。正如习近平总书记指出：“全党必须牢记，为什么人、靠什么人的问题，是检验一个政党、一个政权性质的试金石。我们要始终把人民立场作为根本政治立场，把人民利益摆在至高无上的地位，不断把为人民造福事业推向前进。”① 人民群众对美好生活的向往与追求为新时代社会主要矛盾的转化提供了坐标与参照，党作出新时代社会主要矛盾转化的重大政治判断，既坚持了人民立场与人们主体地位，也彰显了党为人民群众谋幸福的初心。

二、新时代社会主要矛盾转化彰显了党坚持“人民利益至上”的价值准则

坚持人民利益至上是马克思主义政党的根本价值准则。习近平指出：“我们任何时候都必须把人民利益放在第一位。”② 坚持“人民利益至上”是中国共产党赢得民心的必然选择，是推动时代前行的强大动力，也是推进党和国家重大战略目标实现的力量之源。党的十九大作出新时代社会主要矛盾转化的判断，着力解决人民日益增长的美好生活需要和不平衡不充分的发展之间的矛盾，彰显了党坚持“人民利益至上”的价值准则。

首先，坚持“人民利益至上”是党赢得民心的必然选择，新时代社会主要矛盾转化彰显了党顺民心与谋民利的价值准则。“治国有常，而利民为本。”马克思、恩格斯在《神圣家族》中指出：“思想一旦离开利益，就会使自己出丑。”③ 人民群众奋斗争取的一切都同他们的利益密切相关，只有使人民根本利益得到实现和维护，人民立场才能得到有效保

---

① 习近平：《决胜全面建成小康社会　夺取新时代中国特色社会主义伟大胜利——在中国共产党第十九次全国代表大会上的报告》，《人民日报》2017 年 10 月 28 日。

② 习近平：《始终坚持和充分发挥党的独特优势》，《求是》2012 年第 15 期。

③ 《马克思恩格斯全集》第 2 卷，人民出版社 2002 年版，第 103 页。

障。“天下事有利于民者，则当厚其本，深其源。”全心全意为人民服务、为人民谋利益是中国共产党的宗旨，中国共产党的奋斗历程就是一个不断实现维护和发展人民根本利益的实践过程。在新民主主义革命时期，毛泽东指出，我们党“完全是为着解放人民的，是彻底地为人民的利益工作的”①，“一切空话都是无用的，必须给人民以看得见的物质福利”，“我们的第一方面的工作并不是向人民要东西，而是给人民以东西”②。深刻地阐述了贯彻执行党的路线、方针、政策必须把为人民谋利益出发点和落脚点。在改革开放新时期，邓小平指出：“我们要想一想，我们给人民究竟做了多少事情呢？我们一定要根据现在的有利条件加速发展生产力，使人民的物质生活好一些，使人民的文化生活、精神面貌好一些。”③ 邓小平还将“是否有助于人民的富裕幸福，是否有助于国家的兴旺发达”④ 作为衡量各项工作的标准。江泽民指出：“我们要在全党形成坚决相信群众，紧紧依靠群众，一切以人民群众的利益为重，事事向人民负责，老老实实向人民群众学习的良好风尚。”⑤ 胡锦涛指出：“必须使立党为公、执政为民深深扎根在全党同志特别是领导干部的思想中，全面落实在全党同志特别是领导干部的行动上。关键是要坚持做到权为民所用、情为民所系、利为民所谋。”“利为民所谋，就必须时刻把群众利益放在首位，始终把维护好、实现好、发展好最广大人民的根本利益作为全部工作的出发点和落脚点。”⑥ 以上充分表明中国共产党的存在就是为了人民的利益，中国共产党的发展也是为了人民利益。党的十八大以来，以习近平同志为核心的党中央要求全党同志要把人民放在心中最高位置，坚持全心全意为人民服务的根本宗旨，实现好、维护好、

① 中共中央文献研究室编：《毛泽东著作专题摘编》，中央文献出版社2003年版，第1883页。

② 《毛泽东文集》第2卷，人民出版社1993年版，第467页。

③ 《邓小平文选》第2卷，人民出版社1994年版，第128页。

④ 《邓小平文选》第3卷，人民出版社1993年版，第23页。

⑤ 《江泽民文选》第1卷，人民出版社2006年版，第98－99页。

⑥ 胡锦涛：《在新进中央委员会的委员、候补委员学习“三个代表”重要思想和贯彻十六大精神研讨班结业时的讲话》，《人民日报》2003年2月19日。

发展好最广大人民根本利益。习近平强调：“党的一切工作，必须以最广大人民根本利益为最高标准。”① 民利连着民心，民心凝聚民力。“政之所兴，在顺民心，政之所废，在逆民心。”以习近平同志为核心的党中央作出新时代社会主要矛盾转化的重大政治判断，是坚持人民立场，从群众的现实利益出发，站在群众的角度思考问题，努力实现好维护好发展好最广大人民根本利益的体现。

其次，坚持“人民利益至上”是推动时代前行的强大动力，新时代社会主要矛盾转化彰显了党积极回应群众利益诉求的价值准则。问题是时代的声音，矛盾是时代前行的动力。习近平指出：“只有聆听时代的声音，回应时代的呼唤，认真研究解决重大而紧迫的问题，才能真正把握住历史脉络、找到发展规律，推动理论创新。”② 改革开放以降，党团结带领全国各族人民不懈奋斗，推动中国经济实力、科技实力、国防实力、综合国力进入世界前列，推动中国国际地位实现前所未有的提升，党的面貌、国家的面貌、人民的面貌、军队的面貌、中华民族的面貌发生了前所未有的变化。正是在这些基础上，中国特色社会主义进入了新时代。社会生产力水平总体上显著提高，社会生产能力在很多方面进入世界前列，“落后的社会生产”已经不符合新时代中国经济的现实，更加突出的问题表现为供给与需求之间的矛盾，即需求端从“追求数量到追求品质与多样化”的转化与供给端发展“不平衡不充分”之间的矛盾。“不平衡”主要指区域发展不平衡、结构不平衡、城乡区域差距和收入分配差距依然较大等；“不充分”主要指发展质量和效益还不高，创新能力不够强，实体经济水平有待提高，生态环境保护任重道远，民生领域还有不少短板，脱贫攻坚任务艰巨，群众在就业、教育、医疗、居住、养老等方面面临不少难题，社会文明水平尚需提高，社会矛盾和问题交织叠加，全面依法治国任务依然繁重，国家治理体系和治理能力有待加强

① 习近平：《决胜全面建成小康社会　夺取新时代中国特色社会主义伟大胜利——在中国共产党第十九次全国代表大会上的报告》，《人民日报》2017 年 10 月 28 日。

② 《在哲学社会科学工作座谈会上的讲话》，《人民日报》2016 年 5 月 19 日。

等。发展“不平衡不充分”问题已成为新时代满足“人民日益增长的美好生活需要”的主要制约因素。因此，新时代的问题要求党和国家积极回应群众利益诉求，集中力量抓准社会主要矛盾，并找到解决主要矛盾的突破口。

再次，坚持“人民利益至上”是推进战略目标实现的力量之源，新时代社会主要矛盾转化彰显了党对使命担当不懈追求的价值准则。新时代我国社会主要矛盾是党提出和推进重大战略目标的现实依据，也是党对使命担当的不懈追求的强大动力。中国特色社会主义进入新时代，意味着近代以来久经磨难的中华民族迎来了从站起来、富起来到强起来的伟大飞跃。这个新时代，是承前启后、继往开来、在新的历史条件下继续夺取中国特色社会主义伟大胜利的时代，是决胜全面建成小康社会、进而全面建设社会主义现代化强国的时代，是全国各族人民团结奋斗、不断创造美好生活、逐步实现全体人民共同富裕的时代，是全体中华儿女勠力同心、奋力实现中华民族伟大复兴中国梦的时代，是我国日益走近世界舞台中央、不断为人类作出更大贡献的时代。当前，在决胜全面建成小康社会、夺取新时代中国特色社会主义伟大胜利的征程上，围绕解决主要矛盾，我们还要应对重大挑战、抵御重大风险、克服重大阻力。同时我们应该清楚地认识到，新时代变的是“主要矛盾”，但我国仍处于并将长期处于社会主义初级阶段的基本国情没有变，我国是世界最大发展中国家的国际地位没有变。这一判断，要求我们一方面牢牢把握社会主义初级阶段这个基本国情，牢牢立足社会主义初级阶段这个最大实际，牢牢坚持党的基本路线这个党和国家的生命线、人民的幸福线。这就需要我们站在人民立场上把握和处理新时代社会主要矛盾，从人民利益出发谋划解决思路、制定有效举措，不断为人的全面发展、全体人民共同富裕以及实现中华民族伟大复兴中国梦创造良好条件。

三、新时代社会主要矛盾转化彰显了党激发“人民创造活力”的价值诉求

人民群众既是价值创造的主体，也是价值享受的主体。不断增强人民群众的创造活力以满足人民群众的价值诉求，是党战胜困难的根本保

证，是满足人民日益增长的美好生活需要的内在动力，是解决发展不平衡不充分问题的时代要求。

首先，激发“人民创造活力”是党战胜困难的根本保证，也彰显了新时代社会主要矛盾转化的价值诉求。中国共产党的根基在人民、血脉在人民、力量在人民。人民群众的衷心拥护与创造活力，是中国共产党应对社会主要矛盾，战胜各种困难和风险，不断取得事业成功的根本保证。尊重群众、相信群众、向群众学习、激发“人民创造活力”是党的传家宝。毛泽东曾指出：“没有满腔的热忱，没有眼睛向下的决心，没有求知的渴望，没有放下臭架子、甘当小学生的精神，是一定不能做，也一定做不好的。”① 土地革命战争时期，中国共产党实行新的土地政策，“打土豪、分田地”赢得民心并激发农民的革命激情与创造活力，成功领导建立了工农民主政权，打破了国民党军队的围追堵截，取得了红军长征的伟大胜利。1934 年 1 月，毛泽东强调：“真正的铜墙铁壁是什么？是群众，是千百万真心实意地拥护革命的群众。这是真正的铜墙铁壁，什么力量也打不破的，完全打不破的。”② 新中国成立后，在党的领导下，中国人民以前所未有的主人翁姿态和高涨的创造热情，积极投入社会主义改造和国家建设。改革开放以来，我们党坚持充分调动人民群众的创造活力，及时总结人民群众创造的新鲜经验，坚持把人民拥护不拥护、赞成不赞成、高兴不高兴、答应不答应作为制定各项方针政策的出发点和落脚点，坚持权为民所用、情为民所系、利为民所谋，成功地探索出中国特色社会主义道路，使我国获得了自近代以来从未有过的长期快速发展。“大鹏之动，非一羽之轻也；骐骥之速，非一足之力也。”习近平指出：“中国要飞得高、跑得快，就得依靠 13 亿人民的力量。”③ 历史证明，生机勃勃的社会主义是人民群众创造的，中国共产党始终保持与人民群众的血肉联系，在人民群众的实践中吸取营养，激发人民创造

① 《毛泽东选集》第 3 卷，人民出版社 1991 年版，第 790 页。

② 《毛泽东选集》第 1 卷，人民出版社 1991 年版，第 139 页。

③ 习近平：《切实把思想统一到党的十八届三中全会精神上来》，《求是》2014 年第 1 期。

活力引领中国特色社会主义事业奋勇前进。党的十八大以来，以习近平同志为核心的党中央带领全党全国各族人民不忘初心，牢记使命，攻坚克难，砥砺奋进，取得了令人振奋、催人奋进的历史性成就。“五年来取得的历史性成就，是党中央坚强领导的结果，更是全党全国各族人民共同奋斗的结果。”① 坚守人民主体地位的根本立场，尊重群众的智慧和力量，焕发人民群众的无穷创造活力，是新时代社会主要矛盾转化判断的力量之源。

其次，激发“人民创造活力”是满足人民日益增长的美好生活需要的内在动力，也是新时代社会主要矛盾转化的价值诉求。“乐民之乐者，民亦乐其乐；忧民之忧者，民亦忧其忧。”90 多年来，中国共产党之所以能够从小到大、从弱到强，关键就在于始终坚持人民立场，激发“人民创造活力”满足人民日益增长的美好生活需要，为人民谋幸福，为民族谋复兴。幸福美好的生活就在于人民的创造，人民群众对美好生活的向往与追求为新时代社会主要矛盾的转化提供了坐标与参照，也是推动社会主要矛盾转化的内在动力。不断增强人民创造活力，既是应对社会主要矛盾转化的动力之源，也是不断满足人民日益增长的美好生活需要的重要保证。“中华民族伟大复兴，绝不是轻轻松松、敲锣打鼓就能实现的。”② 人民群众中蕴藏着无穷的智慧和创造力，共产党人要虚心向人民求教问策，把政治智慧的增长、执政本领的增强、领导艺术的增进深深扎根于人民实践的沃土中，不断从人民群众中吸取智慧、营养和力量，找到激发“人民创造活力”的密钥。当前，“人民日益增长的美好生活需要”是处在动态变化之中，不断出现许多新情况新问题，应对和解决这些新情况新问题不可能从老祖宗那里找到现成答案，必须从广大人民群众的伟大实践中汲取智慧和力量，激发人民创造活力是满足人民日益

① 习近平：《决胜全面建成小康社会 夺取新时代中国特色社会主义伟大胜利——在中国共产党第十九次全国代表大会上的报告》，《人民日报》2017 年 10 月 28 日。

② 习近平：《决胜全面建成小康社会 夺取新时代中国特色社会主义伟大胜利——在中国共产党第十九次全国代表大会上的报告》，《人民日报》2017 年 10 月 28 日。

增长的美好生活需要。一要坚持以人民为中心的工作导向，充分尊重人民群众的主体地位和首创精神，要靠亿万人民的顽强拼搏、不懈创造满足人民日益增长的美好生活需要。二要坚持问题导向，聚焦突出问题，把握工作重点，激发“人民创造活力”，着力解决人民日益增长的美好生活需要。三要坚持从实践出发，深入群众进行广泛的调查研究，动态了解人民日益增长的美好生活需要，从人民群众的伟大实践中汲取智慧和力量，激发“人民创造活力”满足人民日益增长的美好生活需要。

再次，激发“人民创造活力”是解决发展不平衡不充分问题的时代要求，也彰显了新时代社会主要矛盾转化的价值诉求。新时代我国社会主要矛盾是党提出和推进重大战略任务的现实依据，也是锐意进取、奋发图强的强大动力。党的十九大站在人民立场上，围绕我国社会主要矛盾转化的状况及其特点，深刻分析人民群众对美好生活的需要是更广泛、更具多样性、更高质量的要求，指出影响人民美好生活需要的更加突出的问题和主要制约因素，就是发展的不平衡不充分问题。由此，我们要把解决不平衡不充分的发展作为我们党和国家的根本任务和工作重点，一切工作都要围绕这一根本任务和工作重点来进行。只有这样，才能进一步推动中国发展的整体转型升级，迎来强起来的伟大飞跃，才能担当起实现中华民族伟大复兴的历史使命，才能日益走近世界舞台中央。解决不平衡不充分的发展作为工作重点，着力解决好发展不平衡不充分问题。要解决发展不平衡不充分的问题：一是必须坚持人民立场的发展思想，激发人民创造活力，始终把满足人民群众日益增长的美好生活需要，作为制定发展战略、落实发展任务、破解发展难题的出发点和落脚点；二是必须尊重人民首创精神，激发人民创造活力，大力提升发展质量和效益，按照创新、协调、绿色、开放、共享的发展理念，实现更高质量、更有效率、更加公平、更可持续的发展；三是必须发挥人民主人翁精神，激发人民创造活力凝心聚力，瞄准人民群众多方面、多层次、多样性的现实需要，把广大劳动者的智慧和力量集中到推动各项事业上来，大力发展社会生产力，为解决社会主要矛盾奠定坚实的物质基础，更好地推动人的全面发展、社会全面进步。

“民之所望，政之所向。”党在十九大报告作出新时代社会主要矛盾转化的判断，充分体现了在马克思主义指导下党坚守人民立场，尊重“人民主体地位”、坚持“人民利益至上”、激发“人民创造活力”的价值向度。人民是创造历史的动力，要坚持人民主体地位，紧紧依靠人民群众创造历史伟业。

（作者系华南农业大学马克思主义学院副院长、教授）

人类文明视野中的习近平新时代中国特色社会主义思想

曾　楠

习近平新时代中国特色社会主义思想是党和人民实践经验和集体智慧的结晶，是中国特色社会主义理论体系的重要组成部分，是全党全国人民为实现中华民族伟大复兴而奋斗的行动指南，是马克思主义中国化最新成果。从人类文明视野看，习近平新时代中国特色社会主义思想突破“西方中心论”，指导建设现代化强国，开辟人类文明发展新路；终结“历史终结论”，坚持发展马克思主义，维护人类文明多姿多彩；揭露“普世价值论”，确立社会主义核心价值观，丰富人类文明思想宝库；破解“文明冲突论”，构建人类命运共同体，推进人类文明交流互鉴。习近平新时代中国特色社会主义思想作为一种崭新的文明形态正为人类发展贡献中国方案、中国智慧。

一、突破“西方中心论”，指导建设现代化强国，开辟人类文明发展新路

现代化是从农业文明迈向工业文明、知识文明的过程，是现代民族国家的共同追求。在由西方先行主导的现代化进程中，西方渐渐炮制了“西方中心论”论调，也不断制造出“西方文明优于东方文明”的幻象。“现代化 = 西方化”一度被视为公认法则，西方现代化道路也一度被认为是后发现代化国家追赶的通用模版。然而，正如马克思一针见血地指出：“资本来到世间，从头到脚，每个毛孔都滴着血和肮脏的东西。”[①]在占有式的个人主义（麦克弗森语）与到处开发市场的迫切心态下，西方文明相伴之的是不停息的机器化大生产与剩余价值的不断榨取。15 世

① 《马克思恩格斯文集》第 5 卷，人民出版社 2009 年版，第 871 页。

纪，西方资本主义国家以“羊吃人”式的剥削压榨获得资本的原始积累，以野蛮扩张甚至侵略战争式的对外殖民获得资本的全球掠夺。马克思曾言：“美洲金银产地的发现，土著居民的被剿灭、被奴役和被埋葬于矿井，对东印度开始进行的征服和掠夺，非洲变成商业性地猎获黑人的场所——这一切标志着资本主义生产时代的曙光。”① “由于私有制的确立而出现了贫困和奴隶。”② 恩格斯同样指出：“鄙俗的贪欲是文明时代从它存在的第一日起直至今日的起推动作用的灵魂。”③ 可以说，资本的私人占有与劳动者的异化、奢靡的上流风气与贫困的下层生活、供给的不断扩大与消费的相对不足，使阶级冲突不可避免。诚然，进入21世纪，这条道路试图用“温情脉脉的面纱”遮蔽其剥削掠夺的本质，但正如马克思已一针见血地指出，西方化的现代化道路是用“血和火”的文字载入人类编年史的。

审视现代化进程中的中国，是在历经深重苦难、找寻救亡图存道路，随后在摸索社会主义道路的进程中开启现代化的，但正如改革开放总设计师邓小平同志指出：“我们搞的是有中国特色的社会主义，是不断发展社会主义生产力的社会主义，是主张和平的社会主义。”④ 可见，中国现代化从一开始就是以和平与发展为主题引领发展的。历经60多年的社会主义道路探索，40年的改革开放进程，当代中国进入了新时代，描绘了建成社会主义现代化强国的时间表与宏伟蓝图。习近平新时代中国特色社会主义思想是中国建设社会主义现代化强国的指导思想，由它所指导的社会主义现代化强国之路，摒弃了零和博弈思维方式，跳出了“修昔底德陷阱”悖论，超越了霸权主义的扩张模式，以共建共享的发展理念开辟了人类文明发展新路。这条新路在国内层面表现为科学发展、和谐发展。它以发展为主题，以不断满足人们日益增长的美好生活需要为根本出发点，以富强民主文明和谐美丽作为奋斗目标，在中国共产党的领

① 马克思：《资本论》第1卷，人民出版社2004年版，第860－861页。

② ［法］卢梭：《论人类不平等的起源和基础》，李常山译，商务印书馆1997年版，第120－121页。

③ 《马克思恩格斯选集》第4卷，人民出版社1995年版，第194页。

④ 《邓小平文选》第1卷，人民出版社1993年版，第328页。

导下坚持人民主体，推进人与自我、人与人、人与社会、人与自然的和谐统一。这条新路在国际层面表现为和平发展、共赢发展。它以和平为主题，以遵循联合国宪章和国际关系准则为要求，以建设相互尊重、公平正义、合作共赢的新型国际关系为目标，推进国与国之间经济、政治、文化、安全等各领域民主、互信、协作、共赢。当资本主义社会面对越来越凸显的人与自我、人与人、人与社会、人与自然的冲突与矛盾而无力应对时，习近平新时代中国特色社会主义思想指导的这条新路无疑为人类文明发展带去了“曙光”。正如德国的贝特霍尔德所说，这条新路“给人们指出了一条摆脱全球资本统治的破坏性进程的出路”。

习近平新时代中国特色社会主义思想指导的社会主义现代化强国之路，是在以习近平同志为核心的党中央带领中国人民基于文化传统、现实国情、世界形势的客观判断，对社会主义建设规律、人类社会发展规律的深刻理解与把握基础上提出的。首先，中华文化传统是习近平新时代中国特色社会主义思想指导的社会主义现代化强国之路的心理基础。“以和为贵”历来是中华文化的传统，“热爱和平”亦是中华民族历来的鲜明特色。中华民族以“集体式合力力量”而非西方式“原子式个人力量”作为发展的主体力量，坚持不称霸、不扩张，超越资本主义现代文明中的“征服性与霸权主义”，走共赢共享的和平发展之路。其次，中国现实国情是习近平新时代中国特色社会主义思想指导的社会主义现代化强国之路的客观依据。社会主义现代化强国之路是基于中国进入新时代现实国情把握基础上提出的，中国进入新时代，这个“新”既指中国社会的主要矛盾、主要任务发生了变化，也指中国社会的历史阶段、历史使命发生了变化。这个“新”意味着中国迈入了历史上最接近中华民族伟大复兴的时刻，也意味着中国走出了一条独特的不同于西方式模版的现代化之路。新时代的现实国情是社会主义现代化强国之路的客观依据。最后，世界形势判断是习近平新时代中国特色社会主义思想指导的社会主义现代化强国之路的外部条件。和平与发展仍是当今世界的主题，对于时代主题的正确判断为社会主义现代化强国之路提供了外部条件，也决定中国走出了一条不同于苏联模式的社会主义道路。苏联模式的社会主义道路以战争与革命为主题，且对资本主义社会做了不恰当的估计，以至于竞争、革命、战争成为其发展的重心。不可否认，当代世界霸权主义与强权政治仍然存在，西化分化中国的图谋依旧有所显现，但和平与发展的主题并没有改变，历史学家汤因比在悲观地以“人类集体自杀之路”来指证西方文明的无出路状态时，又把希望寄托于中国。他指出：“恐怕可以说正是中国肩负着不止给半个世界而是给整个世界带来政治统一与和平的命运。”习近平新时代中国特色社会主义思想突破了“西方中心论”，当前指导的迈向社会主义现代化强国之路正在不断地以实际的行动，以“富强民主文明和谐美丽”的壮丽诗篇开辟人类文明发展新路。

二、终结“历史终结论”，坚持发展马克思主义，维护人类文明多姿多彩

马克思曾指出，人类文明“在现象上显示出无穷无尽的变异和色彩差异”①。人类文明应是多姿多彩的，然而，近现代伴随着西方中心主义话语体系的渗透，西方文明已然将自身包装为人类文明的唯一形式，并到处输送其文明范式与核心价值。20世纪90年代“苏联解体”“东欧易帜”使西方文明唯一论更为甚嚣尘上，日裔美国学者弗朗西斯·福山提出的“历史终结论”是西方文明唯一论最经典的注解。他狂妄地断言：西方的那种人类文明形式，即西方的自由民主制度也许是“人类意识形态发展的终点”和“人类最后一种统治形式”，随着这种文明形式变成为全人类的制度，人类历史走向“终结”。② 西方大国也纷纷以“历史终结论”的傲慢口吻向其他国家移植其所谓的“终极模式”，推行文化霸权。文化霸权是西方霸权国家推行霸权主义的重要方面，也是其达到影响他国内部发展和左右世界格局形成的重要途径。为推行文化霸权，西方霸权国家通过互联网、报刊影视、学术交流、基金会资助以及扶持“西化精英”等手段，向各发展中国家，尤其是社会主义国家渗透与推

---

① 《马克思恩格斯文集》第7卷，人民出版社2009年版，第894页。

② ［美］弗朗西斯·福山：《历史的终结和最后的人》，远方出版社1998年版，第1页。

行西方价值观，如对伊拉克、叙利亚、利比亚等国打着“人权高于主权”的口号进行内政干预与西方文化推销。与此同时，编造“全球化=西方化”、西方自由民主模式唯一性、西方文明终结论等神话，以诠释人类文明就是以西方文明形态而终结。然而，事实证明，简单移植复制西方自由民主模式的发展中国家，有的陷入“中等收入陷阱”，经济发展长期停滞不前；有的陷入“塔西佗陷阱”，政府失去公信力；有的陷入“西化分化陷阱”，在“颜色革命”中走向动荡不安、国家分裂，甚至丧失主权独立性，成为西方的“附庸”。“历史终结论”的原创者福山也在2008年国际金融危机爆发后修正了自己的观点，并不得不承认并正视中国模式的优越性，他指出：“客观事实证明，西方自由民主可能并非人类历史进化的终点。随着中国崛起，所谓‘历史终结论’有待进一步推敲和完善。”

当代中国是后发现代化国家，在追赶现代化的起步之初便受到西方文化霸权的围堵，当代中国主流意识形态也不断受到挑战与冲击。如西方国家频频抛出“马克思主义过时论”“马克思主义无用论”，并以西方民主模式裁剪中国特色社会主义。然而，中国的发展实践证明，中国的发展并没有亦步亦趋，更没有在文化上趋同于西方文化，而是紧扣中国的生动实践，发展当代中国的马克思主义，反对文化霸权，维护人类文明多姿多彩。习近平总书记指出：“历史没有终结，也不可能被终结。中国特色社会主义是不是好，要看事实，要看中国人民的判断，而不是看那些戴着有色眼镜的人的主观臆断。中国共产党人和中国人民完全有信心为人类对更好社会制度的探索提供中国方案。”① 习近平新时代中国特色社会主义思想是马克思主义中国化的最新成果，它以铿锵的言辞、鲜明的态度、睿智的方案终结了“历史终结论”，坚持发展马克思主义，发展中国特色社会主义。

一方面，旗帜鲜明地高举马克思主义，坚决与反马克思主义、非马克思主义作斗争。习近平总书记在党的十九大报告中指出：“时代是思想

① 习近平：《在庆祝中国共产党成立95周年大会上的讲话》，《人民日报》2016年7月2日。

之母，实践是理论之源。只要我们善于聆听时代声音，勇于坚持真理、修正错误，二十一世纪中国的马克思主义一定能够展现出更强大、更有说服力的真理力量！”① 不可否认，“苏马非马”“以西马释马”“指鹿为马”等现象均有所显现，面对“苏马非马”“以西马释马”“指鹿为马”等现象，我们要敢于“发声”“亮剑”，识别马克思主义“过时论”“无用论”“指导思想多元论”等陷阱、骗局，坚决与反马克思主义、非马克思主义作斗争，让21世纪中国的马克思主义展现出更强大、更有说服力的真理力量。另一方面，旗帜鲜明地坚持中国特色社会主义，坚决与形形色色的各种“主义”作斗争。当前各种思潮混杂交织，民主社会主义、新自由主义、生态社会主义以各种或隐或显的姿态企图更改中国特色社会主义的性质，篡夺中国特色社会主义改革的“话语权”。面对各种“主义”，习近平总书记旗帜鲜明地指出：“中国特色社会主义是社会主义而不是其他什么主义，科学社会主义基本原则不能丢，丢了就不是社会主义。”自1516年托马斯·莫尔《乌托邦》的发表，社会主义已历经500年发展史，新时代中国特色社会主义建设就是要“使具有500年历史的社会主义主张在世界上人口最多的国家成功开辟出具有高度现实性和可行性的正确道路，让科学社会主义在21世纪焕发出新的蓬勃生机”②。习近平新时代中国特色社会主义思想坚持发展马克思主义、坚持发展中国特色社会主义，在新时代中国特色社会主义方案的谋篇局与伟大践行中终结了“历史终结论”，维护人类文明多姿多彩。

三、揭露“普世价值论”，确立社会主义核心价值观，丰富人类文明思想宝库

“普世”概念最早由基督教东、西两派为争夺对罗马帝国的影响力而提出并使用。第二次世界大战后，美国政府为推行和平演变战略，提

① 习近平：《决胜全面建成小康社会 夺取新时代中国特色社会主义伟大胜利——在中国共产党第十九次全国代表大会上的报告》，《人民日报》2017年10月28日。

② 习近平：《在庆祝中国共产党成立95周年大会上的讲话》，《人民日报》2016年7月2日。

出要以“自由和民主价值观”对社会主义国家达到“不战而胜”的目的。“欲亡其国，必先灭其史；欲灭其族，必先灭其文化。”西方国家为打赢无销烟的世界大战，将民主、自由、人权包装为超阶级、超国家、超时空的绝对化的“普世价值”，在非西方社会意识形态的国家推行“普世价值论”，实质是新变种的“殖民”方式，即“文化殖民”。西方宣扬的永恒的、超时空的、超阶级的普世价值具有迷惑性与虚假性。它将民主、自由、人权等价值说成是永恒的、超时空的、超阶级的，适用于所有人，也适用于任何领域的绝对价值。部分国家在普世价值论的渗透下选择了西方所谓的“普世价值”，然而，事实证明，普世价值并非“普世”，它代表的仍然是西方社会资产阶级的价值，仅仅是西方社会推行新的“殖民”方式的变种。塞缪尔·亨廷顿就曾一语道破地指出：“普世主义是西方对付非西方社会的意识形态。”马克思主义认为，价值本质上是以主体为尺度的主客体关系的统一。主体的变化、客体的变化、主客体之间关系的变化都会产生不同内容、不同指向的价值，它是具体的、相对的、变化的。不存在超越时空，超越历史，永恒存在的“普世价值”。在马克思看来，自由、平等、民主、人权等这些价值是由经济基础所决定，并随着时代的变迁而改变。“占统治地位的思想不过是占统治地位的物质关系在观念上的表现，不过是以思想的形式表现出来的占统治地位的物质关系。”① 但是，当人们在处理人与自然、人与人、人与社会关系的过程中面对相同或相似的问题，产生同样的需要，会形成共同的价值理念、价值判断和价值追求，也就是“共同价值”。习近平总书记就曾指出：“和平、发展、公平、正义、民主、自由，是全人类的共同价值，也是联合国的崇高目标。”共同价值不同于“普世价值”，它为人类寻求价值的共识、解决共同的难题提供了智慧解答。

党的十九大报告指出：“社会主义核心价值观是当代中国精神的集中

---

① 《马克思恩格斯选集》第1卷，人民出版社1995年版，第272页。

体现，凝结着全体人民共同的价值追求。”① 当代中国在中国特色社会主义的生动实践基础上确立了以富强、民主、文明、和谐，自由、平等、公正、法治，爱国、敬业、诚信、友善为内容的社会主义核心价值观，它有力地揭示了“普世价值”的迷惑性与虚假性，丰富了人类文明思想宝库。首先，社会主义核心价值观是对人类唯一未曾中断文明中优秀基因的继承与升华；中华文明有着5000多年的悠久历史，是世界上唯一未曾中断的文明。社会主义核心价值观中爱国、诚信、友善、公正等理念就是对“天下兴亡，匹夫有责”的爱国情怀、“言必信，行必果”的诚信准则、“己所不欲，勿施于人”的与人为善、“和而不同”的包容等精神的继承与升华，它使人类的悠久文明在当代熠熠闪光。其次，社会主义核心价值观体现着人类文明的“共同价值”。全人类共同价值是人类智慧的结晶，是人类宝贵的精神财富，它反映和代表了最广大人民群众的价值理想、价值愿望和价值追求，成为人类处理人与自然、人与社会、人与人、人与自我等关系的共同价值准则，成为一个国家、一个民族治国理政、管理社会的共同价值原则。社会主义核心价值观是对全人类共同价值的吸纳和发展，改革开放以来，我国逐步吸纳了和平、发展、公平、正义、民主、自由、平等、法治、人权、科学、效率、全球治理等人类共同的文明成果和“共同价值”，由此，社会主义核心价值观也是人类文明的“共同价值”具体体现。最后，社会主义核心价值观着眼于人类文明的向前发展。社会主义是基于生产资料公有制、集体主义价值取向、致力于实现人的自由全面发展的公平正义的社会。社会主义核心价值观是对社会主义价值理想的集中升华，它着眼于人类文明的向前发展。如社会主义核心价值观从国家、社会、公民三个层面确立，将国家社会的价值理念与公民的道德理念有机统一；社会主义核心价值观也从不抽象的谈论“人人有投票权”的民主或“人人无束缚的自由”，而是在落实经济、政治、文化、社会等权利方面保证人民的真实民主、强调

① 习近平：《决胜全面建成小康社会　夺取新时代中国特色社会主义伟大胜利——在中国共产党第十九次全国代表大会上的报告》，《人民日报》2017年10月28日。

社会公正保障基础上的真实自由。需要指出，由于社会主义核心价值观中民主、自由、法治等字眼与西方推行的“普世价值”存在某些重合，被别有用心的人指出这就是“普世价值”的胜利，并企图用西方“普世价值”取代社会主义核心价值观。事实上，社会主义核心价值观与西方“普世价值”由于在阶级属性、所有制基础、根本目的指向上的不同而存在本质差异。社会主义核心价值观是对社会主义公有制经济为主体的集中反映，是代表最广人民群众根本利益的先进文化。新时代中国社会主义核心价值观的培育与弘扬，有力地揭示了普世价值论的迷惑性与虚伪性，超越文化殖民，丰富了人类文明思想宝库。

四、破解“文明冲突论”，构建人类命运共同体，推进人类文明交流互鉴

美国著名学者塞缪尔·亨廷顿在冷战结束、苏联解体后不久提出“文明冲突论”，他指出冷战后由种族、宗教、文明等造成的冲突将是新世界最普遍、最重要、最危险的冲突，文明冲突将是世界和平的最大威胁，如塞缪尔·亨廷顿在《文明的冲突与世界秩序的重建》一书中就指出：“在这个新的世界里，最普遍的、重要的和危险的冲突不是社会阶级之间、富人和穷人之间，或其他以经济来划分的集团之间的冲突，而是属于不同文化实体的人民之间的冲突。部落战争和种族冲突将发生在文明之内。然而，当来自不同文明的其他国家和集团集结起来支持它们的‘亲缘国家’时，这些不同文明的国家和集团之间的暴力就带有逐步升级的潜力。”[①] 面对文明的冲突，塞缪尔·亨廷顿落脚于美国要积极主导西方国家重建文明秩序，它的实质是谋求以美国为主导的西方文明中心论。在“文明冲突论”思维下，面对中国的崛起，西方部分学者提出警惕中国文明的现代复兴与秩序主导，鼓吹“中国威胁论”“国强必霸论”。显然，“文明冲突论”是冷战思维的续写，“丛林法则”的推演、“零和博弈”的延伸，是将文明划分高低、优劣的非正义的体现。

---

① ［美］塞缪尔·亨廷顿：《文明的冲突与世界秩序的重建》，周琪、刘绯、张立平、王圆译，新华出版社 2010 年版，第 6 页。

针对“文明冲突论”“文明优劣论”等论调，习近平总书记提出“文明交流互鉴”的深刻命题，倡导以“文明和谐”理念引领人类文明发展。习近平总书记指出：“不同文明凝聚着不同民族的智慧和贡献，没有高低之别，更无优劣之分。文明之间要对话，不要排斥；要交流，不要取代。”“要理性处理本国文明与其他文明的差异，认识到每一个国家和民族的文明都是独特的，坚持求同存异、取长补短，不攻击、不贬损其他文明。”“文明因交流而多彩，文明因互鉴而丰富。”中华文化具有“兼济天下”的世界观和情怀，和谐、尊重、包容、共赢是中华民族的优秀传统文化思想。当代中国提出的实现中华民族伟大复兴的“中国梦”是“和平发展之梦”“合作共赢之梦”。它是中华民族各族成员价值凝聚的“最大公约数”，是当代中国主流意识形态的集中体现。它以“和平”“发展”“合作”“共赢”的理念推进着人类的文明正义，维护人类文明尊重包容。在“和平”“发展”“合作”“共赢”的理念指导下，中国提出按照“亲、诚、惠、容”要求处理周边各国关系、构建国际经济政治新秩序、推进丝绸之路经济带和21世纪海上丝绸之路建设、构建人类命运共同体。

当今世界在面对战争还是和平、对抗还是合作、贫穷还是发展、封闭还是开放、独占还是共赢等问题上，中国提出构建人类命运共同体的战略构想。构建人类命运共同体是当代中国对全球治理贡献的中国智慧，它尊重不同地理区域、历史文化、社会制度、经济规模、发展阶段的国家文明特质，有力地破解“文明冲突论”或“文明优越论”。正如习近平总书记指出的：“丰富多彩的人类文明都有自己存在的价值。要理性处理本国文明与其他文明的差异，认识到每一个国家和民族的文明都是独特的，坚持求同存异、取长补短，不攻击、不贬损其他文明。”斯里兰卡与中国社会文化合作协会主席阿贝赛亚拉就说道：“中国构建人类命运共同体的理念意味着新时代的中国将更加致力于推动世界的发展，这对世界各国都极具吸引力。”中国特色社会主义进入的新时代，是“我国日益走近世界舞台中央、不断为人类作出更大贡献的时代”。中国自2013提出并践行“一带一路”倡议以来，将经济发达与不发达地方联系起来，全方位提升开放水平；将我国与发展中国家联系起来，全方位拓展发展空间；将中国的发展与世界更多国家的发展联系起来，让更多国家搭上中国经济发展的快车。“一带一路”就是构建人类命运共同体的伟大创举。可以说，当代中国以实际的理念与行动推进人类文明的交流互鉴，跳出了冷战思维，突破了“零和博弈”的既式框架，打破了“国强必霸”的强盗逻辑，向世界展现了新的大国理念与文明姿态。当代中国贡献的中国智慧倡导文明和谐，推进文明正义，维护人类对和平与发展的永恒追求。

习近平新时代中国特色社会主义思想以全新的视野深化对共产党执政规律、社会主义建设规律、人类社会发展规律的认识，宣告了“中国特色社会主义进入新时代，在中华人民共和国发展史上、中华民族发展史上具有重大意义，在世界社会主义发展史上、人类社会发展史上也具有重大意义”。习近平新时代中国特色社会主义思想指导的社会主义现代化强国之路动摇了西方发展道路的唯一性，蕴含的深刻思想与价值内涵宣示了“西方中心论”的破产，宣告了“历史终结论”的终结，揭示了西方霸权支撑的“普世价值”，破解了西方无法解答的“文明冲突”。它作为一种新的文明形态开辟人类文明发展新路、维护人类文明的多样性，丰富人类思想资源库，推进人类文明交流互鉴，它给世界上那些既希望加快发展又希望保持自身独立性的国家和民族提供了全新选择，为解决人类问题贡献了中国智慧和中国方案。

（作者系南方医科大学马克思主义学院副教授）

习近平新时代中国特色社会主义思想的时代意蕴与哲学品格

陈少雷

习近平新时代中国特色社会主义思想是新时代的政治宣言和行动指南。从哲学与时代相互作用、双向互动的视角来看，习近平新时代中国特色社会主义思想作为新时代“时代精神的精华”，具有划时代的政治意义、历史意义、理论意义、实践意义和世界意义，其蕴含的深刻时代内涵和哲学品格，是时代呼唤哲学、孕育思想的生动体现。

一、哲学是时代精神的精华

习近平新时代中国特色社会主义思想是马克思主义中国化最新成果，内在地蕴含着马克思主义中国化的最新探索和实践。整体地看，这一思想体系包含的核心价值、发展理念、基本原则、思维范式、话语体系，以及实践中所体现出的问题意识、战略思维、科学方法、实践路径、精神品格，深刻体现了历史与逻辑相统一、理论与实践相互动的哲学意蕴。这一思想在坚持辩证唯物主义和历史唯物主义、紧密结合新的时代条件和实践要求的同时，进一步推动了马克思主义哲学中国化的理论探索和实践探索，开辟了马克思主义哲学中国化的新境界。

“任何真正的哲学都是自己时代的精神上的精华”①，这是马克思在《〈科隆日报〉第179号的社论》中的著名论断。这一论断深刻揭示了哲学与时代相互作用、思想与实践双向互动的辩证关系，同时也鲜明阐释了马克思主义哲学的历史使命和实践品格。

一方面，哲学总是产生于特定的时代——哲学不是哲学家的私语和独白，而是时代的号角和时代精神的精华，是“把握在思想中的时代”，

① 《马克思恩格斯全集》第1卷，人民出版社1995年版，第220页。

是哲学家以特有的哲学方式——哲学意识、哲学思维、哲学方法——不断认识并改变客观现实世界的现实活动。历史地看，哲学的产生和发展，以人类不断认识客观世界、改变客观世界的现实活动为基础。时代是哲学产生和发展的首要维度，是孕育哲学发展的现实土壤。哲学认识世界、改变世界的视野和能力，一定意义上受到时代的影响和局限。“我们只能在我们时代的条件下去认识，而且这些条件达到什么程度，我们就认识到什么程度。”① 也正是在这个意义上，黑格尔指出：“每一哲学属于它的时代，受它的时代的局限性的限制，即因为它是某一特殊的发展阶段的表现。”②

另一方面，哲学总是高于特定的时代——哲学不仅是时代的产物，也是时代的号角，它总是高悬基于时代现实又超越时代现实的理想，并以其特有的方式改变时代。哲学所面对的“时代”并不是个别的、枝节性的事实，而是总体意义上人类生活于其中的“时代”和构成人类生活意义的“时代精神”。“时代精神”作为哲学理解、把握和超越时代现实的中介，表现为各个时代的相近或相异的思维方式、价值观念、审美情趣和生活理想等等。真正的哲学总是使自身成为“思想中的时代”或“时代精神的精华”，从而全面理解和把握“时代精神”，并不断规范、塑造和引导新的“时代精神”，进而以理念先行、思想引领、价值塑造等方式不断倡导和建构新的时代。换言之，作为时代精神的“精华”，哲学对时代的理解和把握，不会仅仅停留在“解释”上，必然会在反思和批判的基础上，对时代和时代精神进行超越性的建构，正是这种超越性建构，彰显了哲学源于时代又超越时代的理论特色和实践品格。也正是这种超越性建构，内在决定了哲学与时代的互动关系，表征了时代不断向前发展，以及哲学永远“在路上”。③

概言之，产生特定时代的哲学总是以反思、批判、超越的方式对其

① 《马克思恩格斯文集》第9卷，人民出版社2009年版，第494页。

② 黑格尔：《哲学史讲演录》第1卷，商务印书馆1983年版，第48页。

③ 陈少雷：《论马克思主义哲学是时代精神的精华》，《实事求是》2011年第5期。

所处的时代进行规律性把握和整体性建构，进而以“哲学时代化”与“时代哲学化”双向互动的方式，不断引领和建构新的时代。

习近平新时代中国特色社会主义思想作为新时代“时代精神的精华”，包含了对社会历史发展规律的准确认识和把握，对新时代发展状况和趋势的深刻分析和研判，对新的时代课题的科学洞悉和解答，体现了“哲学源于时代又高于时代”的反思性、超越性，体现了马克思主义哲学“解释世界”并“改变世界”的价值取向和哲学品格，实现了马克思主义普遍原理同中国实际相结合的又一次伟大飞跃。

从哲学与时代相互影响、双向互动的角度来看，习近平新时代中国特色社会主义思想是坚持辩证唯物主义和历史唯物主义，紧密结合新的时代条件和实践要求，经过艰辛理论探索后的重大理论创新成果，其划时代意义既体现在新时代呼唤新思想的历史进程中，也体现在“新思想引领新实践”的现实需要上，既是历史的选择、时代的选择，也是人民的选择、实践的选择。

二、习近平新时代中国特色社会主义思想的时代内涵

马克思主义的立场观点方法是马克思主义哲学“活的灵魂”，是理解“认识世界并改变世界”的实践哲学的“钥匙”。如恩格斯所言：“马克思的整个世界观不是教义而是方法，它提供的不是现成的教条，而是进一步研究的出发点和供这种研究使用的方法。”① 自觉运用马克思主义的立场观点方法来观察分析解决中国实际问题是中国共产党人一以贯之的思想武器和优良传统。毛泽东同志说，我们不但应当了解马克思、恩格斯、列宁研究广泛的真实生活和革命经验所得出的关于一般规律的结论，而且应当学习他们观察问题和解决问题的立场和方法。邓小平同志也讲过，我们“主要的是要用马克思主义的立场、观点、方法来分析问题，解决问题”。②

---

① 《马克思恩格斯文集》第10卷，人民出版社2009年版，第691页。

② 刘云山：《深入学习掌握习近平总书记系列重要讲话贯穿的马克思主义立场观点方法》，《学习时报》2017年5月31日。

开放性是马克思主义哲学的重要理论品格，这一品格使得马克思主义哲学总是根植于时代的现实之中，并通过不断汲取时代内涵以丰富和发展自身。[①] 这是“实践哲学”区别于其他“理论哲学”和“体系哲学”的本质差异，也是马克思主义哲学区别于其他哲学流派的重要现实依据。历史地看，开放性并未使得马克思主义哲学“束之高阁”，反而使其获得了巨大的现实力量，并以“立足现实”“反思现实”“解释现实”，进而“改变现实”的方式，不断引领时代的发展。

正是基于上述几方面，马克思主义哲学比其他哲学更具有强大的现实力量，它总是以发展变化的“时代课题”作为反思、批判和超越的对象，并通过“哲学时代化”的方式，不断引领和塑造新的时代。在这个意义上，马克思主义中国化的过程，即是马克思主义基本立场观点方法与中国的社会现实不断结合、相互影响的过程。从马克思主义中国化的伟大实践可以看出，马克思主义在中国传播并不断发展的进程，贯穿于中国共产党领导中国人民进行的革命、建设、改革实践始终，是马克思主义普遍原理不断与中国社会各个时代的实际情况相结合，不断创造性探索和解答不同阶段的时代课题，并不断丰富、发展自身的过程。

历史地看，马克思主义中国化的历史进程是中国共产党在长期的实践探索中展开的。在不同历史时期，针对不同时代课题，我们党始终自觉坚持运用马克思主义的基本立场观点方法，分析和解答所面临的时代课题，形成了毛泽东思想和中国特色社会主义理论体系。作为我们党的指导思想，这些智慧结晶都是中国共产党人将马克思主义普遍原理与中国实际相结合的产物，都是在解决社会主义现代化建设过程中面临的时代课题过程中形成的。

党的十八大以来，国内外形势变化和我国各项事业发展都给我们提出了一个重大时代课题，这就是必须从理论和实践结合上系统回答“新时代坚持和发展什么样的中国特色社会主义、怎样坚持和发展中国特色社会主义”。围绕这个重大时代课题，以习近平同志为核心的党中央，坚

---

① 陈少雷：《论马克思主义哲学是时代精神的精华》，《实事求是》2011 年第 5 期。

持解放思想、实事求是、与时俱进、求真务实，坚持辩证唯物主义和历史唯物主义，紧密结合新的时代条件和实践要求，以全新的视野深化对共产党执政规律、社会主义建设规律、人类社会发展规律的认识，进行艰辛理论探索，取得重大理论创新成果，创立了习近平新时代中国特色社会主义思想。①

习近平新时代中国特色社会主义思想，是对马克思主义理论、中华优秀传统文化和革命文化、社会主义先进文化的进一步创造性继承和创新性发展，是党的十八大以来的历史性成就和历史性变革中总结出来的，是中国与世界的深度互动中成长而来的。② 在马克思主义中国化的一系列的伟大探索实践进程中，中国特色社会主义进入了新时代，科学社会主义在21世纪的中国焕发出强大生机活力，在世界上高高举起了中国特色社会主义伟大旗帜。经过长期努力，中华民族迎来了从站起来、富起来到强起来的伟大飞跃，迎来了实现中华民族伟大复兴的光明前景。③

在思想渊源和实践基础方面，习近平新时代中国特色社会主义思想，源于对马克思主义指导地位的坚持，源于对共产主义远大理想和中国特色社会主义共同理想的坚定，源于对中国特色社会主义的坚持和发展，源于对中华民族优秀传统文化的创造性转化与创新性发展，源于对当代中国实际、特别是世情国情党情的深刻研判和科学把握，源于中国共产党对新时代的历史使命的自觉认知和责任担当，源于对党和国家各项事业未来发展的科学谋划和战略部署，体现在改革发展稳定、内政外交国防、治党治国治军的实践之中。这一重要思想的形成，为新时代党和国家各项事业指明了方向、提供了遵循。

在核心要义和丰富内涵方面，习近平新时代中国特色社会主义思想

---

① 《中共中央关于认真学习宣传贯彻党的十九大精神的决定》，2017年11月1日。

② 何毅亭：《伟大思想理论从何而来——习近平新时代中国特色社会主义思想渊源》，《光明日报》2017年11月17日。

③ 习近平：《决胜全面建成小康社会 夺取新时代中国特色社会主义伟大胜利——在中国共产党第十九次全国代表大会上的报告》，人民出版社2017年版，第10页。

深刻回答了新时代坚持和发展什么样的中国特色社会主义、怎样坚持和发展中国特色社会主义这一重大时代课题。思想层面，包括新时代坚持和发展中国特色社会主义的总目标、总任务、总体布局、战略布局等基本问题，党的十九大报告集中概括为“八个明确”。“八个明确”深刻回答了“新时代坚持和发展什么样的中国特色社会主义”的问题。实践层面，涵盖经济、政治、文化、社会、生态文明等各方面，党的十九大报告集中概括为“十四条坚持”基本方略。“十四条坚持”基本方略深刻回答了“怎样坚持和发展中国特色社会主义”的问题。

在引领发展和指导实践方面，习近平新时代中国特色社会主义思想是党和国家十八大以来所取得的历史性变革和伟大成就的思想基础、理念支撑和价值引领，是深刻洞悉并破解新的时代课题的思想武器，是科学认识并把握历史发展规律的理论指引，是凝聚时代力量的光辉旗帜，是引领新时代奋斗方向的行动指南，为新时代中国共产党人标定了新的历史坐标和前进方向。回首过去，党和国家各项事业取得的历史性成就，离不开习近平新时代中国特色社会主义思想的科学指引；展望未来，习近平新时代中国特色社会主义思想必将为新时代中国特色社会主义的发展实践定向领航。

三、习近平新时代中国特色社会主义思想的哲学品格

从哲学的视角来看，习近平新时代中国特色社会主义思想以博大的胸怀和视野，广泛吸纳了古今中西的优秀文明成果、哲学智慧和实践经验，进一步推动了马克思主义哲学在中国的实践和创新，实现了马克思主义哲学中国化的又一次理论飞跃，蕴含着丰富深刻的哲学智慧，体现了鲜明的哲学品格。

第一，中国共产党人的价值追求。党的十九大把习近平新时代中国特色社会主义思想写入党章，确立为党必须长期坚持的指导思想，实现了党的指导思想又一次与时俱进。“中国共产党之所以叫共产党，就是因为从成立之日起我们党就把共产主义确立为远大理想。我们党之所以能够经受一次次挫折而又一次次奋起，归根到底是因为我们党有远大理想

和崇高追求。”[①] 习近平总书记反复强调坚定理想信念，强调“共产主义远大理想和中国特色社会主义共同理想，是中国共产党人的精神支柱和政治灵魂”[②]。坚定的信仰信念，是中国共产党人的“根本”，是中国共产党人的“精神之钙”。对“远大理想和崇高追求”的坚定信仰信念，突出彰显了习近平新时代中国特色社会主义思想的鲜明特点，集中反映了当代中国共产党人的政治品格、价值追求和精神风范。

第二，以人民为中心的根本立场。“坚持以人民为中心的发展思想”既是我们党建党至今一路走来所秉承的理念、宗旨，一直所坚持的立场、原则，一直所展现的品格、风貌，也是新形势下我们党对“发展为了谁”“发展依靠谁”等一系列重大理论和现实问题的深刻回答和政治宣言。“民惟邦本，本固邦宁。”“坚持以人民为中心的发展思想”的提出，遵循了马克思主义唯物史观的基本原理，坚持了马克思主义政治经济学的根本立场，是对中国共产党发展思想的进一步继承和丰富，是习近平新时代中国特色社会主义思想的根本立场、基本原则，也是推进党和国家各项工作的出发点和落脚点。

第三，实现民族复兴的历史担当。“实现中华民族伟大复兴是近代以来中华民族最伟大的梦想。”[③] 党的十九大明确提出：“中国共产党人的初心和使命，就是为中国人民谋幸福，为中华民族谋复兴。”[④] 2012 年 11 月 29 日，习近平总书记在参观“复兴之路”展览时首提中国梦，此后，他在一系列重要讲话中深刻阐述了中国梦的基本内涵、奋斗目标和实现路径，深刻谋划了从“梦想”到“现实”的总体布局、战略布局以

---

① 《习近平谈治国理政》第 2 卷，外文出版社 2017 年版，第 34 页。

② 习近平：《决胜全面建成小康社会　夺取新时代中国特色社会主义伟大胜利——在中国共产党第十九次全国代表大会上的报告》，人民出版社 2017 年版，第 63 页。

③ 习近平：《决胜全面建成小康社会　夺取新时代中国特色社会主义伟大胜利——在中国共产党第十九次全国代表大会上的报告》，人民出版社 2017 年版，第 13 页。

④ 习近平：《决胜全面建成小康社会　夺取新时代中国特色社会主义伟大胜利——在中国共产党第十九次全国代表大会上的报告》，人民出版社 2017 年版，第 1 页。

及各项部署。担负对民族的责任、对人民的责任、对党的责任。“使命呼唤担当，使命引领未来。”[①] 肩负起新时代中国共产党的历史使命，实现国家富强、民族复兴、人民幸福，是习近平新时代中国特色社会主义思想的使命和目标。

第四，正视社会主要矛盾的问题意识。习近平总书记指出，我们中国共产党人干革命、搞建设、抓改革，从来都是为了解决中国的现实问题。敢于直面问题、善于破解难题，是共产党人求真务实的科学态度，是马克思主义者坚定的信仰信念和责任担当的必然要求。社会主要矛盾是时代课题的集中体现，社会主要矛盾之所以重要性在于，社会主要矛盾是什么，我们党和国家的工作重点、工作重心就是什么。党的十九大明确提出：“中国特色社会主义进入新时代，我国社会主要矛盾已经转化为人民日益增长的美好生活需要和不平衡不充分发展之间的矛盾。”[②] 社会主要矛盾发生变化是关系全局、关乎长远的重大历史性判断，对明确发展目标、发展战略，科学制定具体的路线、方针、政策，更好地推进各项工作都具有重大的理论意义和实践意义。

第五，认识规律的求是态度。辩证唯物主义和历史唯物主义是中国共产党人的世界观和方法论。习近平总书记高度重视哲学，分别于 2013 年 12 月和 2015 年 1 月主持召开两次中央政治局集体学习，主题分别是“历史唯物主义”和“辩证唯物主义”。习近平总书记强调：“马克思主义哲学深刻揭示了客观世界特别是人类社会发展一般规律，在当今时代依然有着强大生命力，依然是指导我们共产党人前进的强大思想武器。我们党自成立起就高度重视在思想上建党，其中十分重要的一条就是坚持用马克思主义哲学教育和武装全党。学哲学、用哲学，是我们党的一

① 习近平：《决胜全面建成小康社会 夺取新时代中国特色社会主义伟大胜利——在中国共产党第十九次全国代表大会上的报告》，人民出版社 2017 年版，第 17 页。

② 习近平：《决胜全面建成小康社会 夺取新时代中国特色社会主义伟大胜利——在中国共产党第十九次全国代表大会上的报告》，人民出版社 2017 年版，第 11 页。

个好传统。”① 习近平新时代中国特色社会主义思想贯穿着马克思主义哲学的思想精髓，生动体现了马克思主义的世界观方法论与中国实际和中国实践的相互结合、有机统一，深刻彰显了中国共产党人不断认识规律、把握规律、运用规律的求是态度。

第六，治国理政的科学方法。“工欲善其事，必先利其器。”科学方法是共产党人推进各项工作的重要思想武器。党的十八大以来，习近平总书记不仅大力倡导科学方法论，而且带头运用科学方法来谋划和推动工作。一是坚持顶层设计与整体推进相结合。“五位一体”总体布局、“四个全面”战略布局，完整构建了治国理政总体框架，使党和国家各项工作的关键环节、重点领域、主攻方向更加清晰。二是坚持谋划与部署相结合。党的十九大提出的“八个明确”“十四条坚持”，分别从理论和实践层面，对党和国家各项工作作出了总谋划、总部署，两者共同构成了一个完整的有机整体，既明确“过河”的任务，又解决“桥或船”的问题。三是坚持统筹与兼顾相结合。统筹国内国际两个大局、统筹经济建设和国防建设、统筹推进多领域的改革等。四是坚持法治与党建相结合。打铁必须自身硬。全面推进制度性管党治党。在全面从严治党方面善于抓主要矛盾、抓关键少数、抓作风转变。坚持全面从严治党层层推进，政治生态不断优化，反腐败斗争压倒性态势已经形成。习近平新时代中国特色社会主义思想包含的科学方法，集中反映了当代中国共产党人对共产党执政规律、社会主义建设规律、人类社会发展规律认识的不断深化，为夺取新时代中国特色社会主义伟大胜利提供了强大思想支撑。

（作者系中共深圳市委党校副教授）

---

① 《推动全党学习和掌握历史唯物主义　更好认识规律更加能动地推进工作》，《人民日报》2013年12月5日。

习近平关于人类命运共同体的重要论述是对马克思共同体思想的创新发展

陈东英

人类命运共同体作为一个涵盖全球、跨越政治的全方位、多层次概念，是中国外交的新理念、全球治理的中国方案。历史学家汤因比曾指出，世界的未来在中国，人类的出路在中国文明，因为中国文明倡导和平主义和世界主义。① 可以说，习近平提出的人类命运共同体思想在人类关怀、世界交往、社会发展观等方面创新和发展了马克思共同体思想。

一、传承和发展马克思的共同体思想，回应经济全球化的时代挑战

人类将何去何从，美国知名学者亨廷顿曾提出广为人知的“文明冲突论”，认为未来世界性的战争不是发生在经济领域、政治领域，而是发生在文明领域。人类发展是走向竞争还是走向合作，这是一个值得深思的问题。人类的文明发展是有目的性的。从世界的视角看，随着经济全球化的深度展开，世界整体发展意识日益清晰，人类命运的共同性问题成为21世纪的一个重要课题。

共同体思想源于对个体有限性的超越和对共赢共享价值的诉求。“共同体”（community）一词来源于拉丁词汇 communit（团体），是 communis（共同）与 unity（联合）拼接而成的新词。从内涵上说，共同体与个体是相对而言的，共同体强调个体的社会性和共在性，认为个体不仅需要自由与权利，也需要情感归属和身份认同。因此，人类以何种方式

---

① ［英］汤因比、［日］池田大作：《展望二十一世纪——汤因比与池田大作对话录》，荀春生、朱继征、陈国梁译，国际文化出版公司1985年版，第5页。

组织群居生活，以何种方式形成特定团体追求生存乃至享受的特定目的，就成为学术界的重要议题。在当代，共同体已演变为一个宽泛的概念。一个组织、一个社区、一个地区、一个国家甚或是整个人类社会都可以被看作共同体，但总体而言，社会共同体离不开三个基本要素，即共同利益、价值认同与归属感。共同利益是共同体生成的基础，价值认同是共同体维系的纽带。

马克思的共同体思想与人的自由解放相关。“马克思毕生寻找人类解放的真理，而人们往往注意其途径而忽略其理想。”① 共同体思想是马克思的人类自由解放理论的重要组成部分，是与唯物史观的创立相伴而生的。不少学者意识到马克思共同体思想的重要性，但对其进行深入系统研究的人不多。其实，在马克思的著作中，关于共同体的论述较多，共同体体现为家庭、氏族、阶级、部落、社会、国家等形式，其自由人的联合体思想蕴含两重维度——自由的个人与和谐的共同体。马克思的人类共同体思想有三个演变阶段：自然共同体—市民社会与国家共同体—自由人的联合体。如果说在《1844年经济学哲学手稿》中，马克思主要从哲学伦理学角度，即从人的本质与存在方式的内在统一性方面探讨个人与共同体的关系，那么在《德意志意识形态》中，马克思则从政治经济学角度或者说从技术角度，解读分工、私有制对共同体的影响，进而区分虚假共同体与真实共同体。马克思明确指出：“只有在共同体中，个人才能获得全面发展其才能的手段，也就是说，只有在共同体中才可能有个人自由。”②③ 马克思将自由与共同体紧密相连。马克思在《共产党宣言》中提出自由人的联合体思想，即“在那里，每个人的自由发展是一切人的自由发展的条件”。在马克思看来，人的发展在经历“人的群体本位”“以物的依赖性为基础的人的独立性”阶段之后，“建立在个人全面发展和社会财富基础上的自由个性”必然成为人的新的发展要求。

① 杨适：《人的解放——重读马克思》，四川人民出版社1996年版，第2页。

② 马克思、恩格斯：《德意志意识形态》，人民出版社2003年版，第63页。

③ 在20世纪50年代出版的《马克思恩格斯全集》和20世纪70年代出版的《马克思恩格斯选集》中，“共同体”一词都被译为“集体”。

社会学家滕尼斯在《共同体与社会》一书中对马克思的这一观点进行了引申，突出了德语中具有对立意蕴的“共同体”（Gemeinschaft）与“社会”（Gesellschaft）这两个概念。早年的马克思在赫斯与恩格斯的影响下成功实现了哲学话语与经济学话语的转换和推进，从而把人类解放理想奠基在唯物史观和实践辩证法的基础之上。

新时代中国共产党人提出构建人类命运共同体思想，是对全球化时代的人类命运共同性问题的回应。当前是一个大变革时代，世界多极化、经济全球化、社会信息化，各国利益交融、安危与共，国家间“互嵌”式关系结构的特征更加明显，没有哪个国家能够独善其身。恐怖主义、环境污染、食品安全等全球性问题错综复杂，不是哪一个国家凭一己之力就能解决的，而必须由全球各国共同面对，全球治理已成为时代命题。此外，崛起的中国正处于转型时期，需要重塑形象、承担大国责任。面对人类命运何去何从的难题，中国共产党提出了构建人类命运共同体这一超越民族、国家和意识形态的中国方略。早在 2011 年，《中国的和平发展》白皮书就明确提出要“树立命运共同体意识”①。2012 年，党的十八大首次将人类命运共同体思想提升到执政理念的层面。2013 年 3 月，习近平在莫斯科国际关系学院发表演讲，清晰而明确地向世界传递了人类命运共同体思想：“各国相互联系、相互依存的程度空前加深，人类生活在同一个地球村里，生活在历史和现实交汇的同一个时空里，越来越成为你中有我、我中有你的命运共同体。”② 2015 年 3 月，习近平在博鳌亚洲论坛年会上发表主旨演讲《迈向命运共同体开创亚洲新未来》，对命运共同体进行了深入阐述；2015 年 9 月，习近平在第七十届联合国大会一般性辩论时的讲话中，以《携手构建合作共赢新伙伴同心打造人类命运共同体》为题对命运共同体进行了更为系统的阐述。2017 年 1 月，习近平在联合国日内瓦总部发表题为《共同构建人类命运共同体》的演讲，全面阐述了人类命运共同体思想，“构建人类命运共同体”被

---

① 国务院新闻办公室：《中国的和平发展》，《人民日报》2011 年 9 月 7 日。

② 习近平：《顺应时代前进潮流促进世界和平发展——在莫斯科国际关系学院的演讲》，《人民日报》2013 年 3 月 24 日。

写入联合国决议。2017年10月，“构建人类命运共同体”被正式写入《中国共产党章程》。这一系列努力奠定了人类命运共同体思想在中国及世界发展中的地位。

习近平经常交互使用“命运共同体”与“人类命运共同体”概念，虽然两者表述不同但内涵相同，都是指：人类只有一个地球，各国共处一个世界，形成了你中有我、我中有你的命运共同体，因此，在追求本国利益时兼顾他国合理关切，在谋求本国发展中促进各国共同发展，在坚持合作共赢的原则中建设一个“持久和平、普遍安全、共同繁荣、开放包容、清洁美丽的世界”①。总之，不同于一般利益共同体，人类命运共同体是“人类”“命运”“共同体”的三者合一，意味着共同体的组建与维护基于对“类”命运的共同关怀；不同于一般意义上的血缘共同体或社群、家族，人类命运共同体强调利益共生和发展共赢，蕴含人类的生死攸关性和至上价值，人类命运共同体的各国之间是一种生死相依、荣辱与共、休戚相关的必然联系，每一个成员国都要把“共命运”的伦理共识和“共命运”的伦理责任有机地统一起来。

二、丰富和发展马克思的“类”关怀，增强家园意识

“类”关怀就是将人类作为一个整体来看待的价值诉求和生存追问。“类”概念在马克思的哲学体系中占据重要地位。马克思扬弃费尔巴哈对“类”本质的抽象理解，认为人是一种“类”的存在物，但人的“类”本质不是一种抽象的共同性，而是自由自觉的实践活动。“一个种的整体特性、种的类特性就在于生命活动的性质，而自由的有意识的活动恰恰就是人的类特性。”② 因此，人作为“类”的存在物，是一个整体性存在；人与自然也是一个开放整体，人类通过劳动实践，在不断改变环境的同时改变自身，共同体为个体的自由解放提供了前提与基础。这种“类”思维使马克思将个人的发展与共同体的发展联系起来，指出人类的真正自由解放在于建立“自由人联合体”，“在那里，每个人的自由

① 《中国共产党章程》，人民出版社2017年版，第17页。
② 马克思：《1844年经济学哲学手稿》，人民出版社2002年版，第57页。

发展是一切人的自由发展的条件”[①]。在马克思的哲学中，“个体”与“类”、“个人”与“人”是相互贯通的，其所谈论的“人”是处于社会历史现实中的、相互关系中的个人，强调个体与“类”的辩证统一。马克思基于历史唯物主义立场，对空想社会主义者主张的社会本位主义和资产阶级自由主义者宣扬的个人本位主义作了双重批判与修正。

人类命运共同体思想进一步丰富和发展了马克思共同体思想中的“类”思想，从地球村视角强化人的“类”存在—“村”存在—大家庭的存在方式，彰显“类”关怀与家的温暖，从而拓展共同体的情感温度。正如后现代性研究最著名的思想家之一鲍曼在《共同体》一书中对“共同体”的解释：这个词传递的感觉总是很美妙的。共同体是一个温暖而舒适的场所，是一个温馨的“家”。[②] 习近平总书记指出：“人类只有一个地球，各国共处一个世界”，因此，“在追求本国利益时兼顾他国合理关切，在谋求自身发展中促进各国共同发展”。[③] 可见，人类命运共同体理念致力于在“个体”与“类”的张力中寻找人类和平发展之路，强调家园意识、命运意识，特别是归属感与安全感，这是对马克思共同体思想的创新发展。

同时，人类命运共同体思想彰显了中华传统文化中“以天下为己任”的担当意识。全球一体化与信息网络化将人类命运中的个体和整体紧密联系在一起，但在现实生活中，个体本位的社会格局将国家与人类的整体利益割裂开来，激发个体与整体的矛盾关系及利益冲突，引发环境污染、生态失衡、核弹威胁、能源危机等全球性重大问题。因此，坚持正确的义利观，从个体主义的功利利益观走向集体主义的共同利益观，建设开放、包容、普惠、平衡、共赢的经济全球化，就成为必要。显然，现代人类社会需要一种新的伦理秩序，单纯物质化的存在有违人性的本质，寻找新的身份认同和精神归属，构建人类共赢共享、和谐友爱的共

---

① 《马克思恩格斯全集》第3卷，人民出版社2002年版，第172－173页。

② 鲍曼：《共同体》，江苏人民出版社2003年版，第5页。

③ 习近平：《共同创造亚洲和世界的美好未来——在博鳌亚洲论坛2013年年会上的主旨演讲》，《人民日报》2013年4月8日。

同体存在方式，是必要的。人类命运共同体思想内含“协和万邦”“兼济天下”等价值理念，强调“类”存在是安危与共、兴衰相伴的，需要将人类共同利益与共同责任作为一个整体来考虑，将人类生存与环境保护结合起来，共同关注人类生活的大家园。也就是说，人类不仅是类的存在，也是家的存在，正如党的十九大报告提出的，要建设人类命运共同体，就是建设一个“持久和平、普遍安全、共同繁荣、开放包容、清洁美丽的世界”，这是在新时代对马克思共同体思想的传承与创新。

三、丰富和发展世界交往理论，倡导合作共赢理念

在世界交往中，利益是最关键的因素，应正确处理各国的义利关系，区分各类矛盾的性质，进而采取不同的分析与处理办法化解当下的矛盾问题。

在马克思看来，资本主义社会共同体的私人利益与公共利益是对立的，是一种“虚幻的共同体”。资本主义条件下的等价交换表面上看来是人类社会最公平、最正义的交换，但其实质却是掠夺。马克思在《穆勒摘要》《德意志意识形态》《中国革命与欧洲革命》中对此进行了剖析，认为建立在个人主义与自由主义基础上的资本主义交换关系，其目的是追求个体利益最大化，当发生利益冲突时，“我同你的社会关系，我为你的需要所进行的劳动只不过是假象，我们的相互补充，也只是一种以相互掠夺为基础的假象”①。基于对资本全球扩张的历史判断和社会交往理论，马克思、恩格斯在《共产党宣言》中提出，资本主义“挖掉了工业脚下的民族基础”。资本的全球扩张，客观上将世界各个民族都拖入“现代化”的历史逻辑之中，因此，与经济全球化相伴的是世界历史的形成。

在经济全球化时代，各国政治、经济、军事利益高度交融，并成为全球性共同利益链条中的一环，以邻为壑、转嫁危机都可能导致全球利益链的中断。习近平总书记提出人类命运共同体思想，倡导合作共赢理念，这既与马克思、恩格斯提出的文明交往理论有着内在的关联性，同

---

① 马克思：《1844年经济学哲学手稿》，人民出版社2002年版，第181页。

时又是着眼于未来人类和平与发展所作出的时代诠释。[①] 习近平总书记多次指出："弱肉强食、丛林法则不是人类共存之道。穷兵黩武、强权独霸不是人类和平之策。赢者通吃、零和博弈不是人类发展之路。和平而不是战争，合作而不是对抗，共赢而不是零和，才是人类社会和平、进步、发展的永恒主题。"[②] 合作共赢的理念蕴含共生效应的思想，人类命运共同体思想将中国梦与世界梦相连，为中国特色社会主义理论体系注入了新的时代精神和鲜活力量。

合作共赢要求包容友爱。习近平在2014年新年献词中讲道："宇宙浩瀚，星汉灿烂。70多亿人共同生活在我们这个星球上，应该守望相助、同舟共济、共同发展。中国人民追寻实现中华民族伟大复兴的中国梦，也祝愿各国人民能够实现自己的梦想。我真诚希望，世界各国人民在实现各自梦想的过程中相互理解、相互帮助，努力把我们赖以生存的地球建设成为共同的美好家园。"

如果说塞缪尔·亨廷顿的"文明冲突论"宣传优胜劣汰、零和博弈，展现的是未来文明冲突的可怕前景，那么，人类命运共同体思想则勾画了人类文明基本的价值坐标。人类命运共同体这一全球价值观包含相互依存的国际权力观、共同利益观、可持续发展观和全球治理观[③]，凸显了同舟共济、同甘共苦、同心同德的伦理精神。正因为利益共生，所以责任共担成为伦理诉求。人类命运共同体思想强调各国的自我意愿与自我负责都离不开共同体整体及其价值，所以说，共同体内含共生、共赢、共享的价值诉求。汤因比在与池田大作关于21世纪的对话中指出："对现代人类社会的危机来说，把对'天下万物'的义务和对亲密的家庭关系的义务同等看待的儒家立场，是合乎需要的。"[④] 经济全球化

① 邹广文：《人类命运共同体意识的文化关切》，《光明日报》2016年9月24日。

② 习近平：《为世界许诺一个更好的未来——论迈向人类命运共同体》，《人民日报》2015年5月18日。

③ 曲星：《人类命运共同体的价值观基础》，《求是》2013年第4期。

④ ［英］汤因比、［日］池田大作：《展望二十一世纪——汤因比与池田大作对话录》，荀春生、朱继征、陈国梁译，国际文化出版公司1985年版，第427页。

使地球村越来越小，社会信息化使世界的联系越来越密切，当前人类已进入一个新的全球化或世界历史时代，构建休戚与共、生死相依的人类命运共同体是历史发展趋势。

四、创新人类命运共同体构建的时代模式，强调“五位一体”的构建路径

马克思关于实现人类解放的路径，主要提出了暴力革命和改革创新两种实践路径。暴力革命指从改变上层建筑出发推进生产关系的根本性变革，实现社会质的飞跃；而改革创新路径既包含解放和发展生产力，又包含革新生产关系和上层建筑。

马克思的人类解放理论随着世界社会主义的发展，曾经历冷战时期的“两个阵营”说和之后的“三个世界”理论。冷战时期的“两个阵营”说反映了以苏联为首的社会主义阵营与以美国为首的资本主义阵营之间的长期对峙，强调零和博弈，最终导致战争不断，影响世界和平与发展。20世纪70年代，国际形势发生重大变化。毛泽东同志立足新的国际形势提出的“三个世界”理论，后为邓小平所发展和应用。毛泽东于1974年会见赞比亚总统卡翁达时首次公开提出“三个世界”思想，“我看美国、苏联是第一世界。中间派，日本、欧洲、澳大利亚、加拿大，是第二世界。咱们是第三世界”，从而明确提出了划分“三个世界”的战略思想。这一战略思想为中国加强同第三世界国家的团结，加强在世界政治格局中的国际地位，争取第三世界国家共同反霸，积极发展同世界各国的关系和经济文化往来，开辟了道路。

立足全球化浪潮和大国崛起境遇，结合人类和平与发展的两大主题，我们党不仅提出以“合作共赢、文明互鉴”为核心的人类命运共同体思想，而且不断丰富人类命运共同体的实践路径。习近平主席于2017年1月18日在联合国日内瓦总部发表演讲《共同构建人类命运共同体》，提出共建人类命运共同体的“五位一体”的中国方案：“坚持对话协商，建设一个持久和平的世界”、“坚持共建共享，建设一个普遍安全的世界”、“坚持合作共赢，建设一个共同繁荣的世界”、“坚持交流互鉴，建

设一个开放包容的世界”、“坚持绿色低碳，建设一个清洁美丽的世界”。[①] 这篇演讲从伙伴关系、安全格局、经济发展、文明交流、生态建设等五个方面阐述了推进人类命运共同体建设的实践原则，为世界和平与发展贡献了中国智慧。这与习近平在2015年9月第七十届联合国大会一般性辩论时的讲话有异曲同工之妙，即“建立平等相待、互商互谅的伙伴关系；营造公道正义、共建共享的安全格局；谋求开放创新、包容互惠的发展前景；促进和而不同、兼收并蓄的文明交流；构筑尊崇自然、绿色发展的生态体系”[②]。这一系列重要讲话使人类命运共同体思想更加深入人心，获得世界普遍好评。

2017年修订的《中国共产党章程》指出：“遵循共商共建共享原则，推进一带一路建设”，“推动构建人类命运共同体，推进建设持久和平、共同繁荣的和谐世界”。[③] 可以说，发展是第一要务。然而，如果发展成果不能被人们共享，这样的发展也只能是没有道德价值的增长。正如习近平主席在莫斯科国际关系学院的演讲中提出的“三个共享”（共同享受尊严、共同享受发展成果、共同享受安全保障），深刻表达了中国对于平等正义和分配正义的价值追求。而共享伦理从道德上拒斥严重缺乏共享性的社会，要求人类社会在追求发展的过程中最大限度地维护发展成果的共享性。人类命运共同体思想与“一带一路”倡议的结合，是目标层面与途径层面的高度统一，“一带一路”倡议超越国界、民族、文化，为世界提供了人类共同发展的新思维，是对各国经济发展、东西文明对话、建构未来人类命运共同体的时代路径的探索。

从发展意义上来说，共同体成员是自由平等的，并且成员在利益上共生共赢。正如海德格尔所说：“与他人共在也属于此在的存在，属于此

---

① 习近平：《共同构建人类命运共同体——在联合国日内瓦总部的演讲》，《人民日报》2017年1月20日。

② 习近平：《携手构建合作共赢新伙伴同心打造人类命运共同体——在第七十届联合国大会一般性辩论时的讲话》，《人民日报》2015年9月29日。

③ 《中国共产党章程》，人民出版社2017年版，第17页。

在恰恰为之存在的那一存在。"[①] 因此，人类命运共同体要强调主体的共商、共存、共享。人类命运共同体与自然为友、珍爱地球、"美美与共"，共同体成员的生存、安全、情感归属需要都非常重要，建设生态文明同样是人类命运共同体所内具的伦理需求。

"单则易折，众则难摧。"共同生活在同一个地球使人类和世界各国已经成为一个休戚与共、福祸相连的命运共同体。有人将地球比作一艘大船，190多个国家就是这艘大船的一个个船舱。世界各国只有相互尊重、平等相待、合作共赢、共同发展，坚持不同文明兼容并蓄、交流互鉴，承载着全人类共同命运的"地球号"才能乘风破浪。树立同舟共济的命运共同体意识，把共同发展作为持续发展的重要基础，才能把我们赖以生存的地球建设成为共同的美好家园。

总之，人类命运共同体是立足国际大视野和人类命运高度，超越民族、国家和意识形态的中国方略。21世纪以来，世界已经进入一个前所未有的大变革时期。树立人类命运共同体意识，归根结底要确立一种具有世界历史视野的发展理念。人类命运共同体思想是马克思主义中国化的创新理论形态，是马克思主义与中国智慧的结晶。和平崛起的中国将推动人类命运共同体的构建，以开放的精神建构互惠互利的合作模式，使各国人民真实地感受到免于匮乏、获得发展并享有尊严的愿景得以实现。

（作者系岭南师范学院科研处副处长、教授）

① ［德］马丁·海德格尔：《存在与时间》，陈嘉映、王庆节译，生活·读书·新知三联书店2006年版，第269页。

关于新时代我国社会主要矛盾转化的几个问题

雷吉来

中国特色社会主义进入新时代，我国社会主要矛盾已经转化为人民日益增长的美好生活需要和不平衡不充分的发展之间的矛盾。这一重大论断，意蕴深刻，事关党和国家工作全局，应作全面深入研究。笔者试从三个方面对这一新论断作些初步分析。

一、新时代我国社会主要矛盾转化的历史考察

1956 年我国社会主义改造基本完成，至此，我国社会主义制度基本建立。形势的发展变化迫切需要我们党对当时中国社会主要矛盾进行研究，作出新的判断。1956 年党的八大指出，由于无产阶级和资产阶级之间的矛盾已基本解决，我国社会主要矛盾已转变为人民对于建立先进的工业国的要求同落后的农业国的现实之间的矛盾，已经是人民对于经济文化迅速发展的需要同当前经济文化不能满足人民需要的状况之间的矛盾，说到底就是先进的社会主义制度同落后的社会生产力之间的矛盾。这一重大判断无疑完全符合当时经济社会发展的客观情况，实现了对当时社会主要矛盾的客观认识和准确把握。但事隔两年，1958 年党的八大二次会议，却又提出在中国社会发展的过渡阶段，无产阶级与资产阶级之间的斗争、社会主义道路与资本主义道路之间的冲突，还将长期存在，甚至该矛盾会在特定范围内表现得更加激烈和突出，甚至会演化为你死我活的敌我矛盾和斗争。当时之所以作出与八大决议完全相反的错误论断，既与当时错综复杂的国内情况有关，又和当时复杂多变的国际形势直接相连。新中国成立之初，百废待兴，迫切需要改变一穷二白的落后面貌。而在当时，以美国为首的西方国家，对我国进行经济封锁、军事

包围和思想渗透，另外国际上社会主义阵营也出现了严重分化，严峻的国际形势，加上革命战争年代阶级斗争惯性思维，这些因素直接影响了中央领导层的决策思想。这时期对社会主要矛盾的分析，实际上是以阶级矛盾与阶级斗争为经纬，主要是在政治层面作研判，把社会主义条件下特定特殊形态的阶级斗争视作普遍现象乃至本质特征，而没有很好地认识到在社会主义改造完成、社会主义基本制度建立后，坚持把主要矛盾始终视为人民内部矛盾，是在人民利益一致基础上的非对抗性矛盾来予以分析，把迅速恢复和发展生产力增加生产力的总量作为首要任务和中心工作，并由此制定和实施党和国家的发展战略。由于在社会主要矛盾认识上的严重偏差，因而在实际工作中阶级斗争不断走向扩大化，而这正是直接导致“以阶级斗争为纲”的“文化大革命”的主要原因，使党与国家的事业蒙受了难以估量的挫折和损失，教训极其深刻。

1978年召开的党的十一届三中全会，果断地停止使用“以阶级斗争为纲”的口号，作出了把党的工作重点转移到社会主义现代化建设上来的战略决策，这为重新认识社会主义社会主要矛盾提供了新的思想和实践基础。在1979年3月底召开的理论工作务虚会上，针对当时社会主要矛盾的问题，邓小平同志一针见血指出：“我们的生产力发展水平很低，远远不能满足人民和国家的需要，这就是目前时期的主要矛盾，解决这个主要矛盾就是我们的中心任务”。这次理论务虚会，围绕社会主要矛盾的问题，我们党更理性地更深入地认识到了当时我国经济社会发展的现实状况与未来走向，进一步统一了全党思想。1981年6月，党的十一届六中全会通过的《关于建国以来党的若干历史问题的决议》，对社会主要矛盾作了如下表述：“在社会主义改造基本完成以后，我国所要解决的主要矛盾，是人民日益增长的物质文化需要同落后的社会生产之间的矛盾。”① 这一表述，显然继承了党的八大提出的关于我国社会主要矛盾的基本思想，但更为精准规范，更有针对性。当然，全会没有否决阶级斗争的存在，但“在剥削阶级作为阶级消灭以后，阶级斗争已经不是主要

① 《三中全会以来重要文献选编》下，人民出版社1982年版，第787页。

矛盾。”①

社会主要矛盾的重新确认，不仅纠正了此前我们在社会主义建设问题上理论与实践的偏差，更重要的是确立了以经济建设为中心的现代化发展战略，党的十三大把这一战略具体化为“三步走”的发展战略。而今，温饱和小康这两大目标已提前实现，目前正向全面小康迈进，成就斐然，举世瞩目。在此基础上，无论是生产力还是生产关系，经济基础还是上层建筑，各自的发展及其相互关系，均发生了深刻变化，呈现出新的发展形态。党的十九大报告指出，从党的十八大到党的十九大，短短五年，期间取得的成就更是全方位、开创性的，变革是深层次的、根本性的，“解决了许多长期想解决而没有解决的难题，办成了许多过去想办而没有办成的大事，推动党和国家事业发生历史性变革”②。至此，中国社会主要矛盾呈现出了更加明显的新态势，如何对此作出新的论证与判断，已然成为一个紧迫课题，可谓水到渠成，时机已完全成熟。为此，党的十九大凝聚全党全国人民的智慧，郑重提出中国特色社会主义进入新时代，我国社会主要矛盾已发生转化，就成为解决这个重大历史与现实课题的一个历史节点。

二、新时代我国社会主要矛盾转化的深厚基础

新时代我国社会主要矛盾的转化，有其深厚的理论与实践基础。

（一）新时代我国社会主要矛盾转化的理论基础

根据马克思主义基本原理，生产力与生产关系、经济基础与上层建筑之间的矛盾，贯穿整个人类社会历史，是社会发展的基本矛盾，因而也是社会发展的根本动力。生产力决定生产关系，当生产关系适应生产力发展要求时将促进生产力的发展，反之则阻碍生产力发展。同理，经

① 《三中全会以来重要文献选编》下，人民出版社1982年版，第785－786页。

② 习近平：《决胜全面建成小康社会　夺取新时代中国特色社会主义伟大胜利——在中国共产党第十九次全国代表大会上的报告》，人民出版社2017年版，第8页。

济基础决定上层建筑，当上层建筑适应经济基础发展要求时，就会推动社会发展，反之则阻碍社会发展。社会主义社会虽然是对资本主义社会的超越与否定，但社会的基本矛盾仍然是生产力与生产关系、经济基础与上层建筑这两大矛盾，并推动着社会主义社会发展。正如习近平总书记说："马克思在《〈政治经济学批判〉序言》中说：'人们在自己生活的社会生产中发生一定的、必然的、不以他们的意志为转移的关系，即同他们的物质生产力的一定发展阶段相适合的生产关系。这些生产关系的总和构成社会的经济结构，即有法律的和政治的上层建筑竖立其上并有一定的社会意识形式与之相适应的现实基础'。"① 诚然，这两大基本矛盾中，生产力与生产关系的矛盾更根本、更具有决定性，因为社会形态的发展与更替，主要地是由这一矛盾所决定。对此，马克思曾深刻指出："人们所达到的生产力的总和决定着社会状况。"② 历史地看，当生产力发展到一定水平，生产关系中最核心的要素，即生产资料所有制关系必然会随之发生变化，当生产资料私人所有制占主导地位时，社会形态就属于剥削阶级社会，生产资料公有制占主导地位时，社会形态就由剥削阶级社会转变为社会主义社会。因此，马克思进而指出："一切历史冲突都根源于生产力和交往形式之间的矛盾。"③ 要从根本上解决这种冲突和矛盾，就必须以生产资料公有制占主导地位的社会主义社会取代资本主义社会，并不断创造条件实现向共产主义社会的过渡。

马克思、恩格斯他们从社会存在决定社会意识的辩证关系出发，揭示的是生产力与生产关系、经济基础与上层建筑这两大社会基本矛盾发展变化的一般规律。我们党坚持以马克思主义基本原理为指导，在不断推进马克思主义中国化的过程中，在革命与建设时期创立了有自己特色的矛盾学说。毛泽东同志运用马克思主义唯物辩证法，针对当时党内出现的教条主义和经验主义两种错误倾向，在1937年发表的《矛盾论》中，提出了矛盾的普遍性与特殊性、主要矛盾和次要矛盾、矛盾的主要

① 《习近平谈治国理政》，外文出版社2014年版，第94页。
② 《马克思恩格斯选集》第1卷，人民出版社2012年版，第160页。
③ 《马克思恩格斯选集》第1卷，人民出版社2012年版，第196页。

方面和次要方面的学说，认为主要矛盾在事物存在的诸多矛盾中起着领导与决定作用，而事物的性质主要地是由取得支配地位的矛盾的主要方面决定的，因此我们在观察研究和分析处理问题时，一定要抓主要矛盾和矛盾的主要方面，“捉住了这个主要矛盾，一切问题就迎刃而解了”①。1957 年毛泽东发表《关于正确处理人民内部矛盾的问题》，基于我国已进入社会主义社会这一基本事实，提出了敌我矛盾和人民内部矛盾两类性质完全不同的矛盾学说，认为这两类矛盾由于性质不同，解决的方法也不同，在我国社会主义社会条件下，大量的矛盾主要表现为人民内部矛盾，敌我矛盾只是在一定条件下存在，已不是社会主要矛盾。毛泽东的这些论述，进一步发展了马克思主义的矛盾思想。从马克思到毛泽东所创立的这些思想理论成果，为我们深入认识与正确把握中国特色社会主义新时代的到来及新时代我国社会主要矛盾的转化奠定了坚实的理论基础。

（二）新时代我国社会主要矛盾转化的实践基础

经过改革开放 40 年，我国经济社会各方面发生了翻天覆地的变化，这是我国进入新时代社会主要矛盾发生转化的现实基础，具体而言，主要体现在三个方面：

首先，我国社会生产力发展水平显著提高。经过 40 年改革开放，我国生产力发展水平持续提高。根据国家统计局数据，2016 年我国国内生产总值达到 74．4 万亿元，占世界经济总量的 14．8%，稳居世界第二位，人均国内生产总值 5．4 万元（约合 8100 多美元）②；2013—2016 年间，国内生产总值年均增长 7．2%，高于同期世界 2．6% 和发展中经济体 4% 的平均增长水平，呈现出良好增长态势。从人均国民总收入（GNI）来看，根据世界银行调整计算，2016 年中国人均国民总收入为 8260 美元，在世界银行公布的 216 个国家（地区）人均国民总收入排名

---

① 《毛泽东选集》第 1 卷，人民出版社 1991 年版，第 322 页。

② 《中华人民共和国 2016 年国民经济和社会发展统计公报》，国家统计局 2017 年 2 月 28 日。

中，中国由2012年的第112位上升到2016年的第93位。[①] 按世界银行统计标准，2016年人均国民总收入达到41046美元为高等收入国家，达到8202美元为中高等收入国家，4905美元为中等收入国家，4445美元为中低收入国家，据此世界银行把中国列入中高等收入国家行列。而1978年，人均国民总收入达到7283美元为高等收入国家，达到317美元为中低收入国家，而我国当年人均国民总收入仅有200美元，属于重债穷国。[②] 2010年以来，我国经济总量不仅稳居世界第二位，而且这几年我国经济对世界经济增长贡献率超过30%，比美国、欧元区和日本贡献率的总和还要大，居世界第一位。另外，我国经济竞争力不断提升，特别是在对经济竞争力具有决定作用的科技领域的多个方面，我国已实现由跟跑并跑到并跑领跑的超越，从根本上改变了我国生产力的落后面貌。

其次，人民群众对美好生活的需要急剧上升。改革开放初期，我国处于生产力与经济发展水平较低的贫穷落后状态，由此确认人民对于物质文化不断增长的需要与落后的社会生产这个社会主要矛盾，坚持以经济建设为中心，大力改变落后的社会生产以满足人民日益增长的物质文化需要。这在当时及此后很长一个时期，这一社会主要矛盾与经济社会发展水平无疑是匹配的。但随着改革开放的深入，人民生活的基本物质需要及教育、体育、休闲等基本文化需要不断得到满足，短缺经济的年代已不复存在，温饱型的需求得到满足后，享受型发展型的需要就会不断涌现。对此，马克思曾指出："已经得到满足的第一个需要本身、满足需要的活动和已经获得的为满足需要而用的工具又引起新的需要。"[③] 这些年，人民生活水平可谓芝麻开花节节高，吃穿住用行等日常生活需要不断转型升级，仅这几年每年就有超过1.2亿国民出境出国旅游，这些变化每个人都有切身感受。随着我国现代化战略的持续实施与深层推进，人民对美好生活的需求会越来越广泛，不但会对物质文化生活提出更高

---

① 《统计局：2016年中国人均国民总收入8260美元世界排名第93位》，新华网2017年10月10日。

② 《按图表集法衡量的人均国民总收入（GNI）（现价美元）》，参见世界银行网站。

③ 《马克思恩格斯选集》第1卷，人民出版社2012年版，第159页。

要求，还会在民主、法治、公平、正义、安全和环境等层面上形成更高更多的需求。面对各方面的深刻变化，我们的认识如果还停留在原来狭隘的物质文化需要层次，不仅不符合现实经济社会发展的实际状况，而且只会让我们抱残守缺，墨守成规，延误推进深化经济社会改革的大好时机，使经济社会在低层面缓慢地循环发展，最终影响生产力的发展和人民对美好生活的向往。

再次，发展不平衡不充分已成为制约我国经济社会发展的瓶颈问题。中国虽然已是世界第二大经济体，但人均 GDP 只相当于欧美日等发达国家的七分之一，差距很大。东南西北中各区域之间、城乡之间、行业之间、部门之间，包括人与人之间发展不平衡的问题还比较突出。教育、医疗、卫生、养老等民生领域所提供的均等化公共服务，水准也不高。还有许多贫困人口没有脱贫。另外，世界经济复苏依然乏力，全球不确定因素增多，这也直接影响着我国发展。所以，习近平总书记说，我们发展起来后遇到的问题一点也不比未发展起来遇到的问题少，而且发展起来后遇到的问题更大更复杂。我国仍处于并将长期处于社会主义初级阶段的基本国情没有变，我国仍是世界最大发展中国家的国际地位没有变，即使今天进入新时代，但新时代也仍然是我国社会主义初级阶段发展中的一个崭新阶段，这种情况更表明我国发展的不平衡不充分。当前，我国经济发展进入新常态，为适应这一变化，我们贯彻创新、协调、绿色、开放、共享五大发展理念，加快推进供给侧结构性改革，转换经济发展方式，构建现代化经济体系，实施乡村振兴战略，用几年时间打赢防范化解重大风险、精准脱贫、污染防治三大攻坚战等一系列战略性决策，就是要通过全面破解发展不平衡不充分的突出矛盾和问题，加快推进国家治理体系和治理能力的现代化，实现经济社会在更高层面和更宽领域可持续发展。

三、新时代我国社会主要矛盾转化的深刻意蕴

新时代我国社会主要矛盾的转化，与新时代的到来一样，从理论到实践、从历史到现实、从现在到未来，可谓意蕴深刻。

首先，为中国特色社会主义进入新时代提供了强有力的理论支撑。

新时代是十九大报告中的一个热词，“时代”这个词，用于分析人类历史时，意指历史发展中的阶段，特指历史发展过程中具有独特代表性的发展阶段。对此，《辞海》这样解释：时代指历史上依据经济、政治、文化等状况来划分的社会各个发展阶段。如新石器时代、封建时代、社会主义时代。① 可见，时代既不能随意划分，也不是凭空而来，而是一个国家社会经济、政治、文化等各要素综合发展的结果。唯物辩证法告诉我们，事物的量变发展到一定程度，必然会或迟或早引起质变，这时事物就由一种质态发展为另一种质态，对一个社会来说，这种质变或“阶段性的质变”往往意味着一个新阶段的到来、一个新时代的开辟。党的十九大报告指出：“经过长期努力，中国特色社会主义进入了新时代，这是我国发展新的历史方位。”② 新时代显然是近40年的改革开放，经济、社会、文化各方面发展的必然结果，是社会发展阶段演进的结果，特别是党的十八大以来，在以习近平同志为核心的党中央领导下，我们党以前所未有的姿态和力量把中国特色社会主义事业推向了新的发展境界，开拓出了中国特色社会主义发展的崭新道路。因此，社会主要矛盾的转化，既是中国特色社会主义不断发展的必然结果，同时又是中国特色社会主义进入新时代的显著标志，为促进中国特色社会主义伟业蓬勃持续发展奠定了新的理论基础。

其次，集中体现了以人民为中心的发展思想。社会主要矛盾由从满足“人民日益增长的物质文化需要”到满足“人民日益增长的美好生活需要”，由解决“落后的社会生产”到解决“不平衡不充分的发展”，其内涵与外延虽然发生了革命性的变化，但却始终着眼于满足人民的需要与通过发展来满足需要，换言之，从“需求”与“供给”这两个维度，理论上予以精准把握，实践上不断探索前行，体现了我们党执政理念上的一脉相承和与时俱进，彰显了新时代中国共产党人强烈的家国情怀、

---

① 《辞海》中，上海辞书出版社1999年版，第3921页。

② 习近平：《决胜全面建成小康社会　夺取新时代中国特色社会主义伟大胜利——在中国共产党第十九次全国代表大会上的报告》，人民出版社2017年版，第10页。

民族情怀、人民情怀，向国人和世界重申了中国共产党以人民为中心的发展思想和鲜明价值立场。这与马克思主义以人为本的历史观和发展观具有内在一致性。唯物史观认为，人民群众既是社会物质财富的创造者，也是精神财富的创造者，是社会变革的推动力量。让人民群众共享社会发展成果，与其历史创造者的角色高度契合。社会发展的最终目标就是要促进人的自由全面发展，这个价值理想和目标追求，党的十九大报告再次作了阐述，提出要在保证全体人民共建共享发展中有更多获得感受，不断促进人的全面发展、社会全面进步，而这正是马克思在《共产党宣言》中所阐述的人类追求的理想目标，即代替阶级对立社会的“将是这样一个联合体，在那里，每个人的自由发展是一切人的自由发展的条件”①。执政党和国家的核心任务就是要为每个人的自由全面发展创造条件，满足人民的发展需要。新时代社会主要矛盾的转化，既体现了时代的深刻变革，更体现了我们党对人民群众发展需要的全方位、深层次、前瞻性的精准定位与把握，从而牢牢地抓住了以人民为中心的发展思想。

再次，彰显了新时代党的历史使命。一个时代有一个时代的问题，马克思也这样说过：“问题就是时代的口号，是它表现自己精神状态的最实际的呼声”，是“左右一切个人的时代声音”。② 马克思把问题、时代、呼声三者联结起来，问题实际上就是矛盾，呼声实际上就是人民的诉求，这深刻地揭示出了矛盾、问题、时代、诉求四者的内在逻辑联系。新时代社会主要矛盾的转化，蕴含着时代主题和核心问题的历史性嬗变，而转化了的社会主要矛盾，与任何新生事物一样，在其发展道路上必然面临新的困难和挑战。正如习近平总书记指出的那样，在新的长征途中，“我们还有许多‘雪山’‘草地’需要跨越，还有许多‘娄山关’‘腊子口’需要征服……”③。新矛盾催生新时代，新时代呼唤新使命，为此，党的十九大报告对新时代中国共产党人的历史使命作出了新概括：为了实现伟大梦想，必须进行伟大斗争，必须建设伟大工程，必须推进伟大

---

① 《马克思恩格斯选集》第1卷，人民出版社2012年版，第422页。
② 《马克思恩格斯全集》第1卷，人民出版社1975年版，第203页。
③ 《习近平谈治国理政》第2卷，外文出版社2017年版，第49页。

事业。离实现中华民族伟大复兴的目标也越来越近，但行百里者半九十，全党还必须为此付出更为艰巨、更为艰苦的努力。

最后，为党的理论与实践创新提供了方法论指导。社会总在矛盾中前进，历史总在解决矛盾中创造，旧矛盾解决了，新矛盾接着出现。抓主要矛盾，就是抓根本问题，就是抓根本任务和工作重点。党的历史充分证明，无论是在革命、建设还是今天的改革开放年代，党的历史就是不断地认识、判断并不断解决社会主要矛盾，攻坚克难，夺取一个又一个胜利的历史。新时代社会主要矛盾转化的思想，丰富发展了马克思主义矛盾学说，为不断满足人民日益增长的美好生活需要，推进中国特色社会主义伟大事业提供了宽广的理论视野和实践空间。可以预期，新时代我国社会主要矛盾的转化，为新时代许多重大问题的破题，提供了丰富的方法论意义和价值。

（作者系惠州学院马克思主义学院党总支书记、副教授）

第四部分

马克思主义的当代价值

资本逻辑的两面性及其在社会主义初级阶段的运用

——论《共产党宣言》资本批判理论的当代价值

谢迪斌

马克思主义理论是建立在对资本主义分析和批判之上的，这种批判尤其以对资本批判为前提。马克思主义对资本的批判从《1844年经济学哲学手稿》（本文简称《手稿》）破题，《共产党宣言》（本文简称《宣言》）充分展开，《资本论》全面总结，形成了一套完整的理论体系。显然，《共产党宣言》在马克思主义资本批判中具有极其重要的地位。《共产党宣言》资本批判重点在对资本逻辑的批判。所谓资本逻辑就是指资本的生成机制、演变路径和最终结果。所谓批判，就是一种分析和判断，不是全盘否定，也有部分肯定的意涵。在社会主义初级阶段，还需要利用资本逻辑的正面价值，当然更需要控制和避免资本逻辑负面影响。学习和研究《宣言》资本批判的主要内容和基本观点，对新时代中国特色社会主义伟大事业的推进具有重要的理论意义和实践价值。

一、资本逻辑的历史意义与根本缺陷

《宣言》用了很大的篇幅讨论资本问题，与《手稿》相比，《宣言》对资本的批判具有描述性和判断性的理性特征，而超越了《手稿》的情感性色彩。这是因为马克思已经将历史唯物主义和辩证唯物主义作为自己的世界观与方法论，而不是《手稿》时期的人道主义原则。

众所周知，《宣言》对资本逻辑进行了深刻的剖析，一些著名的论断在后来的历史实践中，被不断证实，从而成为学术理论界、管理决策层甚至社会大众认识资本和资本主义社会的重要依据。

对资本及其危害性的揭示和抨击，并不是从马克思开始的。但《宣

言》之所以能超越空想社会主义，超越《手稿》时期的自我，主要在于对资本逻辑二律背反的不可克服性及其危害全面性进行了深刻的揭示和抨击。

（一）作为生产关系的资本，蕴含着自身不可克服的内在矛盾

资本是特殊的商品，商品价值与使用价值的二重性矛盾，决定了资本的二重性矛盾；资本二重性矛盾，决定了资本逻辑的内在对抗性。《宣言》就是从这一高度，揭示了资本的生成动力、运行机制和社会后果。“现在像一个魔法师一样不能再支配自己用法术呼唤出来的魔鬼了。几十年来的工业和商业的历史，只不过是现代生产力反抗现代生产关系、反抗作为资产阶级及其统治的存在条件的所有制关系的历史。只要指出在周期性的重复中越来越危及整个资产阶级社会生存的商业危机就够了。”① 在这里，马克思重点分析了资本逻辑起点与逻辑结果之间的差异，并分析了这种差异的产生的原因及其危害。那就是资本逻辑之中包含着生产力和生产关系的矛盾。资本是生产力与生产关系的双重体系，是同一个社会历史现象的两个不同方面。这两个不同方面决定了资本的逻辑必然走向二律背反。资本作为现代生产力的基本要素，在推动现代经济发展上，发挥了巨大的作用，将人类社会的生产力水平推进到一个空前的高度。生产力的高度发展，必然对生产关系提出了新的要求，然而，资本又是一种生产关系，它要维持自身生存，顽固地保守资本主义的社会制度和意识形态。逻辑上的二律背反由此产生：作为生产力的资本，在积极甚至狂热地推动社会的发展，作为生产关系的资本却坚决地捍卫旧制度。要保持生产力的快速发展，必须改变资本的生产关系；要维护资本的生产关系，就必须停止生产力的发展。要维持资本就必须消灭资本！《宣言》将资本的逻辑荒谬性充分地揭示出来。

在资本造成的危机面前，资产阶级没有其他办法，只有任凭资本逻辑饮鸩止渴式的修补，从而维持资本这种生产力和生产关系的存在。“资

---

① 《马克思恩格斯选集》第1卷，人民出版社1995年版，第277－278页。

产阶级的关系已经太狭窄了，再容纳不了它本身所造成的财富了。——资产阶级用什么办法来克服这种危机呢？一方面不得不消灭大量生产力，另一方面夺取新的市场，更加彻底地利用旧的市场。这究竟是怎样的一种办法呢？这不过是资产阶级准备更全面更猛烈的危机的办法，不过是使防止危机的手段越来越少的办法。”① 当这种办法少到不足以继续维持资本逻辑的内在矛盾的时候，另外一种解决方案——无产阶级革命就开始发挥作用了。从资本逻辑的内在矛盾推理到无产阶级革命。这是《宣言》的基本理论框架：“资产阶级用来推翻封建制度的武器，现在却对准资产阶级自己了”，“它首先生产的是它自身的掘墓人。资产阶级的灭亡和无产阶级的胜利是同样不可避免的”。② 资本的内在矛盾最后锻造出了自身的灭亡的力量——无产阶级。这是资本逻辑矛盾发展的最终必然结果。

（二）资本内在的逻辑矛盾导致了生产的危机与道德的灾难

《宣言》在《手稿》的基础上，更加深刻和尖锐地揭示了资本逻辑下的危害。这种危害主要以牺牲劳动者利益，公平正义的丧失和道德伦理的破坏具体表现。作为生产关系的资本，其产生的最大动力，就是剥削他人的劳动。只有把一般货币变成了资本，才会有占有他人劳动剩余价值的可能。在《宣言》中，马克思非常清晰地揭示了资本的这一本质及其危害性。这种危害体现在两个方面：

首先，对经济发展的周期性破坏，对自然资源和社会财富的周期性浪费：“只要指出在周期性的重复中越来越危及整个资产阶级社会生存的商业危机就够了。在商业危机期间，总是不仅有很大一部分制成的产品被毁灭掉，而且有很大一部分已经造成的生产力被毁灭掉。在危机期间，发生一种在过去一切时代看来都好像是荒唐现象的社会瘟疫，即生产过

① 《马克思恩格斯选集》第1卷，人民出版社1995年版，第278页。
② 《马克思恩格斯选集》第1卷，人民出版社1995年版，第285页。

剩的瘟疫。”① 作为生产力的资本无限扩张，作为生产关系的资本压制工人的消费能力，最终形成了生产能力和产品的相对过剩，资本逻辑无法正常维持，所以，就只好人为地压制生产力发展，销毁产品。在毁灭和倒退之后，资本逻辑又开始进行运作。“社会突然发现自己回到了一时的野蛮状态；仿佛是一次饥荒、一场普遍的毁灭性战争，使社会失去了全部生活资料；仿佛是工业和商业全被毁灭了。”②

其次，给劳动群众带来的痛苦与灾难。作为生产关系的资本，是一种剥削手段和工具，剥削和压迫对象是以工人阶级为主体的劳动人民。《宣言》没有像空想社会主义那样描述劳动群众灾难和痛苦的具体状况，也没有像《手稿》那样对资本逻辑下人的“异化”进行人道主义的批判。而是以从生产关系的角度，工人阶级的灾难与痛苦的原因和本质进行了描述，直指资本逻辑的危害的核心与实质：将工人阶级变成了现代奴隶：一是变成了生产机器的奴隶，工人紧紧束缚在机器之上，成了机器的一部分。“由于推广机器和分工，无产者的劳动已经失去了任何独立的性质，因而对工人也失去了任何吸引力。工人变成了机器的单纯的附属品，要求他做的只是极其简单、极其单调和极容易学会的操作。”③ 劳动本来是一件创造性的社会实践活动，但在资本逻辑下，则变成了单调而乏味的重复性动作。“因此，劳动越使人感到厌恶。”④ 二是导致工人阶级的日益贫困。获取利润最大化是资本逻辑运作的最基本规律，要获取利润最大化，就必须最大限度地降低产品成本，工人工资是产品成本的重要组成部分，当然也在降低之列。《宣言》并没有简单地将工人阶级的贫困等同于工人阶级收入的绝对下降，而是在整个资本逻辑下的绝对贫困与相对贫困的双重叠加：“因此，花在工人身上的费用，几乎只限于维持工人生活和延续工人后代所必需的生活资料。但是，商品的价格，从而劳动的价格，是同它的生产费用相等的。”“机器使劳动的差别越来

① 《马克思恩格斯选集》第 1 卷，人民出版社 1995 年版，第 278 页。
② 《马克思恩格斯选集》第 1 卷，人民出版社 1995 年版，第 278 页。
③ 《马克思恩格斯选集》第 1 卷，人民出版社 1995 年版，第 279 页。
④ 《马克思恩格斯选集》第 1 卷，人民出版社 1995 年版，第 279 页。

越小，使工资几乎到都降到同样低的水平，因而无产阶级内部的利益、生活状况也越来越趋于一致。资产者彼此间日益加剧的竞争以及由此引起的商业危机，使工人的工资越来越不稳定；机器的日益迅速的和继续不断的改良，使工人的整个生活地位越来越没有保障。”①

二、对资本逻辑的历史意义及经济学价值的指认

《宣言》对资本的批判，并不是简单的否定，而是一种分析基础上的性质判断。批判也包含了否定与肯定的双重意蕴。长期以来，中国学术理论界对这种双重意蕴没有很好的把握，只关注《宣言》对资本的否定和抨击，对马克思关于资本历史意义的正面指认关注不够。实际上，《宣言》花了相当的文字来指出了资本的正面意义和积极作用。从结构上来看，《宣言》在具体描述资本的正面意义和积极作用之前，首先进行了非常明确的定性价值判断：“资产阶级在历史上曾经起过非常革命的作用。”② 在否定和抨击资本的时候，马克思并没有进行这种总体性的价值判断，而只是大量运用描述性的事实判断。这就说明了马克思是非常全面客观地看待资本，这是因为资本逻辑有着其特定的客观历史意义与社会效果。

（一）资本逻辑成为生产力发展的强大动力

在发现了历史唯物主义的基本原理之后，马克思就不再停留在人道主义的情感倾向上来看待资本，而是从历史理性的高度，从逻辑的深层来分析资本。《宣言》对资本推动生产力发展上的巨大作用做大量事实判断基础上的描述，同时也进行了价值判断式的正面肯定。“资产阶级在它的不到一百年的阶级统治中所创造的生产力，比过去一切世代创造的全部生产力还要多，还要大。自然力的征服，机器的采用，化学在工业和农业中的应用，轮船的行驶，铁路的通行，电报的使用，整个整个大陆的开垦，河川的通航，仿佛用法术从地下呼唤出来的大量人口，——

① 《马克思恩格斯选集》第1卷，人民出版社1995年版，第281页。
② 《马克思恩格斯选集》第1卷，人民出版社1995年版，第274页。

过去哪一个世纪料想到在社会劳动里蕴藏有这样的生产力呢?"[①] 在这里，既有历史评价的比较方法，也有现实评价的描述方法。在不到100年时间内创造了超过了人类历史全部的生产力。这不是资产阶级的作用，而是资本逻辑的强大。在这种逻辑下，社会生产力以超乎主观想象的速度和规模在发展，呈现出一种前所未有的魔幻般力量。

（二）资本逻辑成为消解落后的人身依附关系和道德观念的强大武器

资本逻辑下的人际关系是一种物质前提下的依附关系，这种物的依附关系相对于封建社会人身依附关系是一个历史的进步，是人的全面自由的必须经过的历史阶段。从这个角度来说，这是值得肯定的，这是由于资本的逻辑就是一种利益逻辑，而不再具有神秘性。在资本逻辑下，社会关系从天国回到人间，实现了人际关系的平等性。虽然这种平等是建立于物的依赖基础上，是不彻底的平等，但相对于封建社会的人身依附，却是一种进步。"一切固定的僵化的关系以及与之相适应的素被尊崇的观念和见解都被消除了，一切新形成的关系等不到固定下来就陈旧了。一切等级的和固定的东西都烟消云散了，一切神圣的东西都被亵渎了。人们终于不得不用冷静的眼光来看他们的生活地位、他们的相互关系。"[②]《宣言》非常赞赏现代理性对中世纪虚假幻想等级制度的批判："资产阶级在它已经取得了统治的地方把一切封建的、宗法的田园诗般的关系都破坏了。"[③]

三、社会主义初级阶段必须利用资本逻辑

在国际社会主义运动史上，特别是苏联模式的社会主义建设史上，对《宣言》关于资本的批判存在片面的解读和实践，只关注了马克思对资本批判中的否定一面，而没有关注其中肯定的因素。因此，没有对资

① 《马克思恩格斯选集》第1卷，人民出版社1995年版，第277页。
② 《马克思恩格斯选集》第1卷，人民出版社1995年版，第275页。
③ 《马克思恩格斯选集》第1卷，人民出版社1995年版，第274页。

本逻辑力量进行正确的理解和运用，把资本逻辑完全摒弃于社会主义建设之外，而不是扬弃于社会主义建设之中。摒弃是完全割裂和抛弃，扬弃是批判地吸收。邓小平基于其对资本逻辑的理解和对中国社会主义建设实际情况的把握，对《宣言》的资本批判内容进行了正确而富有时代意义的解读，社会主义市场经济理论的提出，社会主义市场经济体制的建立，就是对《宣言》资本批判理论的全面而是正确的继承和发展，是对资本逻辑的合理运用。习近平总书记特别强调要坚持和完善社会主义市场经济体制，强化市场在经济建设中的重要作用。党的十八届三中全会，将原来的市场在资源配置中的基础性地位的提法改变为在资源配置中的决定性作用的定位。市场作用实质就是资本逻辑发挥的直接后果。在社会主义初级阶段，资本逻辑仍然具有极其重要的作用，这不是一个主观意志的问题，而是客观规律的问题。习近平总书记指出："关于使市场在资源配置中起决定性作用和更好发挥政府作用。这是这次全会决定提出的一个重大理论观点。这是因为，经济体制改革仍然是全面深化改革的重点，经济体制改革的核心问题仍然是处理好政府和市场关系。"①

中国特色社会主义应该而且必须运用资本逻辑，这是由于中国特色社会主义所处的时空方位所决定的。从时间向度来看，中国特色社会主义处于初级阶段，经济还不是很发达，发展生产力是首要的任务，而资本的逻辑在推动生产力的发展上具有非常强劲的动能。这在《宣言》中有着十分明确的论述。社会主义初级阶段直接来源于半殖民地半封建社会，在经济上还有许多残留的自然经济因素，如小农经济的封闭性和权贵性，需要用资本逻辑的开放性和平等性进行冲击，封建经济的逻辑比资本逻辑落后，极大妨碍生产力的发展。所以，在社会主义初级阶段，还需运用资本逻辑来推动生产力的发展。因为它对社会主义初级阶段的生产力发展具有正面作用，资本逻辑不一定就是资本主义的。正如邓小平所指出："只要对发展生产力有好处，就可以利用，它为社会主义服务，就是社会主义的；为资本主义服务，就是资本主义的。"②

① 《人民日报》2013年11月15日。

② 《邓小平文选》第3卷，人民出版社1993年版，第203页。

从空间维度来看，当今的世界仍然处于资本逻辑主导的世界，全球化的动力和趋势仍然是《宣言》中所阐述的资本逻辑：“不断扩大产品销路的需要，驱使资产阶级奔走于全球各地。它必须到处落户，到处开发，到处建立联系。”① 今天，资本逻辑主导的这种历史进程仍然还在继续，中国特色社会主义处在这种世界空间中，就必须遵循这种逻辑，获得自身发展的同时，也推动人类社会的共同进步。改革开放以来的实践证明，中国在国际经济交往的过程中，是遵守和运用资本逻辑的，并且在这种逻辑下，获得了快速经济发展与社会进步。这是中国特色社会主义对《宣言》关于资本逻辑正面意义的坚持和创新。《21世纪资本论》作者皮凯蒂指出：“世界很大一部分的资本积累当然会发生在亚洲，尤其是在中国。这将与该地区在全球产出中的比重相匹配。”② 当今一些西方国家企图阻挠全球化进程，打压中国对外开放，实际上是以政治目的和意识形态标准对抗资本逻辑，这种图谋是无法实现的。因为资本逻辑有着自身的动力和路径，任何一种主观力量都是无法阻挡的。习近平总书记指出：“经济全球化是社会生产力发展的客观要求和科技进步的必然结果。经济全球化为世界经济增长提供了强劲动力，促进了商品和资本流动、科技和文明进步、各国人民交往。经济全球化确实带来了新问题，但把困扰世界的问题简单归咎于经济全球化，既不符合事实，也无助于问题解决。”③

《宣言》对资本危害性的揭示，对社会主义初级阶段的经济建设特别是社会发展有着深刻的警示作用。所以，中国共产党自改革开放以来，都强调中国特色社会主义，中国对资本逻辑的利用是在社会主义框架下的，资本逻辑的危害性必然要受到社会主义政治制度、精神文明和道德伦理的制约和规范。当然这项工作的难度非常大，因为资本逻辑的动力十分强劲，没有强大的政治定力和制度规范及思想统一，很难应对资本

---

① 《马克思恩格斯选集》第1卷，人民出版社1995年版，第275页。

② ［法］托马斯·皮凯蒂：《21世纪资本论》，巴曙松等译，中信出版社2014年版，第476页。

③ 《习近平畅论坚定不移推进经济全球化》，《人民日报》2017年1月18日。

逻辑的严重冲击。在党的十八大以前，中国党风、政风、民风出现的问题，资本逻辑影响是重要的原因之一。正因为如此，党的十八大以来，以习近平同志为核心的党中央提出一系列政策措施，采取了一系列有效行动，有效遏制了资本逻辑负面影响对中国特色社会主义的侵蚀。习近平总书记强调："权力寻租，体制外和体制内挂钩，形成利益集团，挑战党的领导。我们惩治腐败的决心丝毫不能动摇，惩治这一手始终不能软。"① 这就说明，以习近平同志为核心的党中央已经明确辨识到资本逻辑泛化所产生的巨大危害，并提出遏止这一危害的有效措施。党的十八大以来，党风、政风、民风发生的巨大变化，充分说明了以习近平同志为核心的党中央正在探索一条社会主义制度下，控制资本逻辑负面作用的有效机制与方法。

（作者系广东外语外贸大学马克思主义学院院长、教授）

① 《习近平关于巡视工作的一组重要论述》，《党的文献》2015 年第 1 期。

马克思点亮了人类前行的思想明灯

——《共产党宣言》的当代价值

冯立鳌

1818年5月5日，人类伟大的千年思想家马克思诞生了。马克思在30岁不到时就与战友恩格斯发现了人类社会的运行通则，同时发现了能够推动社会运行的根本力量。他们在为国际工人组织起草“理论和实践的党纲”[①]时，满怀对真理的热忱，豪情激扬地写就《共产党宣言》，创立了马克思主义。今天，历史进入了新时代，人类社会的运行状态和布局都发生了重大变化，马克思主义对世界历史进程的影响愈益清晰。重读这篇光辉文献及作者后来的七篇序言，更能体会到其思想成果的不朽价值。

一、马克思塑定了共产主义理论的全部思想密码

人类社会何以至此？它要走向哪里？人们生命活动的遵循应是什么？这些根本的问题一直拷问着人类，影响着人们的行动选择。以前的思想家对此从来没有作出真理性的解答，“无论资产阶级经济学家或者社会主义批评家所做的一切研究都只是在黑暗中摸索”[②]。马克思吸收了人类智慧的探索成果，科学分析了工人阶级的历史使命，明确了人类社会的根本遵循、未来前景及其实现道路。他把这些思想凝结在所起草的文献中，为人类一直摸索徘徊其中的社会历史领域照进了第一束光亮，也为此后的共产主义理论塑定了全部的思想密码。

首先，马克思运用唯物史观构筑起了《共产党宣言》全部理论的思

① 《马克思恩格斯选集》第1卷，人民出版社2012年版，第406页。

② 《马克思恩格斯选集》第3卷，人民出版社2012年版，第1002－1003页。

想基石。唯物史观揭示了人类社会发展的客观规律，它和剩余价值学说一起，成为马克思对人类认识史的两大重要贡献。在《共产党宣言》中，马克思运用社会基本矛盾运动的原理观照社会历史现象，认为资本主义社会一切病状的总根源在于“生产力已经强大到这种关系所不能适应的地步，它已经受到这种关系的阻碍”①。生产力与生产关系、经济基础与上层建筑的矛盾运动贯穿文献始终，成为其他一切论点的根据；马克思还运用剩余价值学说分析资本主义社会的阶级对抗，论证无产阶级无可妥协的革命精神及其应有的历史使命。马克思的两大理论武器像铁基钢柱，构筑起不可撼动的思想基石，淬炼出的基本论点犹如思想界的霹雳闪光，警醒了正待觉悟的阶级。社会历史领域自此成了人类可以认识之地，社会的发展成了能够预察把握的客观过程，此后一切关于社会历史发展的真理性认识都必然要从这一伟大文献中吸取精神滋养。

其次，马克思在文献中阐述的科学社会主义基本原则，指明了人类社会发展的根本途径和光辉前景。《共产党宣言》中关于阶级斗争及其历史作用的理论，关于无产阶级阶级特征、社会地位及其历史使命的理论，关于共产党根本性质、奋斗目标和斗争策略的理论，关于民族问题、国际关系、东西方关系问题的态度与判断，以及关于经济、政治、思想教育相互连动等思想，都建立在对社会客观规律的坚定把握之上，被恩格斯视为“现代资本主义生产方式和它所产生的资产阶级社会的特殊的运动规律”②。这些思想对人类社会的发展途径与未来前景都作出了重大揭示，对国际共产主义运动具有直接的指导和规范。共产主义理论至今已经成为具有世界影响的思想学说，一切违背共产主义理论的思想，都必然是对马克思该文献基本原则的背叛；各种环境下和各个阶段上真正的共产主义理论，必然能从文献中找到其思想根脉；能够引领时代的杰出马克思主义者，也必然是从该文献中引来清澈的源头活水鉴照眼前世界，发现真理的曙光。《共产党宣言》犹如共产主义思想的百宝箱、密码库，具有无尽的应用空间。

① 《马克思恩格斯选集》第1卷，人民出版社2012年版，第406页。

② 《马克思恩格斯选集》第3卷，人民出版社2012年版，第1002页。

再次，《共产党宣言》分析和解决问题的方法论，对我们的革命与改革事业都有重要的启发指导。文献在提出共产党人的社会建设任务前写道："这些措施在不同的国家里当然会是不同的。"① 序言中一再提出，原理的实际运用，"随时随地都要以当时的历史条件为转移"②，这本质上强调了实事求是和反对教条主义的方法；马克思、恩格斯批判了当时社会主义运动中形形色色的思潮，专节论述"共产党人对各种反对党派的态度"③，注重从理论上同各种错误思潮划清界限，这教给了我们持正反邪、以破求立的方法；在谈到共产党人的任务和策略时表示，"在无产阶级和资产阶级的斗争所经历的各个发展阶段上，共产党始终代表整个运动的利益"④。阐发了不断革命论与革命发展阶段论相统一的方法等。历史唯物主义本质上是人们科学认识与变革现实社会的根本方法，可以说，一部《共产党宣言》，就是共产党人引领时代的战略方法集成。

此外，马克思对资本、市场等特定问题的论述，为社会主义市场经济建设提供了有益的借鉴。马克思是分析资本、市场问题的顶尖高手，他在《共产党宣言》中阐述资本主义社会的现状："资本是集体的产物，它只有通过社会许多成员的共同活动，而且归根到底只有通过社会全体成员的共同活动，才能运动起来。因此，资本不是一种个人力量，而是一种社会力量。"⑤ 以此说明资本运动离不开应有的社会环境，其中涉及对资本的某些本质化认识。马克思还提到："不断扩大产品销路的需要，驱使资产阶级奔走于全球各地，它必须到处落户，到处开发，到处建立联系。"⑥ 还设想了资本主义社会当政者对付社会基本矛盾运动的可能手段，指出："资产阶级除非对生产工具，从而对生产关系，从而对全部社会关系不断进行革命，否则就不能生存下去。"⑦ 这一方法果然被后来不

---

① 《马克思恩格斯选集》第1卷，人民出版社2012年版，第421页。
② 《马克思恩格斯选集》第1卷，人民出版社2012年版，第376页。
③ 《马克思恩格斯选集》第1卷，人民出版社2012年版，第433－435页。
④ 《马克思恩格斯选集》第1卷，人民出版社2012年版，第413页。
⑤ 《马克思恩格斯选集》第1卷，人民出版社2012年版，第415页。
⑥ 《马克思恩格斯选集》第1卷，人民出版社2012年版，第404页。
⑦ 《马克思恩格斯选集》第1卷，人民出版社2012年版，第403页。

少资本主义国家的资产阶级政治家所采用，显示了马克思极富远见的社会洞察力。在中国，当然更应直面社会基本矛盾的运动，自觉掌握和运用社会基本矛盾运动规律，大力推动科技创新和生产力提升，确立起改革不停顿的思想理念。

二、马克思表达了共产党人蓬勃向上的精气神

共产主义运动初期遭到了社会上的种种污蔑与误解，马克思起草共产主义的第一个纲领文献，出色完成了“共产党人向全世界公开说明自己的观点、自己的目的、自己的意图”① 的任务，同时也表达了共产党人蓬勃向上的精气神。

一是表明了共产党本质上代表无产阶级和劳苦大众利益的立场情怀。《共产党宣言》从党的性质上、从理论纲领上、从活动实践上以及共产党的奋斗目标上，全面阐述了共产党作为无产阶级先进组织的根本定位，指出了共产党代表无产阶级整体利益，以及“代表运动的未来”② 的先进性和“为绝大多数人谋利益”③ 的人民性特质。同时认为，共产党“胜过其余无产阶级群众的地方在于他们了解无产阶级运动的条件、进程和一般结果”④。即是具有科学理论武装的组织。马克思是一位卓越的思想家、革命家，他多次拒绝了资产阶级政府的利诱收买，一生忍受着贫困和疾病的折磨，无怨无悔地投身于为无产阶级锻造强大精神武器的艰辛劳动中，“我希望为我们的党取得科学上的胜利”⑤ 的立场情怀坚定不移。在职业选择上，他认为：“如果我们选择了最能为人类福利而劳动的职业，那么，重担就不能把我们压倒，因为这是为大家而献身；那时我们所感到的就不是可怜的、有限的、自私的乐趣，我们的幸福将属于千百万人。”⑥ 马克思把坚定的无产阶级立场和宽广的人类情怀灌注在《共

---

① 《马克思恩格斯选集》第1卷，人民出版社2012年版，第399页。
② 《马克思恩格斯选集》第1卷，人民出版社2012年版，第413页。
③ 《马克思恩格斯选集》第1卷，人民出版社2012年版，第411页。
④ 《马克思恩格斯选集》第1卷，人民出版社2012年版，第413页。
⑤ 《马克思恩格斯全集》第29卷，人民出版社1972年版，第554页。
⑥ 《马克思恩格斯全集》第40卷，人民出版社1982年版，第7页。

产党宣言》中，并用他的生命去实证，塑定了共产党人高尚人格。

二是显示了对人类社会发展客观规律的遵从意识。马克思认为，社会基本矛盾运动的规律在人类社会是一以贯之的，这一规律决定了“一切所有制关系都经历了经常的历史更替”①，而资产阶级在谈到封建所有制被更替的时候能够理解，在谈到他们自己所有制灭亡则不能理解，阶级偏见限制了他们的认识。马克思通过严密的理论逻辑展现了不可移易的社会运动规律，认为“共产党人的理论原理，决不是以这个或那个世界改革家所发明或发现的思想、原则为根据的。这些原则不过是现存的阶级斗争、我们眼前的历史运动的真实关系的一般表述”②。事物的客观进程及其一般结果本身就是共产党人制定自己行动路线与具体目标的依据，共产党人认识和掌握社会发展规律，具有对客观运动规律的遵从意识。

三是改变不合理制度，建立崭新社会的实践精神。马克思在1845年的一篇笔记文稿中表达了一种超乎世俗的思想理念：“哲学家们只是用不同的方式解释世界，问题在于改变世界”③，显示了对世界变革的炽热追求。恩格斯评价这位战友：“他毕生的真正使命，就是以这种或那种方式参加推翻资本主义社会及其所建立的国家设施的事业。”④ 马克思曾对女儿劳拉所给“调查表”的20个问题逐一作答，其中有一个问答是：“您对幸福的理解——斗争。”⑤ 他在名著《资本论》（第一卷）即将问世前写给友人的信中自豪地说，这本书“无疑是向资产者（包括土地所有者在内）脑袋发射的最厉害的炮弹”⑥。以斗争改变旧世界，这种精神气质无疑灌注进《共产党宣言》，其中关于阶级斗争、暴力革命和“两个决

① 《马克思恩格斯选集》第1卷，人民出版社2012年版，第414页。

② 《马克思恩格斯选集》第1卷，人民出版社2012年版，第413－414页。

③ 《马克思恩格斯选集》第1卷，人民出版社2012年版，第136页。

④ 《马克思恩格斯选集》第3卷，人民出版社2012年版，第1003页。

⑤ ［苏］瓦连京·奇金：《马克思的自白》，彭卓吾译，华龄出版社1990年版，第54页。

⑥ 《马克思恩格斯全集》第31卷，人民出版社1972年版，第542－543页。

裂”的论述，关于夺取政权后“尽可能快地增加生产力的总量”[①] 的提示，关于无产阶级在各个革命阶段上应有的行动设想，以及对空想的社会主义的批判，都强烈地渗透着改变社会的革命实践精神。

四是展现了对共产主义理想的自信和对革命前景的乐观态度。马克思选择了为人类福利而劳动的事业，并组织和推动了无产阶级革命运动，当共产主义在世界上还是一种“幽灵”[②]，没有扎根，属于飘荡的思潮时，年轻的思想家就宣布：资产阶级的灭亡和无产阶级的胜利是同样不可避免的，认定“无产者在这个革命中失去的只是锁链。他们获得的将是整个世界”[③]。这是多么自信和乐观。马克思生前认定：“工人阶级永远可以把我当做一个忠诚的先锋战士。”[④] 并且预言：“我们的事业将默默地、但是永恒发挥作用地存在下去，面对我们的骨灰，高尚的人们将洒下热泪。”[⑤] 他对自己的工作成就以及所投身的伟大事业充满自信，无比看好。穿过了200年的风尘与沧桑，马克思的预言已经清亮地展现在当今世界。

西方一位人类学家写书赞美科学巨匠的历史功绩，曾引用英国诗人夏洛特·伊利奥特的名句：“漫漫思想界，长夜有明灯；赖此导人类，探讨永无垠。”马克思把自己思想的光辉倾注于《共产党宣言》中，同时展现出了一种伟大人格的精神特质，为无产阶级的翻身解放和世界人民的幸福追求照亮了方向，《共产党宣言》正是光照人类前行的思想明灯。

三、《共产党宣言》是习近平新时代中国特色社会主义思想的源头活水

中国共产党在第十九次全国代表大会上把习近平新时代中国特色社会主义思想确立为党的指导思想，这一思想的源头活水来自马克思的《共产党宣言》。

---

① 《马克思恩格斯选集》第1卷，人民出版社2012年版，第421页。
② 《马克思恩格斯选集》第1卷，人民出版社2012年版，第399页。
③ 《马克思恩格斯选集》第1卷，人民出版社2012年版，第435页。
④ 《马克思恩格斯全集》第31卷，人民出版社1972年版，第425页。
⑤ 《马克思恩格斯全集》第40卷，人民出版社1982年版，第7页。

《共产党宣言》是习近平新时代中国特色社会主义思想的理论根基。马克思一生持有坚定的无产阶级立场和为人类献身的崇高情怀，习近平总书记多次强调“以人民为中心”[①] 的理念，认为“人民立场是中国共产党的根本政治立场”[②]，又表示“人民对美好生活的向往，就是我们的奋斗目标”[③]。这是对马克思立场情怀的坚定继承。习近平总书记一再指出：“马克思主义是我们立党立国的根本指导思想。”[④] 他要求全党“不忘初心，牢记使命”[⑤]，就是要全面坚守《共产党宣言》向世人昭告的理想信念，践行共产党人的历史使命。

《共产党宣言》中的基本思想原则，构成习近平新时代中国特色社会主义思想的重要内涵。如马克思关于经济、政治、思想教育相互联动、一起建立的思想就是“四个全面”战略布局的思想基础；以唯物史观为主体的各种方法论，在习近平新时代中国特色社会主义思想中得到了广泛的发挥运用；马克思认为“任何一个时代的统治思想始终都不过是统治阶级的思想”[⑥]，于是有“意识形态工作领导权”[⑦] 的提出；马克思、恩格斯在文献和序言中提到“民族复兴”[⑧]“民族的独立和统一”[⑨] 等关键词，都成为当代中国具有新内涵的行动口号等等。

《共产党宣言》中对共产党的性质、特征和纲领所作的论述规范着新时代党的建设。马克思当时对共产党的先锋模范作用作了原则性设想，党的十九大报告庄重提出：“中国特色社会主义最本质的特征是中国共产

---

① 《中国共产党第十九次全国代表大会文件汇编》，人民出版社 2017 年版，第 17 页。

② 《习近平谈治国理政》第 2 卷，外文出版社 2017 年版，第 40 页。

③ 《习近平谈治国理政》第 1 卷，外文出版社 2014 年版，第 3 页。

④ 《习近平谈治国理政》第 2 卷，外文出版社 2017 年版，第 33 页。

⑤ 《中国共产党第十九次全国代表大会文件汇编》，人民出版社 2017 年版，第 1 页。

⑥ 《马克思恩格斯选集》第 1 卷，人民出版社 2012 年版，第 420 页。

⑦ 《中国共产党第十九次全国代表大会文件汇编》，人民出版社 2017 年版，第 33 页。

⑧ 《马克思恩格斯选集》第 1 卷，人民出版社 2012 年版，第 395 页。

⑨ 《马克思恩格斯选集》第 1 卷，人民出版社 2012 年版，第 397 页。

党领导”[1]，既然共产党“没有任何同整个无产阶级的利益不同的利益”[2]，那就不能违规追求个人私利，就要对党内腐败零容忍；既然共产党“代表整个运动的利益”[3]，那就要“坚决防止和反对宗派主义、圈子文化、码头文化”[4]；既然无产阶级政党是有组织有纪律的部队，那就要强调政治纪律、政治规矩，增强“四个意识”；既然“共产党人不屑于隐瞒自己的观点和意图”[5]，那就要对党忠诚，“反对搞两面派、做两面人”[6]。马克思的建党方针和理念在此得到了进一步贯彻。

《共产党宣言》的诸多论述引导了习近平新时代中国特色社会主义思想的创新发挥。马克思、恩格斯在文献和序言提到“各民族忠诚的国际合作”[7]，提出自由人联合体的设想，这些思想被习近平创造性地发展为“构建人类命运共同体”的现实方案；马克思、恩格斯表明他们对“工人阶级的精神发展充满信心”[8]，习近平提出“人无精神则不立，国无精神则不强”[9]，认为“没有理想信念，就会导致精神上缺‘钙’”[10]。因而特别看重文化自信和民族精神的培育。《共产党宣言》讲道：“共产党人到处都努力争取全世界民主政党之间的团结和协调。”[11] 党的十九大后，中共举办世界政党大会，有120多国家的近300个政党600多名代表出席，这在世界政党史上实属罕见。

习近平总书记指出，在人类思想史上，“没有一种思想理论能达到马

---

① 《中国共产党第十九次全国代表大会文件汇编》，人民出版社2017年版，第16页。

② 《马克思恩格斯选集》第1卷，人民出版社2012年版，第413页。

③ 《马克思恩格斯选集》第1卷，人民出版社2012年版，第413页。

④ 《中国共产党第十九次全国代表大会文件汇编》，人民出版社2017年版，第50页。

⑤ 《马克思恩格斯选集》第1卷，人民出版社2012年版，第435页。

⑥ 《中国共产党第十九次全国代表大会文件汇编》，人民出版社2017年版，第50页。

⑦ 《马克思恩格斯选集》第1卷，人民出版社2012年版，第395页。

⑧ 《马克思恩格斯选集》第1卷，人民出版社2012年版，第383页。

⑨ 《习近平谈治国理政》第2卷，外文出版社2017年版，第47页。

⑩ 《习近平谈治国理政》第1卷，外文出版社2014年版，第50页。

⑪ 《马克思恩格斯选集》第1卷，人民出版社2012年版，第435页。

克思主义的高度”①，把不断创新和发展马克思主义作为当代中国共产党人的重要使命。习近平新时代中国特色社会主义思想与《共产党宣言》一脉相承、本质相通，两者辉光相映。现在，中国正大步走向世界舞台的中央，表明马克思点亮的思想明灯照亮着人类前进的道路。

（作者系广东省社科科学院哲学与宗教研究所所长、研究员）

① 《习近平谈治国理政》第2卷，外文出版社2017年版，第65页。

马克思对19世纪错误社会思潮的批判及当代价值

张 静

19世纪四五十年代到八九十年代，马克思、恩格斯在创立和发展马克思主义的过程中遇到了各种错误的社会思潮。面对这些在国际工人运动中有一定影响力的社会思潮，马克思集中批判了蒲鲁东主义、巴枯宁主义和拉萨尔主义。

一、蒲鲁东主义

1840年，蒲鲁东[①]发表《什么是所有权或对权利和政治的原理的研究》，提出“财产就是盗窃”的论点，蜚声于世。1846年，蒲鲁东发表《贫困的哲学》，以政治经济学来论证自己的改良主义思想，反对工人阶级的革命斗争。蒲鲁东否认一切国家和权威，认为它们维护剥削、扼杀自由。他反对政党，反对工人阶级从事政治斗争，认为其主要的任务是进行社会改革。他把无政府主义与改良主义相结合，提出一个所谓“互助主义”的救世良方，主张生产者根据自愿原则，通过订立契约进行互助合作，彼此“等价交换”各自的产品。马克思在《致安年科夫的信》（1846年12月28日）、《哲学的贫困》（1847）、《共产党宣言》（1848）、《论蒲鲁东》（给约·巴·施韦泽的信）（1865）中批判了蒲鲁东的哲学思想、经济学观点和社会改良方案，阐释了唯物史观和唯物辩证法，论证了马克思主义政治经济学和无产阶级革命理论的重要观点。

---

① 蒲鲁东（1809—1865），法国政论家，经济学家，社会主义者，无政府主义创始人之一。主要著作有《什么是所有权》《贫困的哲学》《一个革命家的自白》《十九世纪革命的总观念》《论革命与教会的正义》等。

1846年11月1日，俄国政论家安年科夫在致马克思的信中询问马克思对蒲鲁东的著作《经济矛盾的体系或贫困的哲学》一书的看法。安年科夫认为蒲鲁东的哲学思想是极其混乱的，但是“经济部分确实是非常有分量”。因为蒲鲁东在书中明确指出：“文明不能拒绝它已通过分工、机器、竞争等等所获得的一切，而这一切已永远为人类所赢得了。”① 但是，他反对蒲鲁东所开的药方，希望向马克思了解蒲鲁东体系中所隐藏的缺陷。马克思在1846年12月28日的回信中认为蒲鲁东的哲学思想和经济学观点都是错误的，因为他没有从现代社会制度的联结关系中了解现代社会制度。蒲鲁东从诉诸国家转而诉诸市民社会，但他不明白人们在一定的生产力下就有一定的交换和消费形式，也就会有相应的社会制度形式，有相应的市民社会也就会有相应的政治国家。蒲鲁东把分工看作永恒的规律，把机器的产生看作一般分工的结果，但是他不懂得分工的历史和发展，也不懂得机器产生和发展的历史，还把机器看作一种与分工、竞争、信贷等等并列的经济范畴。马克思认为，蒲鲁东没有看到“人们在发展其生产力时，也发展着一定的相互关系，这些关系的形式必然随着这些生产力的改变和发展而改变”，没有看到“经济范畴只是这些现实关系的抽象”②，没有把经济范畴看作历史性的规律，所以只能对它们作教条式的批判。

1847年，马克思在《哲学的贫困：答蒲鲁东先生的〈贫困的哲学〉》中全面批判了蒲鲁东的唯心史观、形而上学方法论和改良主义。蒲鲁东认为，分工、信用、货币等资产阶级生产关系是固定的、不变的、永恒的范畴，这些范畴和关系在经济学理论中有它自己的逻辑顺序和理性系列。马克思批评蒲鲁东忽略了生产关系的历史运动，范畴只是生产关系在理论上的表现，而蒲鲁东仅仅把这些范畴看作是观念、不依赖现实关系而自生的思想。实际上，一切存在物，只是由于某种运动才得以存在、生活。蒲鲁东认为经济范畴只不过是生产的社会关系的理论表现，现实关系只是一些原理和范畴的化身。马克思批评蒲鲁东不懂得这些社会关

① 《马克思恩格斯文集》第10卷，人民出版社2009年版，第5页。
② 《马克思恩格斯文集》第10卷，人民出版社2009年版，第47页。

系也是人们生产出来的。“随着新生产力的获得，人们改变自己的生产方式，随着生产方式即谋生的方式的改变，人们也就会改变自己的一切社会关系。”① 人们根据物质生产建立的社会关系以及根据自己的社会关系创造的观念和范畴都不是永恒的，而是历史的、暂时的产物。蒲鲁东把各种经济关系看作同等数量的社会阶段，这些阶段互相产生，并在自己的逻辑顺序中实现着无人身的人类理性。马克思指出这个方法的问题在于，单凭运动、顺序和时间的唯一逻辑公式无法说明一切关系在其中同时存在而又互相依存的社会机体。马克思分析了宿命论、浪漫派、人道派、博爱派等各种资产阶级经济学派，认为蒲鲁东从经济学家那里借用了永恒关系的必然性，从社会主义者那里借用了把贫困仅仅看作是贫困的幻想。蒲鲁东无休止地追逐公式，自以为既批判了政治经济学，又批判了共产主义，其实经常在资本和劳动之间摇摆。蒲鲁东最大的问题是不了解经济发展的真实过程，不懂得经济发展既有生产力的维度，也有生产关系的维度。马克思通过对蒲鲁东的批判阐明了唯物史观的基本原理：人们在发展生产力时也发展着一定的社会关系，生产力的变化必然引起生产关系及经济范畴的变化。

1865年1月19日，蒲鲁东逝世，马克思应《社会民主党人报》编辑约·巴·施韦泽的请求下写一篇蒲鲁东的文章。马克思在《论蒲鲁东》一文中对蒲鲁东进行了全面的评价。首先肯定了蒲鲁东早期的功绩，阐明了他与蒲鲁东在理论上的根本分歧，批判了蒲鲁东的哲学思想、经济学观点和社会改良方案。蒲鲁东不懂得科学的辩证法，陷入思辨哲学的幻想，他不是把经济范畴看作历史的、与物质生产的一定发展阶段相适应的生产关系的理论表现，而是荒谬地把它看作预先存的、永恒的观点。马克思反对蒲鲁东从财产关系的法律表现上来把握财产关系的总和，而应当从它们的现实形态上即生产关系来把握财产关系的总和。马克思批判了蒲鲁东的社会改良方案，指出“无息信贷”和“人民银行”并不能消灭剥削。1873年，马克思在《政治冷淡主义》中驳斥了蒲鲁东及其追随者反对工人运动的种种诡辩，阐述了工人阶级参加政治斗争的意义。

---

① 《马克思恩格斯文集》第10卷，人民出版社2009年版，第602页。

蒲鲁东坚决反对同他的互助论相抵触的任何经济运动，如组织同盟、罢工等。马克思详细批判了蒲鲁东提出的三条“永恒原则”：首先以英国的工资高于欧洲其他国家但工业产品的价格却低于其他国家来批判蒲鲁东的第一条原则；其次以英国和各个资产阶级国家对组织同盟的法律的采纳来揭示蒲鲁东第二条原则的错误；最后以工人阶级和资产阶级的阶级对立批驳蒲鲁东的阶级调和论和互助论。

二、巴枯宁主义

巴枯宁[①]在1840年离开俄国，先后侨居德国、瑞士和法国，1842年在卢格创办的杂志《德意志科学和艺术哈雷年鉴》上发表文章，1843—1844年左右与马克思相识。1849年，巴枯宁因领导德国德累斯顿起义而被判死刑，1851年引渡回俄国，受长期拘禁和流放。1861年从流放地逃亡，重返欧洲。1864年11月，马克思与巴枯宁在伦敦会面，巴枯宁表示愿意加入刚刚成立的第一国际，并在马克思的授意下，于1864—1867年在意大利的民族之父马志尼身边工作。但是，意大利特殊的资本主义模式和没有无产阶级的经济现状逐渐使巴枯宁偏离马克思的理论，并试图构建自己的理论体系，逐渐形成他的无政府主义思想。1868年10月，巴枯宁在瑞士建立了“国际社会主义民主同盟”，并向第一国际提出“同盟”作为支部加入国际工人协会，但是“同盟”保持自身的相对独立性，也就是保留在日内瓦的“中央局”。马克思和恩格斯领导的第一国际拒绝了巴枯宁的要求，并起草了拒绝承认“同盟”的通告信，即《社会主义民主同盟和国际工人协会》。1869年2月，巴枯宁表示“同盟”不再作为一个独立的组织，而是作为支部加入国际工人协会。

1869年7月，巴枯宁向国际工人协会总委员会寄来关于废除继承权的提议，马克思反对巴枯宁的提议，起草了《总委员会关于继承权的报告》。两人的分歧也成为国际工人协会第四次代表大会的争论焦点。这次

① 巴枯宁（1814—1876）：著名无政府主义者。主要著作有《国际革命协会的原则和组织》《国际革命协会的纲领》《国际兄弟同盟的章程和纲领》《巴黎公社和关于国家的概念》《上帝与国家》《国家制度和无政府状态》等。

较量标志着马克思与巴枯宁的分歧公开化，也标志着国际工人协会反对巴枯宁主义者的斗争正式开始。马克思反对巴枯宁把废除继承权作为社会革命的起点，认为继承权的消亡是废除生产资料私有制的社会改造的自然结果，因为继承法不是现存社会经济组织的原因，而是这种经济组织的结果，这种经济组织正是以生产资料的私有制为基础的。

1873年，马克思在《政治冷淡主义》中批判了巴枯宁主义关于无产阶级放弃政治斗争和立即“废除国家”的错误观点，揭示了巴枯宁主义在自由、自治、无政府状态的名义下加以神化的唯心主义幻想。马克思指出，巴枯宁主义者散布政治冷淡主义的目的就是要工人解除武装，充当资本主义社会的忠顺奴仆，就是要捍卫资产阶级的剥削制度，反对工人阶级代替资产阶级。

1874—1875年，《巴枯宁〈国家制度和无政府状态〉一书摘要》是一部独特的批判性和论战性著作。马克思在手稿中是通过一系列插语和评注来阐述科学社会主义的重要原理的。巴枯宁在《国家制度和无政府状态》中极力否定无产阶级专政的必要性，马克思认为，无产阶级需要国家是因为无产阶级掌握政权后无产阶级的敌人还没有消失，特别是资产阶级仍然存在，因此无产阶级需要运用国家政权的力量消灭资产阶级和旧的社会组织。无产阶级还需要运用国家的力量消除阶级存在的经济条件，只有消灭或者改造这种经济条件，才能彻底消灭阶级。巴枯宁认为，无产阶级的社会革命不需要经济条件，只要有意志就可以进行。马克思批判了这种唯心主义历史观，“彻底的社会革命是同经济发展的一定历史条件联系着的；这些条件是社会革命的前提。因此，只有在工业无产阶级随着资本主义生产的发展，在人民群众中至少占有重要地位的地方，社会革命才有可能”①。在巴枯宁看来，实行无产阶级专政普通农民就要受城市工厂无产阶级统治。马克思在批判巴枯宁主义的过程中第一次明确提出了无产阶级国家对农民所应采取的政策。无产阶级采取直接改善农民状况的措施，就能把农民吸引到革命中来，如促进土地的私有制向集体所有制过渡，让农民通过自己的经济道路而不是强制农民的方

---

① 《马克思恩格斯文集》第3卷，人民出版社2009年版，第404页。

式来实现这种过渡。马克思批判了巴枯宁的无政府主义，论证了工人阶级建立独立政党和开展政治斗争的必要性，阐述了科学社会主义关于继承权、无产阶级专政和工农联盟等问题的一系列重要思想。

三、拉萨尔主义

拉萨尔[①]在1848年欧洲革命期间参加革命运动，曾在马克思领导的《新莱茵报》工作，是德国早期工人运动活动家，全德工人联合会创始人及联合会主席。他提出在资本主义制度下，工人阶级的贫困是由所谓“铁的工资规律”造成的。1849年2—5月，马克思和恩格斯曾四次以《拉萨尔》为标题，在《莱茵报》上发表文章支持拉萨尔的斗争，肯定了拉萨尔对德国工人运动所作的贡献。1862—1863年，拉萨尔先后发表了《工人纲领》《公开答复》等小册子。马克思反对拉萨尔提出的“依靠国家帮助工人建立合作社”的策略，开始批判德国工人运动中的拉萨尔主义。

1875年3月，德国工人运动中的两派爱森纳赫派和拉萨尔派达成了合并的协议，在制定统一的新党纲时，爱森纳赫派的领导人在协商上作了无原则的妥协，把一些拉萨尔主义的错误观点写进党纲，马克思将《对德国工人党纲领的几点意见》寄给爱森纳赫派的领导人。1891年，恩格斯将这篇文章改名为《哥达纲领批判》，发表在德国社会民主党的理论刊物《新时代》上，逐条批判了德国工人党纲领草案中的拉萨尔主义观点：

第一，马克思批判了拉萨尔主义关于“劳动是一切财富和一切文化的源泉”“有益的劳动只有在社会中和通过社会才是可能的”“劳动所得应当不折不扣和按照平等的权利属于社会一切成员”的错误观点。马克思指出，劳动只有在具备了相应的对象和工具的条件下才能创造出财富。拉萨尔主义鼓吹劳动是一切财富的源泉，是为了掩盖资本主义的剥削，是让工人阶级在不触动私有制的前提下进行革命。

---

① 拉萨尔（1825—1864）：德国早期工人运动活动家，机会主义代表人物之一，全德工人联合会创始人及联合会主席。

第二，拉萨尔主义只承认资产阶级对劳动资料的垄断，不承认地主阶级对劳动资料的垄断。马克思认为这实质上是反对资产阶级而保护地主阶级，是一种改良主义，是不彻底的革命，因为“在现代社会，劳动资料为土地所有者和资本家所垄断”①。

第三，拉萨尔主义主张把劳动资料提高为社会的公共财产，要求集体调节总劳动并公平分配劳动所得。马克思批判了拉萨尔主义关于生产资料所有制与分配的相互关系问题上的错误观点，科学地论证了共产主义第一阶段社会主义社会的总产品和个人消费品的分配原则。

第四，马克思批判了拉萨尔主义对农民的错误认识，“劳动的解放应当是工人阶级的事情，对它来说，其他一切阶级只是反动的一帮”，阐明了农民是工人阶级的可靠同盟军。

马克思还批判了拉萨尔关于“铁的工资规律”的观点，揭露资本主义工资制度的实质，阐明了工人阶级只有消灭雇佣劳动制度，才能摆脱贫困和被剥削的地位。马克思批判了拉萨尔关于“依靠国家帮助”建立生产合作社实现社会主义的观点，论述了实现社会主义的途径。马克思阐述了过渡时期和无产阶级专政的理论，论述了从资本主义向共产主义的三个阶段，阐述了科学社会主义的基本原理。

1879年9月，马克思、恩格斯在《给奥·倍倍尔、威·李卜克内西、威·白拉克》一文中揭露了卡·赫希伯格、爱·伯恩施坦、奥·施拉姆的错误观点，指出拉萨尔的党是“以极片面的方式充当工人党”②，严厉批评他们妄图改变共产党的无产阶级性质，把共产党变成改良主义政党的主张。

四、当代价值

马克思在19世纪40年代到19世纪80年代对蒲鲁东主义、巴枯宁主义、拉萨尔主义等各种社会思潮的批判对于当代世界仍然具有重要的思想价值和方法意义。马克思始终坚持用唯物史观批判各种社会思潮，

① 《马克思恩格斯文集》第3卷，人民出版社2009年版，第431页。
② 《马克思恩格斯文集》第3卷，人民出版社2009年版，第478页。

从对蒲鲁东哲学思想和经济观点的批判到对巴枯宁的革命观、国家观的批判，再到对拉萨尔机会主义的批判，马克思的历史唯物主义始终是我们批判各种错误社会思潮的根本方法。

马克思对各种错误社会思潮的批判之所以成效显著，并且在当时的国际运动中产生重大影响，其主要原因是马克思的批判具有极强的针对性、长期性和持续性。马克思对蒲鲁东的批判从1846年12月与安年科夫的通信开始，一直到1873年批判各种政治冷淡主义，马克思对巴枯宁的批判从1868年的“同盟”事件一直到1875年批判巴枯宁的著作，马克思对拉萨尔的关注从1849年一直持续到1879年。马克思十分重视蒲鲁东、巴枯宁、拉萨尔的著作，并且针对他们的专著出版相应的批判著作：《哲学的贫困》是专门批判蒲鲁东的《贫困的哲学》，《总委员会关于继承权的报告》是专门批判巴枯宁的废除继承权的提议，《巴枯宁〈国家制度和无政府状态〉一书摘要》是专门批判巴枯宁的代表作《国家制度和无政府状态》，《哥达纲领批判》是批判德国工人运动中的拉萨尔主义。这些极具针对性和持续性的批判对于肃清错误社会思潮对国际工人运动的影响起到了重要作用。

恩格斯也在马克思之后对这些错误的社会思潮进行了持续的批判，有力地声援了马克思。1872年5月至1873年1月，恩格斯写了《蒲鲁东怎样解决住宅问题》《资产阶级怎样解决住宅问题》《再论蒲鲁东和住宅问题》三篇论战性文章，批判蒲鲁东的小资产阶级改良主义，并从正面论述了应当如何正确解决工人阶级的经济要求，包括解决住宅缺乏的问题。1868年马克思与巴枯宁的分歧日益加剧后，恩格斯在《致国际工人协会西班牙联合会委员会》（1871年2月13日）、《关于工人阶级的政治行动》（1871年9月21日）、《论权威》（1873）等著作中批判巴枯宁主义放弃政治斗争、立即废除国家、否定一切权威和把继承权作为社会革命的起点的错误观点。1875年，恩格斯在《给奥·倍倍尔的信》以及在1879年与马克思合写的书信继续批判了拉萨尔主义。

在马克思、恩格斯的时代有各种各样的社会思潮，它们对国际工人运动产生了各种消极影响。在当代中国，仍然存在着各种其他社会思潮。这些社会思潮对当代社会的影响仍不可轻视。如历史虚无主义思潮对中国共产党历史的歪曲，对中国特色社会主义的曲解，对毛泽东思想和毛泽东历史功绩的否定等，给人们的思想造成了极大的混乱。消费主义思潮对当代青年产生了极其错误的误导，这种把个人的享乐和自我满足放到第一位的错误思潮不仅严重冲击了中华民族勤俭节约的传统美德，而且扭曲人们的人格，使人们丧失奋斗的理想，爱慕虚荣、贪图享受，甚至走上犯罪的道路。民粹主义思潮常常以互联网为平台在各类舆情事件中发声，往往带有大量情绪化和非理性的表达，容易演化成极端暴力事件，不仅不利于解决问题反而有可能加剧社会矛盾。

因此，学习和掌握马克思批判错误社会思潮的方法，同错误社会思潮进行斗争是马克思主义者和马克思主义政党的一项重要工作。在大力加强社会主义意识形态建设的实践过程中，及时有效地遏制错误社会思潮的消极影响，必须科学运用马克思主义批判错误社会思潮，透过纷繁复杂的社会现象看清错误社会思潮的本质，帮助人们澄清谬误，明辨是非。

（作者系暨南大学马克思主义学院副教授、硕士研究生导师）

马克思主义的真理性及其当代价值：以“经济基础”与“上层建筑”概念及其关系的探讨为例

赵传珍

“经济基础”与“上层建筑”概念及其关系作为唯物史观的经典范畴，一直是国内学界研究的热点问题，取得了比较显著的研究成果。但在取得成果的同时也存在一些不足和问题。一方面，对“经济基础”与“上层建筑”概念及其关系的研究伴随着研究的不断深入，出现不断推翻前一种相关阐释，又推出一种新的阐释和界定的“深入研究”。也就是说，用“加法”做研究。另一方面，从概念史角度过度解读，不再满足于马克思主义经典作家的经典文章，而是“向前搜索，越搜越向前”。这种情况下，全面考察马克思和恩格斯对“经济基础”和“上层建筑”概念内涵使用和发展状况，可以帮助我们加深对这两个概念，以及由这两个概念组成的历史唯物主义经典命题所蕴含的马克思主义真理性深层哲学内涵的理解，通过对“经济基础”与“上层建筑”概念及其关系的探讨彰显马克思主义的真理性及其当代价值。

一、从市民社会到经济基础：马克思、恩格斯使用“经济基础”概念的不同语境

有学者考证，“基础”概念最初由马克思在《黑格尔法哲学批判》中提出并使用：“马克思在《黑格尔法哲学批判》中，通过对黑格尔颠倒国家和市民社会的真实关系进行的深刻批判，以家庭和市民社会是国家的原动力，政治国家没有家庭和市民社会作为基础就不可能存在为出发点，得出‘不是国家决定市民社会，而是市民社会决定国家’的结论，并首次提出了‘基础’的概念，这是马克思理解经济基础与上层建

筑这对范畴的萌芽。”① 马克思和恩格斯在《德意志意识形态》中再次明确指出：“‘市民社会’这一用语是在18世纪产生的，当时财产关系已经摆脱了古典古代的和中世纪的共同体（Gemeinwesen）。真正的市民社会只是随同资产阶级发展起来的；但是市民社会这一概念始终标志着直接从生产和交往中发展起来的社会组织，这种社会组织在一切时代都构成国家的基础以及任何其他的观念的上层建筑的基础。”② 由此可见，“基础”最原初是在“市民社会”意义上使用的。在《德意志意识形态》中，市民社会被定义为交往形式，是指物质生产关系的总和。马克思1859年在《〈政治经济学批判〉序言》中对基础做了精辟的表述：“人们在自己生活的社会生产中发生一定的、必然的、不以他们的意志为转移的关系，即同他们的物质生产力的一定发展阶段相适合的生产关系。这些生产关系的总和构成社会的经济结构，即有法律的和政治的上层建筑竖立其上并有一定的社会意识形式与之相适应的现实基础。”③ 1894年，恩格斯在《致瓦·博尔吉乌斯》的信中指出：“我们视之为社会历史的决定性基础的经济关系，是指一定社会的人们生产生活资料和彼此交换产品（在有分工的条件下）的方式。因此，这里包括生产和运输的全部技术。”④ 恩格斯在这里明确把生产方式和生产力都包括在“经济关系”之中。可以说，马克思主义创始人对“基础”一词的使用和内涵的揭示是一个逐渐丰富和发展的过程。这个过程可以总结概括为：马克思、恩格斯从一般的物质关系出发，即市民社会出发，把市民社会看成在社会发展中起支配作用的物质生产。通过对决定社会发展起根本作用的根本矛盾运动生产力和生产关系的辩证原理研究，又把市民社会归之为生产关系的总和，并由市民社会和国家的关系，发展上升到上层建筑和经济基础的关系原理。这一不断运动变化的过程表明，马克思和恩格斯对社会发展运动规律的认识在实践中不断逐步深化，对人类社会结构的研

---

① 张传开：《马恩关于经济基础与上层建筑范畴的确立及其系统化》，《安徽师范大学学报》1995年第2期。

② 《马克思恩格斯选集》第1卷，人民出版社1995年版，第130－131页。

③ 《马克思恩格斯选集》第2卷，人民出版社1995年版，第32页。

④ 《马克思恩格斯选集》第4卷，人民出版社1995年版，第731页。

究，也更详细具体化。可见，对市民社会和国家概念的认识深化过程，也是对经济基础和上层建筑概念的认识深化过程。由此可见，“经济基础”一词在马克思、恩格斯那里并不是在单一、孤立、静止意义上使用的，它既具有“市民社会”“生产关系”“经济基础”“社会的经济结构”“经济体制”的含义，又具有“生产方式”“社会历史的决定性基础”“物质生活条件”等多种蕴意，这是马克思主义辩证法的真理性在历史观上的具体彰显。庸俗经济决定论学说是因为没有理解经济基础所蕴含的丰富多元的内涵，而造成误解误读历史唯物主义经济基础学说的典型的个案，通过追溯马克思主义创始人关于“经济基础”概念原初之义的界定和发展过程，有力地批驳了这种错误学说。

二、从思想到汇票、信用：马克思和恩格斯使用“上层建筑”概念的多元化

正如对“经济基础”一词的使用状况一样，马克思、恩格斯在使用“上层建筑”概念时，赋予它的意义也是伴随着使用语境的不断变化而不断变化发展的。根据学者们的研究统计，上层建筑这个概念在马克思、恩格斯原著中被论述多达十次。首先，马克思、恩格斯最初是在“思想、观念”的喻义上使用上层建筑这个概念的。马克思、恩格斯在《德意志意识形态》中首次使用了上层建筑（überbau）这个词语，他们指出：“真正的市民社会只是随同资产阶级发展起来的；但是市民社会这一名称始终标志着直接从生产和交往中发展起来的社会组织，这种社会组织在一切时代都构成国家的基础以及任何其他的观念的上层建筑的基础。”① 在此处，“上层建筑”的使用主要是在讨论经济基础的最原初表现状态的“市民社会”这种“社会组织”时提出的，其主要含义也就是指与社会存在和社会实践相对应的“思想、观念”。在同样意义上使用上层建筑这个词语的是在《路易·波拿巴的雾月十八日》中：“在不同的占有形式上，在社会生存条件上，耸立着由各种不同的、表现独特的情感、幻想、思想方式和人生观构成的整个上层建筑。整个阶级在它的物质条

① 《马克思恩格斯选集》第1卷，人民出版社1995年版，第130－131页。

件和相应的社会关系的基础上创造和构成这一切。通过传统和教育承受了这些情感和观点的个人，会以为这些情感和观点就是他的行为的真实动机和出发点。”① 虽然在这段引文里，“上层建筑”具有在《德意志意识形态》同样的思想、观念的意思，但又明显包含有更多复杂的意义，把各种不同的情感和幻想、人生观都包含在列。

其次，马克思开始转变到在社会政治结构、国家政权或政治行为的意义上使用上层建筑概念。② 比如，在《共产党宣言》中，马克思和恩格斯提出：“无产阶级，现今社会的最下层，如果不炸毁构成官方社会的整个上层，就不能抬起头来，挺起胸来。”③ 马克思、恩格斯在这里所说的“整个上层”是指代表着资产阶级统治权力的国家政权的上层建筑。与此同样的用法还出现在《中国记事》中，马克思也是用政治上层建筑概念喻指国家政权。中国的太平天国革命事件的发生，使马克思不禁评论：“在东方各国，我们经常看到社会基础不动而夺取到政治上层建筑的人物和种族不断更迭的情形。”④ 很明显，这里的“政治上层建筑”指的是国家政权。马克思在《法兰西内战》中论到农民问题时说道：“农民的劳动则是孤立的，他们的生产资料是零星分散的。在这些经济差异的基础上，作为上层建筑，形成了大量互不相同的社会政治观点。”⑤

再次，人们最为熟知的马克思、恩格斯的上层建筑用法是指社会意识以及法律、政治、宗教、文艺或哲学的意识形态的形式。这是由马克思在1859年的《〈政治经济学批判〉导言》中的那段精彩论述而形成的影响力。在这段精彩的论述中，上层建筑的内涵变得更为丰富和宽广了，它不仅仅意指于思想、观念、社会意识，更是包含了社会非经济因素的意识形态形式。有学者如此评论上层建筑含义的这种转变：“显然，上层建筑的含义在这里发生了根本性的转移和变化。马克思在使用这一概念

---

① 《马克思恩格斯选集》第1卷，人民出版社1995年版，第611页。

② 胡为雄：《德、英、美等国学者对马克思上层建筑理论的误解》，《教学与研究》2011年第1期。

③ 《马克思恩格斯选集》第1卷，人民出版社1995年版，第283页。

④ 《马克思恩格斯全集》第15卷，人民出版社1963年版，第545页。

⑤ 《马克思恩格斯选集》第3卷，人民出版社1995年版，第101－102页。

时已经不是用来指称社会意识，而是用来指称与经济结构相对称的政治结构或政治实体了。"①

最后，"上层建筑"一词在马克思的政治经济学著作中还用来比喻为信用、资本和虚拟、汇票等含义。在《贸易和财政状况》一文中，马克思以上层建筑概念代替银行券、债券类的意义。例如，他在《经济学家》中提出："在这种资本的狭小基础上利用信贷建立起来的巨大上层建筑，不能不使人担忧。"② 另外，马克思还在《资本论》第3卷论述"信用和虚拟资本"的问题中，引用上层建筑范畴来意指汇票。他说："汇票这个巨大的上层建筑，是建立在由银行券和金的总额形成的基础之上的。"③ 同样在《资本论》第3卷中，马克思又在"信用"的喻义上使用上层建筑范畴，他指出："一个人实际拥有的或公众认为他拥有的资本本身，只是成为信用这个上层建筑的基础。"④

综上可见，马克思关于"上层建筑"概念的实际应用意义相当宽泛，在不同的语境中有不同的表达，要解读马克思的思想就需要具体到一定的语境和上下文中去仔细研读。但是，总的来说，"上层建筑"主要包含这样四种喻义：一是指思想、观念。二是指社会政治结构、国家政权或政治行为。三是指社会意识以及法律、政治、宗教、文艺或哲学的意识形态的形式。四是指信用与虚拟资本等。另外，我们还应该清楚马克思在使用上层建筑这个范畴时，对其所赋予的具体喻义发生过变化和转移，也就是指有一个从最初意指思想、观念到意指政治结构和政治权力的转变，又有从政治结构、国家政权或政治行为到社会意识和意识形态形式的转变，再到信用与虚拟资本的转变过程。

---

① 胡为雄：《马克思、列宁的上层建筑观比较》，《中共浙江省委党校学报》2005年第5期。

② 《马克思恩格斯全集》第11卷，人民出版社1962年版，第606页。

③ 《马克思恩格斯全集》第46卷，人民出版社2003年版，第451页。

④ 《马克思恩格斯全集》第46卷，人民出版社2003年版，第498页。

三、马克思和恩格斯关于“基础与上层建筑”关系的隐喻表达和多维论述

在讨论了马克思、恩格斯关于基础和上层建筑两个术语所包含的丰富内涵和对它们的使用情况之后，我们来讨论马克思、恩格斯究竟是怎样看待基础与上层建筑两者之间的关系，然后再来分析这对关系是不是反对者们提出的“经济决定论”和庸俗马克思主义者们的观点那样，认为经济基础就是决定一切？学界公认马克思、恩格斯关于基础和上层建筑之间的关系的阐述是在前面我们已经提及过的《〈政治经济学批判〉导言》中的这段著名论述：“人们在自己生活的社会生产中发生一定的、必然的、不以他们的意志为转移的关系，即同他们的物质生产力的一定发展阶段相适合的生产关系。这些生产关系的总和构成社会的经济结构，即有法律的和政治的上层建筑竖立其上并有一定的社会意识形式与之相适应的现实基础。物质生活的生产方式制约着整个社会生活、政治生活和精神生活的过程。不是人们的意识决定人们的存在，相反，是人们的社会存在决定人们的意识。社会的物质生产力发展到一定阶段，便同它们一直在其中运动的现存生产关系或财产关系（这只是生产关系的法律用语）发生矛盾。于是这些关系便由生产力的发展形式变成生产力的桎梏。那时社会革命的时代就到来了。随着经济基础的变更，全部庞大的上层建筑也或慢或快地发生变革。在考察这些变革时，必须时刻把下面两者区别开来：一种是生产的经济条件方面所发生的物质的、可以用自然科学的精确性指明的变革，一种是人们借以意识到这个冲突并力求把它克服的那些法律的、政治的、宗教的、艺术的或哲学的，简言之，意识形态的形式。”①

在这段论述中，马克思强调了社会存在决定社会意识，经济基础决定上层建筑。正是根据这段论述，一些庸俗马克思主义者就把基础与上层建筑两者之间关系误读为一种机械的因果关系，提出经济基础决定社会全部上层建筑，而上层建筑只是被动地反映经济基础。他们的误读是

① 《马克思恩格斯选集》第2卷，人民出版社1995年版，第32－33页。

因为他们忽视了唯物史观的创始人不但强调了经济基础决定上层建筑，而且也强调了上层建筑对经济基础的反作用以及两者之间的交互作用。例如，恩格斯在1890年致约·布洛赫的书信中和1894年致瓦·博尔吉乌斯的信中都谈到了这个问题。恩格斯在致约·布洛赫的信中提出："根据唯物史观，历史过程中的决定性因素归根到底是现实生活的生产和再生产。无论马克思或我都从来没有肯定过比这更多的东西。如果有人在这里加以歪曲，说经济因素是唯一决定性的因素，那么他就是把这个命题变成毫无内容的、抽象的、荒诞无稽的空话。经济状况是基础，但是对历史斗争的进程发生影响并且在许多情况下主要是决定着这一斗争的形式的，还有上层建筑的各种因素：……这里表现出这一切因素间的相互作用，而在这种相互作用中，归根到底是经济运动作为必然的东西通过无穷无尽的偶然事件（即这样一些事物和事变，它们的内部联系是如此疏远或是如此难于确定，以致我们可以认为这种联系并不存在，忘掉这种联系）向前发展，否则把理论应用于任何历史时期，就会比解一个简单的一次方程式更容易了。我们创造着我们的历史，但是第一，我们是在十分确定的前提和条件下创造的。其中经济的前提和条件归根到底是决定性的。但是政治等等的前提和条件，甚至那些萦回于人们头脑中的传统，也起着一定的作用，虽然不是决定性的作用。"[①] 在这里，恩格斯在坚持经济基础的首要地位前提下强调了经济基础与上层建筑之间关系的复杂性，并强调两者之间的"交互作用"，指出经济基础对上层建筑的决定性质是在总的"归根结底"意义上而言的。恩格斯还在1894年致瓦·博尔吉乌斯的信中再次强调了经济基础与上层建筑的相互作用，他说："我们把经济条件看作归根到底制约着历史发展的东西。而种族本身就是一种经济因素。不过这里有两点不应当忽视：政治、法、哲学、宗教、文学、艺术等等的发展是以经济发展为基础的。但是，它们又都互相作用并对经济基础发生作用。并非只有经济状况才是原因，才是积极的，其余一切都不过是消极的结果。这是在归根到底总是得到实现的

① 《马克思恩格斯选集》第4卷，人民出版社1995年版，第695－696页。

经济必然性的基础上的互相作用。”[1] 通过对原著的解读，本文认为马克思、恩格斯关于对经济基础与上层建筑之间关系的观点至少包括有三个方面：一是经济基础决定上层建筑。二是上层建筑对经济基础具有积极能动的反作用。三是经济基础与上层建筑之间不能简单、机械地对等起来产生因果关联，它们之间是间接的、复杂的、相互作用的关系，而不是简单机械的谁决定谁的一一对应的关系。

四、结语：马克思主义的真理性及其当代价值

在马克思、恩格斯之后，许多学界理论家对经济基础与上层建筑的范畴以及两者之间关联产生研究兴趣，对于历史唯物主义的这一经典表述，理论家们试图从新的视角来重新解释和建构这一命题模式，旨在超越庸俗马克思主义的“经济决定论”之说，把上层建筑从经济决定论的桎梏中拯救出来。例如，哈贝马斯尝试用“系统”和“生活世界”去取代经济基础和上层建筑模式；阿尔都塞提出“多元决定论”学说等等。英国马克思主义思想家威廉斯认为，马克思和恩格斯关于基础与上层建筑关系的分析和论述是重要的理论贡献，对于文化理论的发展极其重要。威廉斯指出：“马克思既看到了经济基础对上层建筑的决定关系，又对这种关系作了一定的限定，上层建筑的变革是随经济基础的变革‘或快或慢地发生’，这是非常正确的，上层建筑涉及人类意识，因此必然是非常复杂，不仅是因为它的多样性，而且还因为它始终是历史的，它包括对现存的反应，又包括对过去的延续。”[2]

庸俗马克思主义理论家把马克思主义误读误解为一种“经济决定论”。列宁在批判“经济决定论”的过程中，结合俄国无产阶级革命实践，进一步发展了马克思主义。列宁首先是继承了马克思和恩格斯的历史唯物主义文化思想观念，把文化与人类社会实践活动相关联。有苏联学者提出：“列宁在所有主要方面都发展了马克思主义创始人对文化的认

① 《马克思恩格斯选集》第4卷，人民出版社1995年版，第732页。

② ［英］雷蒙德·威廉斯：《文化与社会》，吴松江、张文定译，北京大学出版社1991年版，第5页。

识，而且列宁的文化概念与马克思、恩格斯是完全一致的，这一概念实际上包括整个社会。”① 列宁关于“文化革命”这一概念的创造是其历史唯物主义文化观念的集中体现。“文化革命”既包含对精神文化的重视，也包含对物质文化的肯定。在列宁看来，搞好精神文化建设和加强经济建设具有同等地位的重要性，是一个国家搞好建设走向繁荣过程中不可分割的两个重要方面。两者之间应该相互促进，共同发展。这是列宁继承马克思主义理论对苏维埃政权文化建设经验的总结。列宁明确提出：“这个文化革命，无论在纯粹文化方面（因为我们是文盲）或物质方面（因为要成为有文化的人，就要有相当发达的物质生产资料的生产，要有相当的物质基础），对于我们说来，都是异常困难的。”② 列宁在这里深刻地揭示了文化革命所蕴含的历史唯物主义维度，即文化与经济变革和政治变革之间的内在联系。也就是说，文化总是处于社会物质生产实践活动变革和社会政治变革关系之中的文化，是整个社会发展和建设不可缺少的重要组成部分。一方面，文化为政治变革和经济变革提供了思想保证；另一方面，经济和政治变革之后的发展为文化的发展提供了物质和政治基础。只有文化、政治、经济三方协调发展，整个社会才能得到很好地发展。可见，列宁的“文化革命”思想继承了马克思、恩格斯的历史唯物主义文化思想的精髓。

列宁对马克思主义文化理论的发展主要体现在几个方面：一是他特别强调提高劳动人民、领导干部的文化水平和完成社会主义文化革命对建设社会主义的重要意义。在列宁看来，在一个人民群众文化水平不高的国家里是不可能取得共产主义胜利的。因此“必须取得全部科学、技术、知识和艺术，否则，我们就不可能建设共产主义社会的生活”③。二是他首次提出并使用“无产阶级文化”概念，并指出如何发展无产阶级文化的正确方向。列宁指出：“无产阶级文化应当是人类在资本主义社

① ［苏］瓦维林、［苏］弗法诺夫：《历史唯物主义与文化范畴》，雷永生等译，河北人民出版社 1987 年版，第 61 – 66 页。

② 《列宁选集》第 4 卷，人民出版社 1995 年版，第 774 页。

③ 《列宁全集》第 36 卷，人民出版社 1985 年版，第 48 页。

会、地主社会和官僚社会压迫下创造出来的全部知识合乎规律的发展。……马克思主义这一无产阶级的思想体系赢得了世界历史性的意义，是因为它并没有抛弃资产阶级时代最宝贵的成就，相反地却吸收和改造了两千多年人类思想和文化发展中一切有价值的东西。只有在这个基础上，按照这个方向……才能认为是发展真正的无产阶级文化。”① 列宁的论述说明，文化具有传承性的特点，无产阶级文化的发展只有在吸收人类历史上文化发展精华的基础上，结合不同时代下无产阶级被压迫处境的革命生活现实，才能获得真正的发展。

在当代中国，中国共产党人把马克思主义基本原理和中国新时代具体实践相结合，形成了马克思主义中国化的最新理论成果——习近平新时代中国特色社会主义思想，历史唯物主义是这个理论成果的坚实哲学基础。在纪念马克思诞辰200周年之际，让我们来重新研究这一经典思想，无疑具有重要意义！

（作者系广东第二师范学院马克思主义学院教研室主任、副教授）

① 《列宁全集》第39卷，人民出版社1985年版，第332页。

马克思财富观的基本内涵及现实意义

刘　涛

“财富”在《经济学大辞典》中有两种含义：一种是有形资产，另外一种就是快乐或者效用。因为专业领域的不同，所以人们对于财富的界定就会各不相同。那么，财富是什么呢？在马克思看来，财富又具有什么样的内涵呢？

一、自然界是财富的最初源泉

社会产生之初，生产力极其低下，人类劳动实践能力较低，无法通过自身的实践活动获得更多的满足。自然界对人类不可或缺，就在于无需加工的自然资源能够提供最初的物质生活资料，正是这些物质生活资料为人类社会的生存和发展奠定了基础，为财富创造提供加工对象和人类生存的场所。

（一）自然界为人类的需要和财富的形成提供必要的物质资料

自然界是创造财富的基础和前提，它为人类的需要提供现有的不需要加工的自然资源，进而生产出满足人类生存需求的劳动产品。自然先于人类的存在而存在，自然资源在最初并不包含人类劳动的产物，自然界为人类社会的生存和发展提供无偿的自然物，自然资源为财富的创造提供无偿的使用价值。“人靠自然界生活。这就是说，自然界是人为了不致死亡而必须与之处于持续不断的交互作用过程的、人的身体。”①

① 马克思：《1844 年经济学哲学手稿》，人民出版社 2000 年版，第 56 页。

（二）自然界为人类财富的创造提供必备的劳动对象

劳动总是要有相应的劳动对象，否则劳动就没有存在的意义。劳动对象或加工对象并不是人创造出来的，而是先于人的存在而存在的自然界为人类社会历史创造提供的。有生命的人的存在是人类社会历史发展的首要前提，但是如果仅仅只是有主体的人的存在，这也还是远远不够的。自然界也是人类社会历史发展的客观前提，人类社会要想发展，必然要把握住客体的自然界这一客观因素。马克思在《资本论》中指出，人类为了满足自身生存的需要，只能从自然界中获取能够维持和再生产自己本身的物质资料，在这样的一个社会发展过程中，人本身与自然界的相互作用就促进了历史的形成和发展。马克思认为，人是有需求的，当人们感到不满足时，内心的欲望需求就会促进人们从自然界中获取更多的物质来实现自身的追求，而在获取过程中，人们就是利用了这种与生俱来的能动性，通过发挥人的能动性，把外部世界当作财富创造的对象进行加工，从而实现人的基本需求的满足。

（三）自然界在财富的形成过程中确证人的本质力量的存在

人既是受动的存在物，又是主观的能动物。人类除了利用自然界提供的物质生活资料满足基本生存需求的劳动之外，还将原先的自然资源变成新的生产资料进行新的财富生产。为了实现自身需要的满足，作为独立于自然界之外的人就会利用自身所具有的能力来改造自然，使其更适合人的生存和发展，最终实现人对自身本质力量的控制。人们在这一过程当中也就不断地生产着人本身，在创造新的财富的过程中，人的本质力量得以确证。

二、劳动是财富产生的决定性因素

马克思在吸收和批判国民经济学家关于财富产生基础上得出：劳动是社会财富产生的决定性力量。人类通过劳动生产取得满足自身生产和发展的物质资料，财富就是这些人类劳动成果的总和。

（一）揭示劳动与财富的关系，阐释其地位和价值

马克思在对商品生产进行分析之后，认为“商品”是自然资源和劳动相结合的产物、结果，而如果去除其中包含的劳动，那么，其内在包含的只是一种纯自然的物质，劳动改变的是物质的形态。因此，马克思强调劳动并不是财富产生的唯一源泉。劳动是任何民族、任何社会形态延续和发展的基本条件。任何具体劳动创造的财富本身就是自然资源和劳动相互作用的产物。

（二）揭示劳动是财富创造的主要源泉

马克思赞成威廉·配第提出的“土地是财富之母”，揭示出财富创造的源泉并不是单一的劳动，劳动本身与自然界同样能够创造财富的使用价值。劳动的本质就是人的自然力（劳动力）的外在表现。马克思在《1844 年经济学哲学手稿》中充分肯定了劳动在人类社会历史发展进程中的作用，认为不管是自然存在要素和非自然存在要素，只有通过劳动才能实现自然物质与人的结合。人的劳动通过劳动资料使劳动对象发生变化，这一变化最终通过产品来实现，并且其变化过程消失在产品中。劳动生产出来的产品具有使用价值，自然物质通过改变其自身的形式，从而适应人的需要。“劳动和劳动对象结合在一起。劳动物化了，而对象被加工了。”①

三、科学技术是财富增长的关键因素

科学技术在生产财富的过程中起着关键性的作用，科学技术与财富相互作用、相互促进。马克思曾经指出：科学从一开始就是为了生产而发展起来。科学技术的产生和发展是由生产状况决定的。

（一）科学技术是财富增长的重要因素

生产力发展与否的最重要的标志就是劳动工具，而劳动工具是人类

---

① 《马克思恩格斯文集》第 5 卷，人民出版社 2009 年版，第 211 页。

智慧的创造。只有人类掌握了先进的劳动工具、先进的技术或者说是科学技术，那么生产力才有可能得到发展。科学技术的进步促进了财富的生产和增长，科学技术的发展使得人们对自然资源的利用在同一时间内更高效，从而推动财富的增长。“大生产——应用机器的大规模协作——第一次使自然力，即风、水、蒸汽、电大规模地从属于直接的生产过程，使自然力变成社会劳动的因素。”① “科学获得的使命是：成为生产财富的手段，成为致富的手段。”② 科学因生产的需要而产生，从而科学技术是财富增长的最可靠的形式。

（二）科学技术的发展和进步为财富增长创造了新的源泉

马克思说：“现代自然科学和现代工业一起变革了整个自然界，结束了人们对于自然界的幼稚态度和其他的幼稚行为。”③ 随着科学技术的广泛运用，人们开始尝试着利用原先不能利用的物质资料，以前不能利用、无法利用，或者是很少利用的物质资源都能被人类更多地开发，使其创造出更多的价值，创造更丰富的财富，为财富的创造提供更为广阔的要素空间，并且以新的可利用形态出现在财富生产的各个环节之中。随着科学技术的发展和科学知识的深入研究，特别是特殊学科的发展，更能够帮助人们挖掘新的、未被人类所认识和开发的财富源泉。

（三）科学技术在丰富和增长财富的同时，不断改变着人类社会的生产和生活，推动社会历史的发展

生产关系是由生产力决定的，有什么样的生产力就会有什么样的生产关系，生产力如果较为低下，那么社会关系的发展就将不够充分，只能在狭小的范围和地域内产生。科学技术虽然不会创造新的生产关系，但是却能够通过生产力这一中介起作用，促进生产关系的变革和新的生产关系的形成。任何一种技术的革命将改变着历史发展的轨迹，正如马

---

① 《马克思恩格斯全集》第47卷，人民出版社1979年版，第569页。

② 《马克思恩格斯全集》第47卷，人民出版社1979年版，第570页。

③ 《马克思恩格斯全集》第7卷，人民出版社1959年版，第241页。

克思在《哲学的贫困》中所形象指出的："手推磨产生的是封建主的社会，蒸汽磨产生资本家的社会。"① 生产关系的变革和新的生产关系的产生都将促进生产方式的转变，而生产方式的改变又将促使社会关系发生改变，形成一种新的、适应社会发展的社会关系。

四、马克思财富观的现实意义

经过对马克思财富观的深入研究，可以看出，马克思的财富观是多重学科交叉所形成的系统的体系。马克思认为，财富生产创造不仅是经济学命题，也是一个社会学命题，更是一个哲学命题。从社会学角度来看，马克思所阐述的财富观就是要看到作为物的财富背后的一系列社会关系和相关制度，从而告知人们如何去优化和改善财富生产和创造的环境；从哲学角度来看，马克思所阐述的财富观就是要从主体的视角去把握财富，明确"财富不过是真正人的实现的手段和目的"。马克思的财富观是科学的财富观，不管是从物的角度还是从人的角度出发，对于我国当代社会和市场经济环境下形成的对财富的认知误区有很好的矫正意义。马克思财富观对我国的改革开放和现代化建设具有重要的理论意义和现实意义，能够给我们很多富有见地的启示。

（一）尊重劳动，尊重劳动主体，创新致富思路

马克思把劳动看作财富的直接来源和主要来源，更加注重在生产劳动领域中谈财富，把生产劳动当作是人类财富的主要源泉。这就启示我们，必须尊重劳动，劳动是光荣的、伟大的，在创造财富的过程中要树立劳动财富观，充分调动和发挥劳动者的积极性和创造性。劳动资料和劳动对象只有与劳动有效结合才能创造财富。没有劳动者的存在，就没有所谓的劳动，如果没有劳动，自然而然就没有财富。我们应该对人的财富予以高度重视，积极倡导多元财富观，尊重劳动、尊重知识、尊重技术、注重管理，不断创新致富思路，拓宽眼界，培养财富创造的新增长点，推进经济与社会的发展。

---

① 《马克思恩格斯选集》第1卷，人民出版社1995年版，第142页。

（二）克服“财富与幸福”悖论，实现两者的统一

财富是属人的产物，财富不是目的，而是手段。人的自由全面发展是社会和历史发展的最终目的，财富的生产与发展则是实现人的自由全面发展的必要手段。站在人的发展角度来衡量财富，那么创造财富表面上看起来是人获得了物质利益，但实际上是人得到了其本质力量的确证。正如马克思所说，人本身在其社会生产过程中，不仅“更新他们所创造的财富世界”，同时也“更新他们自身”。财富是人类创造的一切积极的文明成果，对于人的发展、社会的进步具有重要的意义。追求财富无可厚非，但追求财富并不是最终目的，财富应该只是人生目的序列中的一个，而最根本的目的还在于人的自由全面发展，在获取财富的过程中奉献，不为财富所奴役，促使幸福与财富相一致。

（三）科学分配社会财富，人民群众共享发展成果

“我们的人民热爱生活，期盼有更好的教育、更稳定的工作、更满意的收入、更可靠的社会保障、更高水平的医疗卫生条件、更舒适的居住条件、更有没的环境，期盼孩子们能成长得更好、工作得更好、生活得更好。”财富的公平分配，不仅仅是社会主义的价值追求，也是提高生产效率，实现经济持续发展的必要条件。财富生产的目的在于满足人的需要，人的需要的满足是通过财富的消费来实现的。将来随着社会的发展和改革深入，改革的成果也将越来越多，改革成果的公平分享涉及社会的发展与改革的深入，只有把“蛋糕”分好，让人民群众充分分享改革发展的成果，才能得到人民群众的广泛支持，这样才能把“蛋糕”越做越大。

（作者系五邑大学马克思主义学院教师）

马克思的人类情怀与马克思主义的当代价值

杨　颖

1999 年，英国广播公司（BBC）进行了“千年思想家”的评选，马克思高居榜首，得票率高于分别名列第二、第三和第四的相对论的创立者爱因斯坦、万有引力的发现者牛顿和进化论的提出者达尔文。1999 年，英国路透社在“千年风云人物”的评选活动中，马克思仅以一分之差名列第二，名列第一的是爱因斯坦。2005 年，英国广播公司举办了“最伟大的哲学家”的评选，马克思以 27.93% 的得票率荣登榜首，居于第二位的休谟得票率为 12.6%，柏拉图、康德、苏格拉底、亚里士多德等更是望尘莫及，黑格尔甚至没进入前 20 名。2005 年，德国举办了“最伟大人物”的评选活动，在德国《图片报》和国家第二电视台携手主办的评选活动中，马克思被评为“德国最伟大的人物”。

值此马克思诞辰之际，重温马克思的重要思想和不凡经历，对于我们不忘初心、牢记使命，坚定走中国特色社会主义道路有极其重要的现实意义。

一、马克思的人类情怀

希腊神话说，普罗米修斯为了帮助人类过上温暖、幸福的生活，盗天火送给人类，自己却承受宙斯的残忍惩罚。马克思说，我就是普罗米修斯。

（一）为广大劳动人民谋利益的责任担当

15、16 世纪的资本原始积累给劳动人民带来的悲惨生活，导致了空想社会主义的产生。19 世纪中叶工业革命的完成，西欧资本主义生产方式的建立，工业革命造就的生产力的巨大发展，使得贫富分化加剧，资本主义社会的固有矛盾导致经济危机频繁爆发，1825 年英国爆发了第一次全国性生产过剩危机，此后 1836 年和 1847 年又相继爆发了波及欧洲各主要资本主义国家的经济危机。每一次经济危机的爆发，都给资本主义世界造成巨大的破坏。欧洲工人阶级生活状况极度恶化，最后不得不喊出："不能劳动而生，毋宁战斗而死"的口号。19 世纪 30—40 年代，英国、法国、德国接连爆发了工人阶级反对资本主义制度的斗争，法国里昂工人起义、英国宪章运动、德国西里西亚纺织工人起义，表现了无产阶级高度的政治觉悟与英勇精神，显示了工人阶级在政治斗争上的威力，标志着现代无产阶级作为独立的政治力量已经登上了历史舞台。但是，工人阶级反抗资产阶级政府和资本家剥削的革命斗争，由于没有科学理论的指导都相继失败了。

1818 年 5 月 5 日，卡尔·马克思出生在德国莱茵省特里尔市一个知名律师家庭。1830 年 10 月，马克思进入特里尔中学。面对劳动人民的苦难，青年马克思在中学时代就立志要选择"最能为人类工作的职业"。下面是这位 17 岁中学生的人生志向：

"……如果我们选择了最能为人类福利而劳动的职业，那么，重担就不能把我们压倒，因为这是为大家而献身；那时我们所感到的就不是可怜的、有限的、自私的乐趣，我们的幸福将属于千百万人，我们的事业将默默地、但是永恒发挥作用地存在下去，面对我们的骨灰，高尚的人们将洒下热泪。"①

中学毕业后，17 岁的马克思进入波恩大学，18 岁后转学到柏林大学学习法律，但他大部分的学习却花在哲学和历史上。1835 年，大卫·施特劳斯发表《耶稣传》，黑格尔学派分裂为两派：老年黑格尔派顽固维护黑格尔的绝对精神体系，替宗教和普鲁士专制制度辩护；青年黑格尔派则企图从黑格尔的辩证法中得出无神论和革命的结论。那时，马克思加入青年黑格尔派并很迅速成为"博士俱乐部"的主要成员，由于他慎思博学，被俱乐部誉为"思想宝库"或"思想工厂"。黑格尔认为，历史的发展就是上帝逐渐实现自我意识，是绝对精神的复归过程的话，所

① 《马克思恩格斯全集》第 1 卷，人民出版社 1995 年版，第 459 – 460 页。

有实在无非就是绝对精神的外化。马克思很快发现黑格尔哲学的问题，力图用辩证法的思想来解释现实世界。他指出，在真理的彼岸消失之后，历史的任务就是确立此岸的真理，哲学家不能从上帝的实在来解释现实，哲学的出发点应该是具体的现实本身。1841 年费尔巴哈出版《基督教的本质》，此书认为上帝不过是人的内在本质的向外投射，上帝其实就是人。费尔巴哈唯物主义体系的出现对马克思影响很大。从此，马克思开始将辩证法与唯物主义相结合，试图创建一个新的历史观。1841 年马克思以论文《德谟克利特的自然哲学和伊壁鸠鲁的自然哲学之区别》通过答辩而获得哲学博士。毕业后担任《莱茵报》主编，这是一家是由自由工商业出资创办的用以宣传革命民主主义思想的报社。马克思以《莱茵报》为阵地，发表为民众代言、抨击普鲁士专制社会的文章。期间，遇到了在马克思思想发展史上颇为有名的“林木盗窃问题”。当时依据《普鲁士刑法典》规定，把在森林里捡拾枯枝、采摘野果和其他一些仅仅违反林木管理条例的行为都要以盗窃犯罪，给予刑事处罚。马克思根据 1841 年第六届莱茵省议会会议记录，于 1842 年 10 月在《莱茵报》发表《关于林木盗窃法的辩论》一文，谴责立法机关偏袒林木所有者的利益，剥夺贫民捡拾枯枝等权利。1843 年普鲁士政府查封了《莱茵报》，迫使它停止印刷。马克思辞去了报纸的主编职务。通过此事，马克思更加认清了政府的丑恶。他在寻找时机，继续对政府作坚决抗争。1845 年马克思发表《关于费尔巴哈的提纲》，恩格斯称之为“包含着新世界观的天才萌芽的第一个文件”，它与 1845—1846 年和恩格斯合写的《德意志意识形态》，标志着马克思主义基本形成的著作。1847 年 7 月，马克思发表《哲学的贫困》；1848 年 2 月和恩格斯合写的《共产党宣言》发表，标志着马克思主义的公开问世。

（二）对人类前途和命运的深度思考

马克思从无神论入手，分析历史活动的主体，得出人民群众创造历史的结论；从剩余价值的生产过程入手，分析资本家剥削工人的秘密，得出私有制是万恶之源的结论；从历史发展的规律入手，分析资本主义的起源、本质和发展趋势以及新旧社会形态更替的必然性，得出共产主义的实现是历史发展的必然的结论；从社会基本矛盾是人类社会发展的动力入手，通过分析资本主义社会的不治之症——经济危机及其产生根源，得出公有制的共产主义社会是消灭经济危机并使社会健康发展的唯一出路的结论；从意识的社会属性入手，分析人的本质和人的价值，以及资本主义社会个人主义和拜金主义对人的异化，得出未来社会“代替那存在着阶级和阶级对立的资产阶级旧社会的，将是这样一个联合体，在那里，每个人的自由发展是一切人的自由发展的条件”① 的结论。至此，无产阶级有了自己的革命理论，正如《德意志意识形态》中所言：“哲学把无产阶级当作自己的物质武器，同样地，无产阶级也把哲学当作自己的精神武器。”②

每个人从马克思那里解读出不同的东西，有人看到革命，有人看到阶级分析，有人看到唯物史观，有人看到了人。然而，任何人类历史的第一个前提都是有生命的人的存在，所以，马克思倾其一生的经历都在寻求无产阶级和人类解放。马克思的“人”，不是众哲学家笔下抽象的人，而是“现实的人”，是受资本的奴役和私有制异化的人。马克思认为，社会进步的过程就是人不断获得自由与不断解放的过程。在共产主义社会，由于人类对自然力量和社会力量的认识能力和程度的提高，人类具有摆脱自然力量和社会力量束缚的能力，将由必然王国进入到自由王国。但是，必然与自由的区分既是确定的又是相对的和不断转化的。所以，共产主义的社会制度是一种运动、一个过程，这个过程是通过对私有制以及人的自我异化的积极扬弃，在实现人向自身回归的基础上所建立的自由人的联合体。

马克思指出：“理论只要能说服人，就能掌握群众；而理论只要彻底，就能说服人。所谓彻底，就是抓住事物的本质。”③ 读懂了马克思主义理论，就看懂了历史，认清了社会。

（三）世界被压迫人民和被压迫民族的革命导师

认识世界的目的是为了改造世界，马克思主义就是关于无产阶级和

① 《马克思恩格斯选集》第1卷，人民出版社1995年版，第294页。

② 《马克思恩格斯选集》第1卷，人民出版社1995年版，第15页。

③ 《马克思恩格斯选集》第1卷，人民出版社1995年版，第9页。

人类解放的科学。马克思指出：“辩证法在对现存事物的肯定的理解中，同时包含着对现存的事物的否定的理解，即对现存事物的必然灭亡的理解；辩证法对每一种即成的形式都是从不断的运动中，因而都是从它的暂时性方面去理解；辩证法不崇拜任何东西，按其本质来说，它是批判的和革命的。”① 当以往的哲学家都在建造自己的理论体系大厦时，马克思认为哲学不应该只是用不同的方式解释世界，而问题在于改变世界。所以从理论到理论，从体系出发解释现实这都是徒劳的，因为“思想从来也不能超出旧世界秩序的范围：在任何情况下它都只能超出旧世界秩序的思想范围，思想根本不能实现什么东西。为了实现思想，就要有使用实践力量的人”②。又指出“实际上，而且对实践的唯物主义即共产主义者来说，全部问题都在于使现存世界革命化，实际地反对并改变现存的事物”③。后来在《德意志意识形态》(1846)、《哲学的贫困》(1847)、《共产党宣言》(1848)、《雇佣劳动与资本》(1849)、《法兰西内战》(1850)、《路易·波拿巴的雾月十八日》(1852)、《资本论》(1867) 等巨著里，都能看到他深刻改造世界的坚定信念。

由于马克思主义是建立在实践基础之上的科学性与革命性相结合的理论，所以马克思的伟大之处就在于，他不仅是无产阶级理论家，而且是无产阶级革命家，他不是一个只在书斋里改变世界的人，而是把自己的理论与工人运动结合起来。他始终站在工人运动的最前列，以实际行动指导工人的革命运动，在 1848 年欧洲革命、正义者同盟的建立和 1871 年的巴黎公社起义等无产阶级的重大革命斗争，马克思都直接或间接地给予指导。

马克思对共产主义事业的卓越贡献和对地主、资产阶级无情揭露和批判，使得一切保守势力排挤他、驱逐他。马克思一生四次被反动政府驱逐，即便是在生活最艰难的时期，亦从来不放弃对真理的追求，且如饥似渴地进行学习和研究。

---

① 《马克思恩格斯选集》第 2 卷，人民出版社 1995 年版，第 112 页。
② 《马克思恩格斯全集》第 1 卷，人民出版社 1956 年版，第 152 页。
③ 《马克思恩格斯选集》第 1 卷，人民出版社 1995 年版，第 75 页。

二、马克思主义的当代价值

每个时代的人都有各自不同的历史使命与社会责任。马克思主义产生于无产阶级和劳动人民的苦难，以及两大对立阶级的矛盾和冲突的社会现实，科学社会主义正是为了解决资本主义社会的突出问题才应运而生的。这是那个时代优秀知识分子对社会现实的作为，他们是对人类命运的思考，是对社会公平正义的追求，这就决定了马克思主义的立场、观点和方法所具有的当代价值。

（一）秉承人类命运共同体的新理念

唯物史观认为，人类社会发展的总趋势是不断进步的，这种进步是一个自然的历史过程，马克思指出："我的观点是把经济的社会形态的发展理解为一种自然史的过程。"① 原始社会是人类的童年时代，也是人类的蒙昧时代和野蛮时代。在奴隶社会、封建社会、资本主义社会这些私有制社会里，由于劳动者与生产资料相分离，存在着阶级压迫和阶级剥削的事实，使得私有制社会仍然是一种不合理的社会。资本主义社会的基本矛盾不仅使奴役劳动达到了顶点，而且导致了周期性的经济危机，它是资本主义社会的不治之症。共产主义社会的实现，既是社会基本矛盾运动的必然结果，又是解决这一矛盾的唯一途径。在这种社会里，私有制以及同私有制相联系的一切不平等的社会关系都被消灭，同时又保存和发展了以往社会所造成的全部物质生产力和精神财富。与以往的社会相比，这是一种最发达、最文明、最理想的社会，是社会发展的必然趋势，也是全人类追求的共同目标。

以上，马克思是把人类社会当作一个由各种要素相互结合的统一整体，来分析其发展趋势的。

习近平总书记指出，当代国际社会日益成为一个你中有我、我中有你的"命运共同体"，面对世界经济的复杂形势和全球性问题，任何国家都不可能独善其身，要以命运共同体的新视角，寻求人类共同利益和

① 《马克思恩格斯全集》第23卷，人民出版社1972年版，第12页。

共同价值的新内涵。人类命运共同体这一全球价值观包含相互依存的国际权力观、共同利益观、可持续发展观和全球治理观等内容，是中国政府关于人类社会发展的新理念，旨在追求本国利益的同时兼顾他国利益，在谋求本国发展中促进各国共同发展。这是当代中国的马克思主义者面对复杂多变的国际形势所特有的视觉。

人类命运共同体的新理念为人类社会的发展提供了基本的价值观基础。尽管国际社会存在的各种价值观仍主要服务于不同国家的现实利益，使得人类命运共同体的建设将是一个长期、复杂和曲折的过程。但是，只要各国政府在制定政策的时候，能够从全人类长远利益出发来考虑问题，那么构建一个更高程度的、走向共同繁荣的人类命运共同体的理想世界将成为可能。

（二）历史唯物主义是中国特色社会主义事业的理论基础

马克思通过参加工人阶级的革命斗争实践，将他的理论运用于社会历史领域导致了唯物史观的产生。在唯物史观的指导下，马克思分析和研究了资本主义社会的经济基础从而发现了剩余价值，指出无产阶级同资产阶级的阶级斗争必然导致无产阶级专政，而这个专政又是从资本主义到共产主义的过渡。马克思指出："在资本主义社会和共产主义社会之间，有一个从前者变为后者的革命转变时期。同这个时期相适应的也有一个政治上的过渡时期，这个时期的国家只能是无产阶级的革命专政。"① 这个政治上的无产阶级专政的过渡时期就是社会主义的国家制度，它不是一个独立的典型的社会形态，而是实现共产主义社会的必由之路。现实中，由于社会主义制度都是在落后国家建立起来的，目前又都处于初级阶段，其生产力没有共产主义社会那么发达，但它却具有资本主义制度无法比拟的优越性：首先在政治上，国家政权的实质是劳动人民当家作主，从而摆脱了被奴役、被压迫的地位；其次在经济上，生产资料公有制为主体的所有制形式消灭了经济危机，能够保证国民经济各行业各部门有计划按比例协调发展；最后在社会生活上，民主、法治、

① 《马克思恩格斯选集》第3卷，人民出版社1995年版，第20页。

公平、正义等社会主义核心价值观正在形成，社会更加和谐。中国特色社会主义已经进入了新时代，其主要矛盾转化为人民日益增长的美好生活需要和不平衡不充分的发展之间的矛盾，这是符合马克思主义唯物史观的。

可见，中国特色的社会主义事业，不仅是中国人民根据本国情况的自觉选择，而且顺应了社会发展的客观规律。尤其是在国际共产主义运动陷入低潮时期，坚持中国特色社会主义制度，不仅坚持了唯物史观的科学理论，而且为人类的解放事业作出了巨大贡献。实践证明，中国特色社会主义道路，不仅是人民幸福之路、国家富强之路，而且为世界各国发展提供了中国智慧和中国方案。

（三）坚持中国共产党的领导是实现中华民族伟大复兴的根本保证

马克思认为，在无产阶级和资产阶级的斗争所经历的各个发展阶段上，共产党人始终代表整个运动的利益。这是因为“过去的一切运动都是少数人的活为少数人谋利益的运动。无产阶级的运动是绝大多数人的、为绝大多数人谋利益的独立的运动”①。因此，在实践方面，工人的一个成功因素就是他们的人数；但是只有当工人通过组织而联合起来并获得知识的指导时，人数才能起举足轻重的作用。②“在理论方面，他们胜过其余的无产阶级群众的地方在于他们了解无产阶级运动的条件、进程和一般结果。”③ 在马克思看来，无产阶级的阶级斗争需要由无产阶级的政党来领导，而无产阶级政党则是无产阶级的先锋队。“无产阶级在反对有产阶级联合力量的斗争中，只有把自身组织成为与有产阶级建立的一切旧政党不同的、相对立的政党，才能作为一个阶级来行动。为保证社会革命获得胜利和实现革命的最高目标——消灭阶级，无产阶级这样组织

① 《马克思恩格斯选集》第1卷，人民出版社1995年版，第283页。
② 《马克思恩格斯选集》第3卷，人民出版社2012年版，第10页。
③ 《马克思恩格斯选集》第1卷，人民出版社2012年版，第413页。

政党是必要的。”[①] 又指出：“我们现在必须绝对保持党的纪律，否则将一事无成。”[②] 因为这个党代表着组织、领导和宣传作用。马克思从阶级及阶级斗争的理论出发，指出无产阶级要想获得自由的解放，就必须团结起来，进行革命，以消灭包括无产阶级和资产阶级的旧有价值，消灭阶级，也即消灭敌人的同时消灭自身，最终消灭剥削，迈入无阶级的共产主义社会。党的十八大以来，中国共产党人顺应时代要求，从理论和实践结合上系统回答了新时代建设中国特色社会主义的一系列重大问题，创立了习近平新时代中国特色社会主义思想。中国共产党是中国工人阶级的先锋队，同时是中国人民和中华民族的先锋队，是中国特色社会主义事业的领导核心。

（作者系岭南师范学院马克思主义学院教授）

---

① 《马克思恩格斯选集》第1卷，人民出版社2012年版，第173－174页。

② 《马克思恩格斯全集》第29卷，人民出版社1972年版，第413页。

科学性与革命性的辩证统一

——从《共产党宣言》看马克思主义的当代价值

李雪阳　林志鹏

习近平总书记指出："马克思主义尽管诞生在一个半多世纪之前，但历史和现实都证明它是科学的理论，迄今依然有着强大生命力。"历史和现实一再显示，马克思主义的理论光辉能够穿越历史的谜雾，为解析人类社会发展难题、探索人类社会发展前景提供伟大的认识和实践指导工具，毋庸置疑，人类社会至今仍然生活在马克思所阐明的发展规律之中。马克思主义最为重要的文献遗产当数气势磅礴、文采斐然、内涵深邃、影响深远的《共产党宣言》。从《共产党宣言》中窥探马克思主义的科学真理和当代价值，有重要意义。

一、马克思主义是科学理论和知识体系

《共产党宣言》是马克思和恩格斯为共产主义者同盟起草的国际共产主义运动第一个纲领性文献，是共产党人最早党纲，标志着马克思主义的诞生。《共产党宣言》诞生前，恩格斯曾草拟过《共产主义信条草案》和《共产主义原理》，同时，它所展现的众多理论观点、思想内涵、逻辑机理均或多或少在之前一系列马克思主义文本中有所呈现，如《关于费尔巴哈的提纲》《德意志意识形态》《哲学的贫困》等。《共产党宣言》是一篇兼具科学性与革命性的重要文献，其刚刚发表不久就迎来了欧洲1848年革命风暴。

《共产党宣言》的科学性源于马克思主义的科学性，而马克思主义的科学性又主要体现在唯物史观和剩余价值学说的发现及创立。恰如恩格斯所言："这两个伟大的发现——唯物主义历史观和通过剩余价值揭开资本主义生产的秘密，都应当归功于马克思。由于这些发现，社会主义

变成了科学。”此外，马克思主义科学性还体现在其内涵的开放包容性同与时俱进性。

（一）历史唯物主义

唯物史观之所以是马克思主义经典作家最伟大的科学发现之一首先在于，截然有别于往昔以“唯意志主义”和“英雄史观”为主要表征并将社会历史视为某种精神发展史的唯心主义历史观，其始终坚定承认人类社会历史变迁具有不容置疑的客观规律性，并在“将社会关系归结于生产关系，将生产关系归结于生产力”，即“两个归结”基础上，深刻揭示出人类社会“共时性”基本结构、“历时性”演进趋向，以及社会历史变迁基本动力。《共产党宣言》1888 年英文版序言如是写道：“每一历史时代主要的经济生产方式和交换方式以及必然由此产生的社会结构，是该时代政治的和精神的历史所赖以确立的基础，并且只有从这一基础出发，这一历史才能得到说明。”自此，马克思主义唯物史观将唯物主义首次引入人类社会历史，并根本性拒斥一切虚幻、歪曲、臆测的唯心主义因素对该领域的染指。对此，恩格斯指出，唯物史观“使唯心主义从它的最后的避难所即历史观中被驱逐出去了”。列宁认为，马克思把唯物主义对自然的认识推广到对人类社会的认识，历史唯物主义是科学思想中的最大成果。

（二）剩余价值学说

通过天才地将“劳动价值”和“劳动力价值”作出区分，马克思发现了资本主义剥削的秘密所在：资本主义社会中劳动力成了商品，然而，“劳动价值”往往远高于“劳动力价值”，二者因此形成的“差额”（剩余价值）遂以利润形式被资产阶级无偿占有，此即为剩余价值学说核心。剩余价值学说的创立，不仅深刻揭露了资产阶级剥削的“奥秘”，而且更令马克思主义政治经济学成为一个庞大而系统的科学理论。马克思剩余价值学说是在批判继承古典政治经济学研究成果及他所创立的劳动价值论基础上，经过长期考察和研究逐步建立起来的。在《哲学的贫困》中，马克思第一次对剩余价值问题作了科学阐发。随后的《雇佣劳动与资本》则更加全面地分析了“劳动商品”，并首次将剩余价值理论问题公布于世。恩格斯指出，上述两部著作可以证明，19 世纪 40 年代末的马克思不仅已经非常清楚地知道资本家的剩余价值是从哪里产生的，而且已经非常清楚地知道它是怎样产生的。无疑，这些重要研究成果及其丰富内涵均不同程度地渗透并呈现于《共产党宣言》中。

（三）开放包容性和与时俱进性

马克思主义的科学性除了集中表现在唯物史观和剩余价值学说的发现及创立外，还体现为其思想体系的开放包容性、与时俱进性。马克思主义从来都不是一种故步自封、因循守旧的理论，它决不会将自身视为黑格尔意义上的“绝对真理”，相反，其在坚持根本原理不动摇的基础上，始终秉持一种开放包容、与时俱进的辽阔社会历史视野。正因此，晚年的恩格斯反复强调，马克思主义、历史唯物主义应作为具体社会历史研究的“方法和指南”，而非其他。《共产党宣言》绝非独立“孤本”，其作为马克思主义经典著作，必定承载马克思主义一以贯之的开放包容同与时俱进的理论品格，不仅从《共产党宣言》本身，而且从《共产党宣言》不同语言版本的 7 篇序言中均能非常清晰地辨明这一点。马克思、恩格斯通过撰写序言，不断及时修正、补充、完善《共产党宣言》。《共产党宣言》1872 年德文版序言对此做了最佳注脚：不管最近 25 年来的情况发生了多大的变化，这个《共产党宣言》中所阐述的一般原理整个说来直到现在还是完全正确的。某些地方本来可以作一些修改。这些原理的实际运用，正如《共产党宣言》中所说的，随时随地都要以当时的历史条件为转移。所以这纲领现在有些地方已经过时了。但是《共产党宣言》是一个历史文件，我们已没有权利来加以修改。因此，要真正坚持马克思主义、坚持历史唯物主义、坚持《共产党宣言》，毫无疑问，就必须真正坚持马克思主义开放包容性，真正坚持马克思主义的与时俱进性。这是一种科学的态度，即在坚持根本原理不动摇基础上，在现实实践基础上，以开放包容、与时俱进的心态观察和研究人类社会历史持续变迁，以期准确把握及深刻理解新的社会经济特征和丰富内涵，并反过来将之用以丰富马克思主义历史性素材和经验研究。

二、马克思主义是指向实践的革命理论

如同马克思主义的诞生一样，《共产党宣言》蕴含的革命性首要地由特定社会历史所决定和赋予，而这正契合了马克思主义唯物史观所深刻揭示的基本客观规律。《共产党宣言》诞生于欧洲大陆各式各类革命运动如火如荼、工人阶级普遍觉醒及担当革命主力军之际，恰如恩格斯所言：这次革命到处都是由工人阶级干的；构筑街垒和流血牺牲的都是工人阶级。1848 年欧洲革命虽然不是社会主义革命，但它毕竟为社会主义革命准备了基础。正因此，《共产党宣言》蕴含并彰显出来的革命性不言而喻。

《共产党宣言》首先重点讨论了“资产者和无产者”。马克思、恩格斯明确指出：这个时代具有一个显著特征，即它使阶级对立简单化了：整个社会日益分裂为两大敌对的阵营，分裂为资产阶级和无产阶级两大相互直接对立的阶级。尽管资产阶级在历史上曾起过非常革命的作用且喷涌出惊人的生产力、创造力，然而，其却用日益公开的、无耻的、直接的、露骨的剥削代替由宗教幻想和政治幻想掩盖的剥削；令现代国家政权渐趋变成管理整个资产阶级的共同事务委员会；令社会处于持久不安定和变动状况，使一切等级的和固定的东西都烟消云散，一切神圣的东西都被亵渎；由于开拓了世界市场，一切国家的生产、消费都成为世界性的，资产阶级正在并将按自己面貌创造一个等级秩序性、不平衡、不平等的资本主义全球化。在深刻揭示生产力与生产关系、经济基础与上层建筑辩证关系基础上，马克思、恩格斯指出：资产阶级生产关系、交换关系、所有制关系，包括日益严重的周期性经济危机，已日趋成为社会生产力持续向前发展的阻碍，从而，资产阶级不仅锻造了置自身于死地的武器，而且还产生了运用这种武器的人——无产阶级。《共产党宣言》显著革命性就在于她深刻阐释了现代社会中资产阶级腐朽反动性、资本主义制度日益显现的落后性、资产阶级和无产阶级的激烈对抗，以及无产阶级终将彻底埋葬资产阶级并消灭自身作为被剥削压迫阶级而存在的璀璨前景。

《共产党宣言》对无产阶级革命性的认知及阐述事实上同马克思主

义人民历史主体思想是一脉相承、一以贯之的。早在《〈黑格尔法哲学批判〉导言》中，马克思就已充分肯定并展望了“被戴上彻底的锁链”无产阶级的自我解放及解放全人类的能力同历史使命。在《神圣家族》中，马克思、恩格斯针对鲍威尔等人叫嚣社会主义运动是“日暮穷途的”，因为“他们的新理论还不够纯”等言论，对人类历史主体范畴给出了明确阐释：“历史活动是群众的活动”“历史什么事情也没有做，……正是人，现实的、活生生的人在创造这一切，拥有这一切并且进行战斗。……历史不过是追求着自己目的的人的活动而已”。《共产党宣言》正是立基于上述思想而宣称：“过去的一切运动都是少数人的或者为少数人谋利益的运动。无产阶级的运动是绝大多数人的、为绝大多数人谋利益的独立的运动。”

《共产党宣言》鲜明的革命性还体现在其实为无产阶级政党第一个成熟的党纲：它不仅阐明了无产阶级的历史使命，说明了无产阶级政党的性质、特点、目的、任务，而且更揭示了资本主义灭亡的必然规律。《共产党宣言》着重谈论了共产党：共产党人同其他无产阶级政党不同的地方在于：“一方面，在无产者不同的民族的斗争中，共产党人强调和坚持整个无产阶级共同的不分民族的利益；另一方面，在无产阶级和资产阶级的斗争所经历的各个发展阶段上，共产党人始终代表整个运动的利益。因此，在实践方面，共产党人是各国工人政党中最坚决的、始终起推动作用的部分；在理论方面，他们胜过其余无产阶级群众的地方在于他们了解无产阶级运动的条件、进程和一般结果。”《共产党宣言》强调：共产党人不屑于隐瞒自己的观点和意图。他们的目的只有用暴力推翻全部现存的社会制度才能达到。无产者在这个革命中失去的只是锁链，他们获得的将是整个世界。正因此，《共产党宣言》不仅严厉批判了“反动的社会主义”“保守的或资产阶级的社会主义”的虚幻性、虚假性、退步性，而且也严厉批判了“空想的社会主义和共产主义”“拒斥阶级斗争”的错误倾向：由于他们本身的生活状况，他们就以为自己是高高超乎这种阶级对立之上的。他们总是不加区别地向整个社会呼吁，而且主要是向统治阶级呼吁。他们拒绝一切政治行动，特别是一切革命行动。然而，此类理论却同历史的发展成反比。阶级斗争越发展和越具有确定的形式，这种超乎阶级斗争的幻想，这种反对阶级斗争的幻想，就越失去任何实践意义和任何理论根据。

三、马克思主义是科学性与革命性的辩证统一体

《共产党宣言》的科学性一方面源于历史唯物主义同剩余价值学说的发现及创立；另一方面源于它拒斥将自身视为故步自封的“绝对真理”并忠诚秉持马克思主义内涵的开放包容性、与时俱进性。《共产党宣言》的革命性表征为人民历史主体思想的深刻体现；对无产阶级及其政党，特别是共产党历史使命、性质、目的、任务等的说明；对资产阶级灭亡和无产阶级胜利，即“两个必然”的深刻阐释等。《共产党宣言》在无产阶级革命、国际共产主义运动伟大实践基础上实现了科学性和革命性的辩证统一。《共产党宣言》既是一篇面向旧世界、一切保守反动势力的战斗檄文，同时更是一篇深具科学性、革命性，专属无产阶级及其政党“里程碑”式的“圣经”。古人云：不忘初心，方得始终！《共产党宣言》既是全球无产阶级及其政党的“初心”所在，同时也是中国共产党“初心”诞生最初的思想场域。无论革命年代抑或建设时期，我们均须参悟它博大精深的思想内涵，深掘其蕴藏的丰富时代价值。

事实上，《共产党宣言》的科学性与革命性并非截然分开的两个独立部分，换言之，二者是辩证统一的。《共产党宣言》之所以历经170余年风雨洗礼仍具如此蓬勃的活力、强大的生命力、深广的影响力，其根源就在于，它是建基于无产阶级革命实践和国际共产主义运动之上科学性与革命性的辩证统一体。一方面，《共产党宣言》的科学性蕴意并呈现为革命性，如唯物史观因将唯物主义首度引入社会历史并深刻揭示其发展规律而成为一种科学系统理论，然而，由于其截然有别于以往唯心史观又成为一种具有革命性的学说；另一方面，《共产党宣言》的革命性蕴意并呈现为科学性，如阶级学说蕴含革命性，但由于其建基唯物史观理论和分析范式之上，因而又具毋庸置疑的科学性。这种建基于革命实践运动上的科学性与革命性的辩证统一，既是马克思主义的本质和内涵，也是马克思主义显著特征之一，并集中体现在其世界观、方法论、基本立场及远大社会理想方面。对此，列宁的有关评论做出了最好诠释：

马克思主义对世界各国社会主义者所具有不可遏制的吸引力，就在于它把严格的和高度的科学性同革命性结合起来。

（李雪阳系广东省社会科学院当代马克思主义研究所助理研究员、博士，林志鹏系广东省社会科学院副研究员）

略论《共产党宣言》对马克思主义政党建设的意义

王金豹

《共产党宣言》是马克思、恩格斯为世界上第一个马克思主义政党——共产主义者同盟起草的纲领。《宣言》第一次系统地提出了马克思主义建党学说，科学阐明了马克思主义政党的一些核心要素：人民立场、党的领导、从严治党、理论创新。全面理解《宣言》的党建思想，对于推进新时代党的建设新的伟大工程，坚持和发展新时代中国特色社会主义具有十分重大的意义。

一、政治立场：马克思主义政党必须坚持人民立场

马克思主义政党坚持历史唯物主义基本观点，把为人民谋利益作为自己的生命根基和价值追求。《宣言》庄严宣告："无产阶级的运动是绝大多数人的、为绝大多数人谋利益的独立的运动。"[①] 这"两个绝大多数"表明共产党的本质就是代表全体无产阶级共同利益。《宣言》指出："代替那存在着阶级和阶级对立的资产阶级旧社会——将是这样一个联合体，在那里，每个人的自由发展是一切人的自由发展的条件。"[②] 由此可见，马克思、恩格斯强调社会发展的最高目标是人的自由和全面发展，并把建立"一个自由人的联合体"作为共产党的奋斗目标。人的全面发展，实际上就是符合人的本质和需要的发展，就是让每个人的创造能力和价值得到充分的体现。早在《共产主义信条草案》中，恩格斯在回答什么是共产主义的目的时指出："把社会组织成这样：使社会的每一个成

① 《马克思恩格斯选集》第1卷，人民出版社1972年版，第262页。
② 《马克思恩格斯选集》第1卷，人民出版社1972年版，第273页。

员都能完全自由地发展和发挥他的全部才能和力量，并且不会因此而危及这个社会的基本条件。”① 这里非常明确地把每个人的自由发展当作共产主义的目的和本质特征。对于共产党人的这一立场宗旨与价值追求，列宁简单地概括为“人民的利益是最高的法律”。毛泽东同志形象地将之称为“为什么人”的问题，进而提出“全心全意为人民服务”作为党的宗旨。因此，中国共产党必须始终把坚持人民立场，必须坚持人民主体地位，坚持立党为公、执政为民，践行全心全意为人民服务的根本宗旨，把党的群众路线贯彻到治国理政全部活动之中，把人民对美好生活的向往作为奋斗目标，依靠人民创造历史伟业。

坚持人民立场，要坚持“以人民为中心”的新发展理念。从理论上来说，“以人民为中心”的发展思想体现了人民是推动历史和发展的根本力量的唯物史观，体现了党的根本宗旨，体现了社会主义要逐步实现“共同富裕”和“公平正义”的目标要求。从实践上来说，“以人民为中心”的发展思想是基于对改革以来党的发展观的完善和发展。改革开放后，出于对阶级斗争学说扩大化的反思，开始强调以发展生产力作为解决社会矛盾的总钥匙，形成了以生产力为核心的新的发展观，极大推动改革开放进程。党的十九大报告始终突出发展和民生两大问题，在发展目标上，提出“保证全体人民在共建共享发展中有更多获得感，不断促进人的全面发展、全体人民共同富裕”。在发展质量上，强调“全面”二字，注重发展的平衡性、协调性、可持续性。

二、政治前提：马克思主义政党必须坚持党的领导

党的领导是马克思主义政党的政治前提，也是马克思主义政党学说的重要内容。《宣言》指出，只有无产阶级才是革命的阶级，只有无产阶级政党，才能领导无产阶级去完成反封建反资本主义的历史任务。从政党建立的逻辑起点来看，在无产阶级革命时期，无产阶级依靠自发的、分散的力量是不行的，必须成为阶级，组织成为政党，这样才能把本阶级团结组织起来，才能使自发变成自觉的力量。正如恩格斯后来指出，

① 《马克思恩格斯全集》第42卷，人民出版社1979年版，第373页。

“要无产阶级在决定关头强大到足以取得胜利，无产阶级必须组成一个不同于其他所有政党的并与它们对立的特殊政党，一个自觉的阶级政党”①。马克思主义政党不仅只是夺取政治，它在夺取政权以后还要长期领导政权，建设社会主义，最终实现共产主义，因此，马克思、恩格斯在指导第一国际工人运动的时候，提出“应该使自己的每一个支部变成工人联合会的中心和核心”②，强调无产阶级政党要成为工人阶级和无产阶级革命的领导核心。此外，马克思主义政党要在本阶级和群众运动中抓住领导权，一要同本阶级群众建立密切联系，必须广泛地、坚持不懈地向工人群众宣传科学社会主义理论，使工人阶级意识到自己的社会地位与历史作用，不受资产阶级思潮的影响。二要通过一定的组织形式做组织工作。马克思、恩格斯对这个问题作过不少指示，要求盟员去组织、影响工人协会、农民协会组织，去做教育影响工作。

共产党必须在本阶级和群众运动中抓住领导权，这一思想成为后来马克思主义政党建设的根本原则之一。从列宁提出党是“无产者的阶级联合的最高形式”到中共四大提出“革命领导权”，再到1962年毛泽东在中央工作会议指出“工、农、商、学、兵、政、党这七个方面，党的领导一切”，从1980年邓小平在《党和国家领导体制改革》提出“加强党的领导必须改善党的领导”到2015年习近平总书记提出“党的领导是中国特色社会主义的本质特征”，无不说明坚持党的领导是马克思主义政党的基本原则。

党的十九大报告提出：“党政军民学，东西南北中，党是领导一切的”，这不仅重申了党的领导这一基本原则，而且强调党的领导就是全面领导这个本质性规定。坚持党的全面领导，首先是党组织要坚持统揽全局、协调各方的原则，在同级组织中发挥领导核心作用，特别是基层党组织需要以提升组织力为重点，突出政治功能，把基层党组织建设成为宣传党的主张、贯彻党的决定、领导基层治理、团结动员群众、推动改革发展的坚强战斗堡垒。其次是必须牢牢把握党的意识形态的领导权。

① 《马克思恩格斯选集》第4卷，人民出版社1979年版，第685页。
② 《马克思恩格斯选集》第1卷，人民出版社1972年版，第386页。

《宣言》指出："任何一个时代的统治思想始终都不过是统治阶级的思想"①。和任何统治阶级一样，马克思主义政党要维护自己的阶级统治，不仅在经济上、政权上，而且要在文化上即意识形态领域实现自己的统治。习近平在2013年全国宣传思想工作会议上指出："我们必须要把握意识形态工作的领导权、管理权和话语权，要把这些权力牢牢地掌握在手中，任何时候都不能旁落。如果旁落会出现什么情况？我们就可能会犯无可挽回的历史性错误。"② 再次是坚持正确观点，消除错误认识。要正确认识到中国共产党改革是中国特色社会主义最本质的特征，坚决维护习近平总书记党中央的核心、全党的核心地位，坚决维护党中央权威和集中统一领导。

三、政治保障：马克思主义政党必须从严治党

从严治党是马克思主义政党的优良传统。马克思、恩格斯在创建无产阶级政党、指导无产阶级革命的实践中，系统地阐述了无产阶级管党治党的一系列理论。首先，从严治党是马克思主义政党的应有之义。《宣言》明确指出无产阶级运动是"为绝大多数人谋利益的独立的运动"③，马克思主义政党要从事政治斗争，要有效凝聚起本阶级的力量，带领一场大多数人的运动，实现政党的奋斗目标，需要从严治党。其次，明确马克思主义政党的组织原则。马克思、恩格斯在为共产主义者同盟起草的章程中对党的基本组织原则作了以下规定：比如，各级委员会和代表均由定期的选举产生；下级地方组织必须向全盟代表大会或中央委员会报告工作，等等。此外，《共产主义者同盟章程》还对共产党员在思想、政治、组织、作风等方面作了具体要求和规定，比如，盟员必须承认共产主义，服从同盟的一切决议，要严守同盟的秘密，等等。再次，强调马克思主义政党要有铁一般的纪律。没有严明的纪律，马克思主义政党是不能战胜资产阶级、完成党的历史使命的。1859年马克思在给恩格斯

① 《马克思恩格斯选集》第1卷，人民出版社1972年版，第270页。

② 《在全国宣传思想工作会议上的讲话》，《光明日报》2014年8月20日。

③ 《马克思恩格斯选集》第1卷，人民出版社1972年版，第262页。

的一封信中强调：“我们现在必须要绝对的保持党的纯洁性和纪律，否则将一事无成。”[①] 十月革命后，列宁也指出：“徒有其名的党员，就是白给，我们也不要。”[②] 因此，列宁对党员进行重新登记，对不合格的党员及时清除出党。以上的原则和要求，成为以后各国马克思主义政党共同遵守的准则，为以后各国共产党从严治党奠定了基础。从党的历史实践来看，中国共产党的发展历程就是不断从严治党的过程。从严治党是中国共产党的优良传统和重要特点。

从严治党是中国共产党应对执政考验的重要保证。一个政党取得政权后，因地位的改变、权力的腐蚀和利益的诱惑，容易滋生消极怠惰情绪和腐化腐败现象，而长期执政则更加明显。当前，要坚决贯彻从严治党的方针，切实地担负起从严治党、管党治党的责任，全面推进新时代党的建设新的伟大工程。第一，加强思想建设。我们党在长期执政的条件下，特别是在市场经济条件下建设社会主义将面临一系列新的困难和挑战，如腐败、利益集团、外部风险等，因此，作为执政党，中国共产党应时刻保持政治清醒，牢记自身的历史使命，牢固树立全心全意为人民服务的意识；要切实解决自身存在的突出问题，切实改进工作作风。第二，关键是从严管理干部。从严治党的重点是领导干部这一“关键少数”，如果干部素质不高、作风不正，党的建设就搞不好。首先标准要严。习近平提出了好干部的标准，即“信念坚定、为民服务、勤政务实、敢于担当、清正廉洁”，以这五条标准加强干部队伍建设，才能抓好干部队伍建设；其次要切实提高建章立制水平，抓好制度执行，真正用制度管权、管事、管人。第三，强化党的组织纪律。政党往往都有自上而下的组织制度，组织纪律比较严格。中国共产党是按照马克思主义建党原则组织起来的，在组织制度上坚决实行民主集中制。一方面要求党的组织讨论问题、决定问题充分发扬民主；另一方面在组织决定之后，就要

---

① 《马克思恩格斯选集》第 2 卷，人民出版社 1972 年版，第 413 页。

② 《列宁专题文集．论无产阶级政党》，人民出版社 2009 年版，第 222 页。

按照“四个服从”[①] 的要求，做到党员个人意愿必须服从组织的规定，服从组织的意愿；做到个人的利益必须服从组织的利益。在必要时要为组织作出牺牲，乃至生命。

四、政治提升：马克思主义政党必须坚持理论创新

《宣言》的产生，其本身就是理论创新的结果。马克思、恩格斯在继承德国古典哲学、英国古典政治经济学、法国古典空想社会主义思想的基础上，从现实的经济关系和阶级关系出发，用剩余价值学说揭示了资本家剥削工人的秘密，用唯物史观揭示了社会更替的一般规律，创立了马克思主义。《宣言》揭示了从资本主义向共产主义过渡的历史规律，因而是适用于这一大的历史时期的基本原理，必须毫不动摇地坚持。但是对于这些基本原理的具体运用，则以不同国情、不同历史条件为转移，因而马克思主义必须同各国实际相结合。《宣言》1872 年德文版序言中指出：“不管最近25 年来的情况发生了多大的变化，这个《宣言》中所阐述的一般原理整个说来直到现在还是完全正确的”。但是，“这些原理的实际运用，正如《宣言》中所说的，随时随地都要以当时的历史条件为转移”[②]。可见，马克思主义最重要的理论品格，就是坚持与时俱进，需要依据新的历史条件和新的实践经验不断地发展和完善。

自1848 年《宣言》发表以来，共产党人就把马克思主义写在自己的旗帜上，作为自己的行动指南，并随着时代、实践和科学的发展而不断发展，形成了一种开放的理论体系，开辟了通向真理的新道路。习近平总书记在党的十九大报告中强调，“时代是思想之母，实践是理论之源”，“实践没有止境，理论创新也没有止境。世界每时每刻都在发生变化，中国也每时每刻都在发生变化，我们必须在理论上跟上时代”。[③] 这

---

① 即党员个人服从党的组织，少数服从多数，下级组织服从上级组织，全党各个组织和全体党员服从党的全国代表大会和中央委员会。

② 《马克思恩格斯选集》第1卷，人民出版社1972 年版，第228 页。

③ 习近平：《决胜全面建成小康社会　夺取新时代中国特色社会主义伟大胜利——在中国共产党第十九次全国代表大会上的报告》，人民出版社2017 年版，第26 页。

些重要论述，深刻阐述坚持和发展中国特色社会主义，就要勇于推进实践基础上的理论创新。

当前，要顺应实践要求和人民愿望，在推进中国特色社会主义实践中，努力解放思想、实事求是，与时俱进，才能不断开辟21世纪中国马克思主义发展新境界。一要坚持马克思主义的世界观和方法论。要系统掌握、自觉运用马克思主义基本原理和立场、观念、方法，增强理论自信和战略定力，不断提高运用科学理论分析解决实际问题的水平。特别要掌握物质决定意识的原理，坚持从客观实际出发制定政策、推动工作；掌握社会矛盾的基本原理，不断强化问题意识、化解前进中遇到的矛盾；掌握唯物辩证法，不断增强辩证思维能力，提高驾驭复杂局面的本领。二要加强调查研究。调查研究要找准问题，紧紧围绕党的路线方针政策和中央重大决策部署，人民群众反映强烈的热点难点问题。调查研究要深入基层、深入群众。要广泛听取群众意见，总结基层的经验，吸取群众的智慧。三要坚持求真务实的精神。要发扬理论联系实际的马克思主义学风，带着问题学，学以致用、用以促学，做到实践出真知。毛泽东同志曾说过："马克思主义的箭要去射中国革命的靶，党内有些同志拿着马克思主义的箭，在手里反复搓了又搓，连声说好箭好箭，就是不去射这个靶。"① 这说明了理论要与实践相联系、与实际工作具体结合起来。因此，只有坚持求真务实精神，才能够更好地把握规律性、增强主动性、减少盲目性、克服片面性。

（作者系东莞市委党校党建与统战理论教研部主任、副教授）

① 《毛泽东选集》第3卷，人民出版社1991年版，第819页。

《共产党宣言》的核心价值

殷石龙　汪淑娟

《共产党宣言》宣告了马克思主义的诞生，从此开辟了一个新的时代。今天我们纪念马克思诞辰200周年，《共产党宣言》发表170年，就要继承和发展马克思主义，牢记共产党人的初心使命。

一、《共产党宣言》的核心思想与核心价值

《共产党宣言》的核心思想，中国学术界一直存在着不同看法。归纳起来，大致有如下12种：一是阶级斗争思想；二是“两个必然”思想；三是“消灭私有制”思想；四是“两个决裂”思想；五是“人的自由全面发展”思想；六是无产阶级革命和无产阶级专政的思想；七是生产力决定作用的思想；八是“全球化”思想；九是为绝大多数人谋利益的思想；十是无产阶级政党的思想；十一是“双核心”观点：“一个消灭，两个决裂”和“人的自由而全面的发展”；十二是“三核心”观点：唯物史观、阶级斗争、“两个必然”。[①]

应该说，上述观点都有一定的依据和一定的道理。争论主要是围绕这么几个问题：一是基本思想和核心思想，二是核心思想是一种还是几种，三是到底哪一种观点是《共产党宣言》的核心思想。

笔者认为，核心思想与基本思想有联系也有区别。核心思想是基本思想的根本部分、关键部分，比基本思想更深刻更本质。一本书一篇文章的核心思想只能有一种，而基本思想可以是一种，也可以有多种。当基本思想只有一种时，基本思想也就是核心思想；当基本思想有多种时，

① 郝贵生：《如何认识〈共产党宣言〉的核心思想》，《马克思主义研究》2013年第11期。

那就不是核心思想。基本思想中最本质的那种思想才是核心思想。因此那种认为《共产党宣言》核心思想有多种的观点，是把基本思想与核心思想完全混淆了。

《共产党宣言》的核心思想是什么？笔者认为就是消灭私有制，实现共产主义。也许有人不赞成，或者要添加其他观点作为其核心思想。为避免这种情况和不必要的争论，笔者提出核心价值的概念。所谓“核心价值”，是指在价值体系中，居于核心地位，起决定作用的价值。核心思想和核心价值都有“核心”二字，这一点是共同的，强调是事物本身的根本的本质的东西。但它们的区别是，核心思想是内在的，是作者自身的根本思想和根本观点；核心价值是这种核心思想的直接显现，是它要表达的主题。它要向世界宣告什么、说明什么、表达什么，是他人和后人要掌握和记住的最主要的东西。

那么《共产党宣言》的核心价值是什么、它要向世界宣告什么？就是宣告共产主义革命，就是宣告资产阶级的灭亡和无产阶级的胜利是同样不可避免的，就是宣告无产阶级解放和全人类解放。马克思主义是关于无产阶级和人类解放的科学。正是在这个意义上，我们才说《共产党宣言》的发表，标志着马克思主义的诞生。《共产党宣言》的核心价值就是共产主义革命，围绕着“什么是共产主义，怎样实现共产主义”这一主线而展开其全部价值。《共产党宣言》的思想比较全面系统，但我们要记住和掌握的核心价值，就是这四个字：共产主义。

第一，从《共产党宣言》的文本看，它宣告了共产主义的新世界观。“一个幽灵，共产主义的幽灵”“共产党人可以用一句话把自己的理论概括起来：消灭私有制”① “共产主义革命就是同传统的所有制关系实行最彻底的决裂；毫不奇怪，它在自己的发展进程中要同传统的观念实行最彻底的决裂”② “资产阶级的灭亡和无产阶级的胜利是同样不可避免的”③ “过去的一切运动都是少数人的或者为少数人谋利益的运动。无产

---

① 《共产党宣言》，人民出版社 1964 年版，第 37 – 38 页。

② 《共产党宣言》，人民出版社 1964 年版，第 44 页。

③ 《共产党宣言》，人民出版社 1964 年版，第 36 页。

阶级的运动是绝大多数人的、为绝大多数人谋利益的独立的运动”①、“让统治阶级在共产主义革命面前发抖吧。无产者在这个革命中失去的只是锁链。他们获得的将是整个世界”②，如此等等。这些足以明确地表述了其核心价值就是共产主义。

第二，从《共产党宣言》的产生看，它是无产阶级争取自身解放斗争的理论表现。19世纪三四十年代，资本主义生产方式在欧洲主要国家已占据统治地位，资本主义社会的基本矛盾——生产社会化和生产资料资本家私人占有之间的矛盾日益暴露出来，导致经济危机频频发生。无产阶级与资产阶级的斗争也随之激化。欧洲出现了三大工人运动：1831年和1834年法国里昂工人举行两次起义，英国工人发起了长达10年的宪章运动，德国西里西亚纺织工人1844年的武装起义。这些斗争虽然失败了，却标志着无产阶级已经作为一支独立的政治力量登上了世界历史舞台。工人阶级的革命斗争，呼唤着新的革命理论，也为这个革命理论的产生提供了宝贵的经验教训。正是在这个基础上，马克思、恩格斯运用历史唯物主义的基本原理，考察了资本主义生产方式发生、发展的过程，揭示了资本主义必然灭亡、共产主义必然胜利的客观规律，写作了《共产党宣言》。可见《共产党宣言》是适应无产阶级反对资产阶级的革命斗争需要产生的，是为无产阶级的争取自身解放作理论论证的。

第三，从《共产党宣言》的主要内容看，它围绕着共产主义革命展开。《共产党宣言》包括引言、正文四章和七篇序言。引文说明了《共产党宣言》产生的历史背景和目的任务。第一章《资产者和无产者》论述了无产阶级的阶级斗争学说。第二章《无产者和共产党人》说明了无产阶级政党的性质、特点、目的和任务，以及共产党的理论和纲领。第三章《社会主义和共产主义的文献》，批判了当时流行的各种假社会主义，并揭露了它们的阶级实质。第四章《共产党人对各种反对党派的态度》论述了共产党人革命斗争的思想策略。这些内容都是围绕一个核心：进行无产阶级革命，消灭资产阶级，消灭剥削和压迫，实现共产主义。

---

① 《马克思恩格斯文集》第2卷，人民出版社2009年版，第42页。

② 《马克思恩格斯文集》第2卷，人民出版社2009年版，第66页。

第四，从《共产党宣言》的基本观点看，它处处体现了无产阶级的解放斗争。《共产党宣言》的观点很多，但下列这些作为基本观点，是没人否认的。阶级斗争是阶级社会发展的直接动力，在人类社会的阶级斗争中，只有无产阶级反对资产阶级的斗争，才能从根本上消灭一切剥削阶级，消灭一切剥削制度，消灭私有制；无产阶级的运动是绝大多数人的、为绝大多数人谋利益的独立的运动，无产阶级不但要解放自己，而且要解放全人类；生产力的发展导致资本主义的产生发展又必然导致资本主义的灭亡，资产阶级的灭亡和无产阶级的胜利是必然的；无产阶级的历史使命是建立一个自由全面发展的共产主义社会；实现这一使命的道路是无产阶级革命和无产阶级专政，领导力量是共产党。很显然这些观点都是围绕着共产主义革命运动展开的。

第五，从《共产党宣言》发表后的实际斗争看，它是无产阶级和共产党人从事共产主义运动的纲领。这部著作从诞生起就鼓舞和推动着全世界无产阶级争取解放的斗争，成为无产阶级最锐利的战斗武器。恩格斯指出：它是全部社会主义文献中传播最广和最具国际性的著作，是世界各国千百万工人共同的纲领。以列宁为首的俄国无产阶级政党，以马克思主义为指导，领导十月革命，建立了世界上第一个无产阶级专政的国家；中国共产党把马克思主义的基本原理与中国革命的实际相结合，建立了社会主义新中国。共产主义革命走向了全世界，使地球上出现了一球两制的新局面。

二、《共产党宣言》的核心价值是中国共产党取胜的重要原因

《共产党宣言》问世170年以来，其基本思想得到了广泛传播，产生了深远影响。从它问世后至今已翻译成200多种文字，再版1000多次，深深地影响了人类和世界。它对中国的影响，更是超过了世界上任何国家，成为中国革命的指导思想，是中国共产党领导中国革命取得胜利，建立新中国的重要原因。

1840年以后，中国进入了灾难深重的半殖民地半封建社会。为实现民族独立和人民解放，多少仁人志士进行了不屈不挠的斗争，从太平天

国运动到义和团运动、洋务运动、戊戌变法、辛亥革命，这些斗争都失败了。其重要原因之一，就是没有先进的革命理论来指导。中国人民仍然生活在黑暗中。

十月革命一声炮响，给我们送来了马克思列宁主义。在十月革命后马克思主义传播活动中，李大钊成为中国最早宣传俄国十月革命、系统传播马克思主义的第一人。他发表了《法俄革命之比较观》《庶民的胜利》《布尔什维主义的胜利》和《新纪元》四篇光辉的文献，热情宣告“试看将来的环球，必是赤旗的世界！”

《共产党宣言》成为最早传入中国的马克思主义经典著作，中国共产党许多领袖人物就是通过《共产党宣言》等确立起了对马克思主义和共产主义的信仰。毛泽东在1936年会见美国记者埃德加·斯诺时谈了自己思想上的变化：“有三本书特别深刻地铭记在我的心中，使我树立起对马克思主义的信仰。我接受马克思主义，认为它是对历史的正确解释，以后，我对马克思主义的信仰就没有动摇过。这三本书是：陈望道译的《共产党宣言》，这是用中文出版的第一本马克思主义的书，考茨基著的《阶级斗争》，以及柯卡普著的《社会主义史》。到了1920年夏，我已经在理论上和在某种程度的行动上，成为一个马克思主义者，而且从此我也自认为是一个马克思主义者了。”① 后来，毛泽东又说，正是看了《共产党宣言》等著作后，“我才知道人类自有史以来就有阶级斗争，阶级斗争是社会发展的原动力，初步地得到认识问题的方法”②。

“中国无产阶级的先锋队，在十月革命以后学了马克思列宁主义，建立了中国共产党。”“自从有了中国共产党，中国革命的面目就焕然一新了。”③ 无数革命先烈正是在《共产党宣言》的影响下，走上革命道路，加入了中国共产党，以坚定的共产主义理想信念，抛头颅洒热血，终于推翻了三座大山，建立了新中国。“头可断，肢可折，革命精神不可灭。

① 转引自李锐：《毛泽东接触马克思主义的三本入门书》，《出版参考》2005年第9期。

② 《毛泽东文集》第2卷，人民出版社1999年版，第39页。

③ 《毛泽东选集》第4卷，人民出版社1991年版，第1357页。

壮士头颅为党落，好汉身躯为群裂。”这是共产党员周文雍被捕后在监狱墙壁上写的一首不朽诗篇。他和他的恋人女共产党员陈铁军一起，在广州红花岗刑场举行了悲壮的婚礼，从容就义。“砍头不要紧，只要主义真。杀了夏明翰，还有后来人。”1928 年 2 月 8 日，共产党员夏明翰被捕，次日即遭国民党反动派杀害。就义时，凶手问他有什么遗言，他要来纸笔，一挥而就，写了这四句诗。这个“主义真”的“主义”就是共产主义。还有中国共产党早期的主要领导人之一的瞿秋白，1935 年战斗中被捕，就刑前沿途用俄语高唱《国际歌》《红军歌》，高呼“中国共产党万岁！”“共产主义万岁！”等口号，从容就义。正是有这样的先烈、这样的共产党员，为了《共产党宣言》倡导的共产主义，艰苦奋斗，不怕牺牲，才赢得了中国革命的胜利。

2016 年 11 月 29 日，习近平总书记在纪念朱德同志诞辰 130 周年座谈会上的讲话中指出：“我们纪念朱德同志，就是要学习他追求真理、不忘初心的坚定信念。朱德同志经历过旧民主主义革命的失败，从切身体验中认识到，旧的道路走不通了，只有马克思主义才是解决中国问题的真理。在确立马克思主义信仰、树立为共产主义事业奋斗一生的崇高理想后，无论面对什么样的艰难险阻和重大挫折，他始终没有动摇。”① 朱德的一生就是中国共产党人为共产主义理想信念奋斗一生的真实写照。那样艰苦的条件，那样恶劣的环境，缺衣少食，小米加步枪，中国共产党人却战胜了拥有全国资源，受到帝国主义、封建主义、官僚资本主义支持的国民党反动派。靠的是什么？靠的就是有坚定共产主义理想信念的共产党，有坚定共产主义理想信念的人民军队。他们密切联系群众，全心全意为人民服务，得到了广大人民群众支持和拥护，因而能够战无不胜。

三、中国共产党的“初心”是《共产党宣言》核心价值的展现

习近平总书记指出：“中国共产党人的初心和使命，就是为中国人民

---

① 《在纪念朱德同志诞辰 130 周年座谈会上的讲话》，新华网 2016 年 11 月 29 日。

谋幸福，为中华民族谋复兴。这个初心和使命是激励中国共产党人不断前进的根本动力。”① 中国共产党人的这个初心和使命来自《共产党宣言》的核心价值，是《共产党宣言》关于无产阶级和全人类解放的思想在当代中国大地上的展现，是中国共产党的历史逻辑在当代中国的要求。

第一，《共产党宣言》核心价值是中国共产党“初心”的源头。《共产党宣言》的发表标志着马克思主义的诞生，标志着共产党的诞生。《共产党宣言》就是共产主义革命的源头，是共产主义运动的第一部经典著作。中国共产党成立之初就是以共产主义革命为初心的。习近平总书记2016年7月1日在庆祝中国共产党成立95周年大会上的讲话中指出：“坚持不忘初心、继续前进，就要牢记我们党从成立起就把为共产主义、社会主义而奋斗确定为自己的纲领，坚定共产主义远大理想和中国特色社会主义共同理想，不断把为崇高理想奋斗的伟大实践推向前进。”② 他还指出：“不忘初心，牢记使命，就不要忘记我们是共产党人，我们是革命者，不要丧失了革命精神。”③ 这个革命就是共产主义革命，这个精神就是共产主义革命精神。

第二，《共产党宣言》核心价值是中国共产党“初心”的灵魂。《共产党宣言》核心价值是共产主义革命，是实现共产主义。共产主义的理想信念就构成了各国共产党人的灵魂，也构成了中国共产党初心的灵魂。习近平总书记指出：“坚定理想信念，坚守共产党人精神追求，始终是共产党人安身立命的根本。对马克思主义的信仰，对社会主义和共产主义的信念，是共产党人的政治灵魂，是共产党人经受住任何考验的精神支柱。”④ 他还形象地比喻，“理想信念就是共产党人精神上的‘钙’，没有

① 习近平：《决胜全面建成小康社会　夺取新时代中国特色社会主义伟大胜利——在中国共产党第十九次全国代表大会上的报告》，人民出版社2017年版，第1页。

② 《在庆祝中国共产党成立95周年大会上的讲话》，《人民日报》2016年7月2日。

③ 《以时不我待只争朝夕的精神投入工作　开创新时代中国特色社会主义事业新局面》，《人民日报》2018年1月6日。

④ 《习近平谈治国理政》，外文出版社2014年版，第15页。

理想信念，理想信念不坚定，精神上就会‘缺钙’，就会得‘软骨病’”[①]。现揭露出来的贪官污吏，无一不是“缺钙”，他们丧失了共产主义的理想信念，就不可能为中国人民谋幸福，为中华民族谋复兴，而是利用职权为个人及家庭谋取私利。

第三，《共产党宣言》核心价值是中国共产党“初心”的内容。共产主义革命是人类历史上最伟大的革命，它要实现无产阶级的解放和全人类的解放。作为中国共产党就要实现中国人民的解放和中华民族的伟大复兴。《共产党宣言》强调：“过去的一切运动都是少数人的或者为少数人谋利益的运动。无产阶级的运动是绝大多数人的、为绝大多数人谋利益的独立的运动。”[②] 习近平总书记在阐述中华民族伟大复兴的中国梦时，强调“中国梦归根到底是人民的梦”；全面建成小康社会，强调“小康不小康，关键看老乡”“一个都不能掉队”；全面深化改革，强调“把改革方案的含金量充分展示出来，让人民群众有更多获得感”；全面依法治国，强调“努力让人民群众在每一个司法案件中都能感受到公平正义”。显然这四个全面战略的实施，都是为中国人民谋幸福、为中华民族谋复兴的根本举措，都是共产主义革命内容在当代中国的展开。

第四，《共产党宣言》核心价值是中国共产党“初心”的目标。《共产党宣言》的核心价值是共产主义，就是要消灭一切剥削制度，建立一个人人美好生活的共产主义社会即全人类的解放。中国共产党就是为这一目标建立的，也是为这一目标努力奋斗的。在党的十八大习近平当选总书记后与记者见面会上，他深情地说：“我们的人民热爱生活，期盼有更好的教育、更稳定的工作、更满意的收入、更可靠的社会保障、更高水平的医疗卫生服务、更舒适的居住条件、更优美的环境，期盼孩子们能成长得更好、工作得更好、生活得更好。人民对美好生活的向往，就是我们的奋斗目标。”[③] 以后又多次强调这一目标。共产党员在入党时都要庄严宣誓：为共产主义奋斗终身。我们党成立 97 年，入党誓词的内容

① 《十八大以来重要文献选编》上，中央文献出版社 2014 年版，第 80 页。
② 《马克思恩格斯选集》第 1 卷，人民出版社 1995 年版，第 283 页。
③ 《十八大以来重要文献选编》上，中央文献出版社 2014 年版，第 70 页。

有过不少修改。但不管怎么修改变化，这一根本的目标不变：为共产主义事业奋斗终身。

总之，坚持和发展中国特色社会主义，就不要忘记中国共产党的初心，就不要忘记《共产党宣言》的核心价值。只有这样，中国特色社会主义才能够取得伟大胜利，中华民族才能实现伟大复兴，伟大的共产主义事业才能走向辉煌。

（殷石龙系广东工业大学华立学院马克思主义学院院长、教授，汪淑娟系广东工业大学华立学院马克思主义学院教研室主任、讲师）

坚定共产主义理想信念
牢牢把握意识形态领导权

——纪念马克思诞辰200周年

吕艳红

理想确定方向，初心引领目标，奋斗目标是检验有无清醒的使命自觉的重要尺度。我们之所以坚定而自信的称自己为“共产党人”，根本原因就在于我们坚守共产主义远大理想这一初心并不断努力践行着。我们的理论自信来自于我们对共产主义理想信念宗旨的信仰；来自于我们对马克思主义理论的信服。

一、牢记共产主义的理想信念——坚定理想信念的价值逻辑

理想信念不会凭空产生，坚定的理想信念需要有理论支撑。什么是信仰？信仰就是人对最高价值追求的信念，是人类进行价值选择和价值判断最根本的依据和标准。信仰是人类特有的精神状态和精神需求。共产主义理想之所以被全世界共产党人信奉并践行，在于它自身的价值真理性和理论科学性。

首先，共产主义作为价值信仰，是人类追求自身全面自由发展和为全人类谋求幸福的科学理论。第一，马克思主义创始人把自己的理论定位在为全人类谋幸福的基点上。在《共产党宣言》中，马克思指出：“过去的一切运动都是少数人的，或者为少数人谋利益的运动。无产阶级的运动是绝大多数人的，为绝大多数人谋利益的独立的运动。”① 马克思不仅确定了自己理论的人民性，更是在具体著作中不断阐发人的自由全

① 《马克思恩格斯文集》第2卷，人民出版社2009年版，第42页。

面发展理论。他在阐发人的发展阶段和发展形态时指出，人的发展规律是从“人对人的依附性”的被动存在到“以物的依赖性为基础的人的独立性”再到“每个人的自由发展是一切人的自由发展的条件”[①] 的存在的。关于人的发展规律充分证明了马克思主义的关于人类解放、把人当作社会发展的目的和本身的学说，这也证明了马克思主义是人类对理想信念的永恒价值追求。第二，共产主义理想本身了体现人类作为主体对自身和外部世界的价值定位、价值追求和价值取向。恩格斯在马克思墓前的讲话中指出马克思一生最伟大的两大贡献是发现了资本主义的运动规律和人类社会发展一般规律。共产主义理想信念存在的内在理论根据是人类历史的发展规律，是符合社会发展潮流和趋势的规律。基于历史发展规律基础上的理想信念和价值追求才是真正值得人们追求并能真正让人内心信服的。这是我们人类努力寻求共同价值，人类求同存异、构建人类命运共同体的精神支撑。从理想价值视角，这充分体现了中国共产党的精神源泉就是对共产主义理想信念的坚定，“对马克思主义的信仰，对社会主义和共产主义的信念，是共产党人的政治灵魂，是共产党人经受任何考验的精神支柱”[②]。

其次，共产主义理想信念不仅仅是一种价值追求，更是一种社会实践过程。从社会层面看，实现人的自由全面发展是共产主义理想的终极价值理想，体现共产党人追求真理追求自由的理想和情怀，也是共产党人遵循社会发展规律、探求社会发展本质的实践过程，它也是人类践行价值目标的实践活动本身。从个体层面看，对个人而言，我们坚定共产主义信仰，不仅仅是一种精神追求，更重要的他是一个追求美好幸福生活的践行者。正如马克思、恩格斯所言：“共产主义对我们来说不是应当确立的状况，不是现实应当与之相适应的理想。我们所称为共产主义的是那种消灭现存状况的现实的运动。”[③] 共产主义不仅仅是一种理想信念、一种价值立场、一种精神追求，更是一种现实的运动过程。

---

① 《马克思恩格斯文集》第2卷，人民出版社2009年版，第53页。
② 《习近平谈治国理政》第2卷，外文出版社2017年版，第326页。
③ 《马克思恩格斯选集》第1卷，人民出版社1995年版，第87页。

二、牢牢把握意识形态领导权——坚定理想信念的理论逻辑

一个政党能否用科学的理论武装自己，直接决定着这个政党的命运。坚持并不断发展马克思主义是中国共产党人能克服历史困难不断前行的理论基石。在当前社会思潮多样性的客观现实下，要坚定共产主义理想信念，就必须牢牢把握意识形态领导权，坚持马克思主义在意识形态指导地位不动摇。原因有三：

其一，从历史上看，任何时代都有占统治地位的统治阶级思想。我们之所以要坚持马克思主义的指导地位，坚定共产主义理想信念，一方面是因为我们是马克思主义政党这一无法否认的阶级性。坚定的共产主义理想信念是无产阶级政党鲜明阶级性的重要特征，“没有马克思主义信仰、共产主义理想，就没有中国共产党，就没有中国特色社会主义”①。坚信共产主义理想是共产党人任何时期任何历史发展阶段的精神支撑和政治灵魂。另一方面在于马克思主义理论体系的科学性和实践性。马克思主义是科学的世界观和方法论，是不断被实践证明的科学理论体系，是被各国无产阶级政党努力践行的科学理论。中国共产党不仅要坚定不移地以马克思主义作为立党立国的指导思想，还要坚持问题导向，不断增强创新意识、推进理论创新，继续丰富和发展马克思主义，“锲而不舍推进马克思主义中国化、时代化、大众化，使马克思主义放射出更加灿烂的真理光芒”②。马克思主义与时俱进的过程实际上就是马克思主义中国化时代化大众化的过程。

其二，从理论层面看，社会存在决定社会意识。生产力、社会状况、社会意识这三者之间会发生矛盾，社会存在一定会产生与之相适应的意识形态。

其三，从现实角度来看，坚持和发展马克思主义是共产党人永葆活力的精神之源。开放性和发展性是马克思主义重要的理论特质之一。中国共产党人的理论自信就是坚持马克思主义并把其与中国实践相结合发

---

① 《习近平谈治国理政》第2卷，外文出版社2017年版，第326页。

② 《习近平谈治国理政》第2卷，外文出版社2017年版，第65页。

展为中国特色社会主义。中国特色社会主义就是马克思主义科学理论与中国实践相结合的产物，是马克思主义在中国实践基础上的发展，是马克思主义中国化的理论成果。这正是马克思主义与时俱进的真理性体现。

三、坚持一元指导与多样并存的辩证统一 ——坚定理想信念的实践逻辑

意识形态领域思想多样性事实无法否认，西方对中国意识形态领域的攻击和渗透也不能回避。意识形态领域存在否认歪曲党的历史、抹黑中国改革开放成就、否认中国共产党领导地位等论断。“国内外各种敌对势力，总是企图让我们党改旗易帜、改名换姓，其要害就是企图让我们丢掉对马克思主义的信仰，丢掉对社会主义、共产主义的信念。”① 要认真看待和解决思想意识形态领域中出现的问题。

首先，我们要看到指导思想的一元化和社会思想的多样性是不同层次的理论问题。一个是指特定社会发展阶段占支配地位的指导思想是什么；一个是指现实社会中各种客观存在的社会思想。社会思想的多样，并不等于这个社会占支配地位的指导思想就要多元。恰好相反，正是因为它占支配地位，必然要求通过一元去引领多样。

其次，坚持一元主导多样并存。马克思主义认为社会意识是社会存在的一种现实反映，“不是意识决定生活，而是生活决定意识”②。在阶级消亡之前，人类利益的差异性就客观存在，而利益的差异性和多样性就决定了人类社会思想文化领域的多样性客观存在。社会思想领域的多样性如果以有序化为前提，可以促进思想解放，更好激发起社会的活力，从而可以推动经济、政治、文化等各方面的创新。如果社会思想的多样性失去正确的指导思想的引领就很容易陷入无序状态，很容易导致社会发展停滞甚至倒退。我们要努力寻求最大共识、最大公约数，就是要坚持一元指导与多样并存的辩证统一。

最后，指导思想须不断与时俱进。指导思想要随实践的发展变化而

① 《习近平谈治国理政》第2卷，外文出版社2017年版，第327页。
② 《马克思恩格斯文集》第2卷，人民出版社2009年版，第525页。

不断发展。一元指导并不意味着思想的僵化。中国共产党的指导思想是不断发展的，在当代中国，坚持和发展习近平新时代中国特色社会主义思想，就是真正坚持和发展马克思主义，就是真正坚持和发展科学社会主义。

（作者系中共广东省委党校哲学部教授、哲学博士、硕士研究生导师）

当代俄共的马克思主义探索之路

段丽娟

当代俄罗斯马克思主义研究者的视域已经从对苏联时期马克思主义的历史反思和对马克思主义基本理论的修正，转移到从社会学、政治学、经济学、哲学等学科的交叉对比研究中，深入考察马克思主义的理论。他们自觉运用马克思主义理论解决当代俄罗斯，乃至全世界的现实问题，从而使当代俄罗斯的马克思主义更具现实性。

俄罗斯联邦共产党（КоммунистическаяпартияРоссийскойФедерации），简写КПРФ，简称俄共，于1990年6月20日成立。俄共施政纲领的基础是爱国主义、共产主义、人民和社会主义。与俄共合作的政治组织有俄罗斯农业党、俄罗斯人民爱国联盟等。俄罗斯联邦共产党作为苏共的直接继承者是俄罗斯目前规模最大的左翼政党，它的组织性也是最强的，在国家杜马这一最高立法机构中，共产党代表占有一定的席位。俄共的纲领明确规定：俄罗斯联邦共产党以马克思、列宁主义为基础，并对其进行创造性的发展，把建成社会主义——以集体主义为原则的社会公正、自由、平等的社会作为自己的主要目标。① 俄共出版《对话》《政治教育》两份杂志，以及《真理报》《俄罗斯真理报》两份报纸。除此之外，各地方党的委员会也出版有自己的报纸，这些报纸杂志是宣传马克思主义的强大阵地。在党的代表大会、各种讨论会、学术会议的记录文本以及一些党员的书籍中都能反映出俄共的主要理论活动。党的主要文件是党的纲领，这一纲领是以马克思主义立场为指导的，考察和分析了俄罗斯的社会形势，阐述和研究了戈尔巴乔夫和叶利钦改革国家、解体苏联的原因，并且为俄共夺取政权、建立新社会主义的政策

① 《Праграмма КПРФ》，《Правда》，2003－87．

和方针指明了方向。

俄共关于马克思主义问题的理论文章的系统阐述主要集中在《对话》和《政治教育》中，其中涉及对俄罗斯社会主义时代命运的讨论和当代资本主义的矛盾、对世界全球化问题的分析以及其对俄罗斯的影响等问题，这些文章客观地对俄罗斯国内最现实的问题及国际问题进行了分析，集中地反映了俄共的观点。俄共对马克思主义的创造性发展，主要体现在其领导人久加诺夫所倡导的“俄罗斯社会主义”[①] 的思想中。“俄罗斯社会主义”为了推进俄罗斯社会主义的形成和发展，所采取的措施是对爱国主义和强国主义的宣传、对民族和宗教价值的承认等途径，试图把马克思主义与当代俄罗斯社会的实际结合起来，而放弃一贯坚持的“纯粹的国有制、阶级斗争的激进纲领、战斗的无神论和无产阶级国际主义”[②] 等四项原则。其思想主旨是在社会主义的基本原则中加入爱国、强国的思想和俄罗斯传统精神，努力提高俄罗斯的国际大国地位，找到属于俄罗斯自己的独特的社会主义之路。近几年，久加诺夫个人出版了《强国》《我的俄罗斯》《生活的教训》《全球化与人类命运》等专著，并发表了大量文章，从各个角度对自己的“革新的社会主义”“俄罗斯式的社会主义”思想进行宣传和论证。

俄共在新宪法中阐明社会主义理想：在发展马克思列宁主义理论的基础上，以集体主义、自由和巩固多民族联邦国家的原则建立公正社会，并坚定社会发展的最终目的是实现共产主义；同时发展市场经济和实现多党制的有效领导，并且反对土地私有化。[③] 俄共的基本政治纲领是：努力确定苏维埃形式的人民政权；捍卫俄罗斯的国家统一和领土完整；吸取苏联时期的历史教训，努力建设一个组织性强的、拥有民主意识的、

① Зюганов Г. А. ,《Коммунисты и молодёжь в современной России》, М. , Газета《Правда》,2003 , с － 32.

② Зюганов Г. А. ,《За единство. Беседа с коммунистами о ситуации в КПРФ》, М. , ИТРК,2004 , с － 64.

③《Коммунистическая партия Российской Федерации в резолюциях и решениях съездов》, конференций и пленумов ЦК（2001—2005）, М. , Издательство ИТРК,2005 , с －341.

能够代表所有劳动者利益的政党。[①] 其实现途径是：通过议会斗争和宪法手段获得政权，在经济、社会政策上倡导不同形式所有制之间的有效结合，反对强行私有化。而且，俄共的政治纲领也在与时俱进着：一方面，通过反思苏联社会主义建设的历史而未雨绸缪；另一方面，则通过借鉴其他社会主义国家的改革经验，从当代俄罗斯社会的发展趋势出发，不断地探讨社会主义的理论。

1990年俄共成立的初期阶段，是苏共的领导能力大幅度下降，苏联社会主义制度面临重大困难，遭受到严酷打击的时期。俄共仍然延续传统马克思列宁主义的理念，坚持社会主义的地位、坚持共产党领导地位、并且维护人民群众的利益。他们主张在经济上仍旧遵循计划经济和实行生产资料公有制，在对产品的分配上也照旧实行按劳分配、各尽所能。[②] 在与叶利钦政权进行俄罗斯政权归属权的斗争中，俄共出于斗争的需要对其社会主义理念进行了改革。于是，俄共在1993年提出了要建立一个"没有扭曲、没有致命错误的革新的社会主义"[③]，并且这个社会主义凝结了当代人类社会的一切精华。俄共在1995年1月召开的俄罗斯联邦共产党第三次代表大会上，提出了"没有人剥削人的社会才是真正的社会主义"[④]。这是在党纲中对社会主义作出的一个全新的表述，它们强调：这个社会是严格遵循按劳分配为主，注重劳动的数量、质量和成果的无产阶级社会；是全面科学计划和科学管理的社会，在社会生产中珍惜劳动、资源，发展科学技术水平，在这个社会劳动生产率和物质财富的创造力都达到相当高的水平；全社会的精神境界都得到了极高的发展，实

---

① 《Революция не всерьёз:Штудии по теории и истории квазиреволюционных движений》,Екатеринбург:Ультра－Культура,2005,с－384 .

② Зюганов Г. А. ,《Смотреть вперёд》(Х Съезд КПРФ и "трудные вопросы" российского коммунистического движения),М. :ИТРК,2004,с－128 .

③ Ацюковский В. А. ,《Основы коммунистической идеологии и современность》,М. Петит,2009,с－430 .

④ Моисеев Н. Н. ,《Судьба цивилизации,путь России》,М. ,Языки Русской культуры,2000,с－154.

现了真正的民主和劳动者的自治，每个人都实现了自由而全面的发展。[①]之后，俄共对社会主义特征进行的全面总结是在2002年12月召开的俄罗斯联邦共产党第七次代表大会上，他们认为真正的社会主义社会是实现社会平等、民主与责任的社会，这个社会应该是国家的强大与人的自由、市场与计划的有效结合、经济效益的显著提高，高度宣扬集体主义精神、劳动人民利益优先权的社会。[②] 作为国际学说的社会主义理论，它同全球的经济和文化都应该相互交融、促进不同文明的相互发展和丰富，而不应该排斥世界一体化进程。

2008年11月，俄共召开了俄罗斯联邦共产党第十三次代表大会。此次代表大会对党纲作了较大的调整：首先，新党纲[③]直接规定了俄共的性质，俄共是俄罗斯国内唯一的捍卫广大雇佣劳动者权利的政治组织，其宗旨是实现民族国家利益。[④] 俄共的战略目标是在俄罗斯建立更新了的社会主义、21世纪的社会主义。新党纲中还指出，要在分析当代社会的政治实践的基础上，通过吸收俄罗斯本国和世界的科学、文化的经验和成就制定党纲的目的、战略和策略，并遵循马克思列宁主义学说对其进行创造性的发展。

在俄共新党纲第一部分“当代世界和俄罗斯”中，首先明确了俄共对世界历史进程的观点，俄共认为：“在资本主义和社会主义之间进行的原则性争论在过去的20世纪仍然没有结束，虽然伴随着革命运动的展

---

① Романовский С. И. ,《Нетерпение мысли》, Санкт – Петербург, Издательство Санкт – Петербургского университета, 2000, с – 401 .

② 刘世丽：《图新求变的俄罗斯联邦共产党》，《当代世界》2001年第4期，第20页。

③ 笔者认为引用党纲内容给出原文能够更准确的描述。在下面的引用中都会有俄文原文。

④ Романовский С. И. ,《Нетерпение мысли》, Санкт – Петербург, Издательство Санкт – Петербургского университета, 2000, с – 401 .

开，现代社会呈现出从资本主义向社会主义过渡的形态。”① 俄共仍然坚持列宁对资本主义的分析和看法，认为是资本主义的发展导致了两次世界大战，资本主义对人类世界造成了巨大的危害。而且，俄共还指出，在苏联解体后，世界势力格局正在被重新划分，劳动与资本的国家矛盾与“文明战争”的形式混淆为一体，目前的世界格局尽管能够稳定世界上一些主要的资本主义国家的发展，但也浇灭了工人进行反抗活动和其他抗议运动的热情。不过，这在一定程度上确实缓和了一些个别国家的社会冲突。但与此同时，随着资本主义的不断发展，在人类社会中也不断地涌现出新的矛盾，全球性问题变得日益尖锐起来。在这样的社会背景下，俄共认为，唯一能消灭人剥削人的“阶级观”，并且消除资本主义生产和消费的浪费性质的只有社会主义。虽然历史上出现了苏东剧变，但这只是社会主义暂时的退却。“失败的并非是作为社会形态的社会主义，而是它以前的形态。”② 俄共还用中国等社会主义国家的发展和其他国家、地区的社会主义运动情况作了例证，展现了社会主义的光明前景。

第二部分“历史的教训和救国之路”中对斯大林路线以及它的贡献持完全肯定的态度，宣扬了列宁的贡献，包括他对俄罗斯社会的以及人类历史的贡献。除此之外，还客观评价了苏联社会主义建设初期的历史状况。还通过卫国战争胜利和战后国民经济迅速恢复、国家进一步发展等例子证明了社会主义的优越性。并且，对苏联时期社会主义的社会状况给出了相对客观的评价：“官僚主义增长限制了人民的自治组织能力，

---

① Российские коммунисты считают, что принципиальный спор между капитализмом и социализмом, под знаком которого прошло XX столетие, не завершен. Несмотря на временные отступления революционного движения, современная эпоха представляет собой переход от капитализма к социализму. «Праграмма партии», Моква, 2008, с – 2 .

② Причём проиграл не социализм как общественный строй, а ранняя его форма.《Праграмма партии》, Моква, 2008, с – 11 .

降低了劳动人民的社会积极性和劳动创造性。”① “科技革命的成果没有充分与社会主义的优越性结合起来。当苏联人民意识到必须要进行社会变革时，但是国家领导人却迟迟没有采取行动。而且，没有在实践中表现出应有的决心。导致了困难和问题以及不好的发展形势就积聚在社会中。它们影响了社会主义制度优越性的发挥，并且使其发生变形，阻碍了社会主义的前进式发展。”② “在苏共90年代初期的社会活动中积聚了大量严重的负面现象，苏联社会被损坏的危机实质上是由它自己党内的危机造成的。苏联共产党在理论上毫无进展。”③ 关于苏联解体后的社会主义，党纲中指出：“在雇佣劳动和资本之间的对抗性矛盾又回到了俄罗斯。”④ “国家机器所维护的那种秩序在很大程度上体现了大资产阶级的利益和意志以及它的上层集团。国家被制度性的危机所包围。”⑤ 俄共指出了在当代俄罗斯社会问题的尖锐性，因此，确定只有走社会主义道路才能拯救俄罗斯。在当前的条件下，俄共认为自己的任务就是把社会阶

---

① Рос бюрократизм, сдерживалась самоорганизация народа, снижались общественная энергия и инициатива трудящихся. Достижения научно－технической революции не были в полной мере соединены с преимуществами социализма. 《Праграмма партии》, Моква, 2008, с－21 .

② Советские люди осознавали необходимость назревших перемен. Однако руководство страны медлило с принятием нужных решений и не проявляло должной настойчивости в их реализации. В результате в обществе накапливались трудности, проблемы, неблагоприятные тенденции. Они мешали использованию преимуществ социалистического строя и деформировали его, сдерживали движение вперёд. «Праграмма партии», Моква, 2008, с－24.

③ Однако в деятельности КПСС к началу 90－х годов накопились серьезные негативные явления. Кризис, поразивший советское общество, в значительной мере обусловливался кризисом в самой партии. КПСС оказалась в затяжном теоретическом застое. «Праграмма партии», Моква, 2008, с－25 .

④ Однако в деятельности КПСС к началу 90－х годов накопились серьезные негативные явления. Кризис, поразивший советское общество, в значительной мере обусловливался кризисом в самой партии. КПСС оказалась в затяжном теоретическом застое. «Праграмма партии», Моква, 2008, с－26 .

⑤ Государственная машина, поддерживающая такой порядок, в полной мере выражает интересы и волю крупной буржуазии, её верхушки в лице олигархии. Страна охвачена системным кризисом. «Праграмма партии», Моква, 2008, с－30 .

级运动和民族解放运动结合起来，使之形成统一的人民阵线，使之具有明确的目标。“今天，在俄罗斯，维护民族—国家的利益和为实现社会主义以及现代的苏维埃人民政权形式的斗争结合了起来，我们坚信，生活将会给出最好的证明。”①

在党纲中还单独指出了“国家发展的三个阶段”。第一阶段，普遍的民主阶段，要建立以俄共为首的劳动人民的民主政权，团结所有可以团结的爱国力量。② 在这一阶段，要建立人民信任的政府，消除促进“改革”的灾难性后果，要使得生产可以稳固上升，有效的途径就是必须把共产党人与进步的爱国运动团体结为联盟。与此同时，为了让劳动者可以自主地参与和监督生产和分配过程，政府要把被非法私有化的财产归还给人民。另外为了保障国家的安全与独立，就必须彻底推翻殖民地政策；为了推进苏联各共和国的一体化进程，还必须在经济上允许多种经济成分的共同存在。第二阶段，在实现了政治、经济稳定后，最大限度地保证劳动者能够更广泛的参与国家事物的管理。③ 在这个阶段，通过苏维埃、罢工委员会和生活生产方面的其他公共的人民政权机关的组织和协调，在政治和经济得到稳定发展的基础上，让劳动者也得到更多的权利来参与国家的管理，随之可以依据社会主义成分占主导地位的原则对私有制进行革新。形成社会主义体系的最终阶段是第三阶段，即

---

① защита национально－государственных интересов России органически сливается сегодня с борьбой за социализм и советские формы народовластия. Мы уверены，что жизнь подтвердит нашу правоту.《Праграмма партии》，Моква，2008，с－37 .

② На этом этапе решается задача установления демократической власти трудящихся，широких народно－патриотических сил во главе с КПРФ.《Праграмма партии》，Моква，2008，с－39 .

③ После достижения политической и экономической стабильности КПРФ примет необходимые меры, чтобы максимально обеспечить всё более широкое участие трудящихся в управлении государством. «Праграмма партии», Моква, 2008, с－42 .

可以使社会主义制度按照自身原则稳定的发展。① 在这个阶段发展社会主义社会的途径，是运用俄罗斯和全世界的科技和文化的优秀成果，并且要遵循后工业和信息技术的基础。这个新社会主义社会可以有效地激发劳动者的创造性和人们对政治的热情。这一社会为俄罗斯的未来即共产主义联合体奠定了物质和精神基础，在这一联合体中每个人的自由发展将为一切人的自由发展创造前提和条件。

新的党纲提出了新的 24 条基本目标，这些目标是针对现阶段社会实际和斗争而提出的。同时还废除了旧党纲中的阶段性目标，那些分阶段进行的阐述过于烦琐。最低纲领还规定了实现党的战略目标的首要措施。最低纲领着眼于与人民生活密切相关的问题，是俄共现阶段的行动指南，立足于解决人们当前最为关注和应该立即解决的具体问题。

俄罗斯马克思主义者从分析俄共新党纲出发，对俄共存在的现实基础作了研究。俄共的新党纲在评价历史和分析现实这两方面都做了很大的修改，变得更加客观化、深刻化和全面化，这体现俄共提高了对社会历史发展的认识。而且，他们指出，久加诺夫对俄共进行的概括：指出俄罗斯联邦共产党是国家爱国主义和社会公正的党，是劳动人民的党。俄罗斯联邦共产党是俄罗斯社会民主工党、俄罗斯社会民主工党（布）、俄罗斯共产党（布）、联共（布）、苏联共产党、俄罗斯苏维埃联邦社会主义共和国共产党的继承者②等等。这表明俄共是一个马克思主义的政党。俄共坚持的基本原则是消灭剥削、公正、平等、自由、正义，代表人民利益建设新社会主义等都是马克思主义的基本理论，是对《共产党宣言》精神的继承。吸收了俄罗斯和世界共产主义运动中的经验和教训，努力使自己成为一个革新的劳动者的党，努力应对现代社会的最尖锐的问题。而且在面对当代的具体环境时，俄共反对一切导致国内不安定的

---

① Его содержанием будет энергичная работа по окончательному формированию социалистических общественных отношений, обеспечению устойчивого развития социалистического строя на собственной основе.《Праграмма партии》, Моква, 2008, с－27 .

② Зюганов Г. А. ,《Большие испытания. КПРФ перед новым избирательным марафоном》, М. , ИТРК, 2005, с－126 .

因素，它们主张用和平的方式来改变人民的生活。因此，俄共所以在当代俄罗斯有存在的价值，就在于它的存在体现了马克思主义传统理论与俄罗斯现实的结合；马克思主义的创新与俄罗斯未来的结合。俄共对马克思主义的研究，是维护自身的存在、发展、探求理论的基础。俄共的马克思主义的理论研究，正是对俄罗斯现实问题的科学决策。

如俄罗斯理论家所指出的，俄共的目标就是要国家进入社会主义社会，所以他们竭尽所能为着这一目标而努力。俄共领袖久加诺夫指出："伟大的俄罗斯思想就是国家爱国主义，也就是要恢复苏维埃国家在国际上获得可靠盟友的思想，而且，要体现爱国主义力量的魅力就必须将其与社会主义思想相结合。"①

（作者系广东工业大学政法学院讲师）

① Зюганов Г. А.,《Коммунисты и молодёжь в современной России》, М., Газета《Правда》,2003,с－32.